Bescherelle

la Conjugaison
pour tous

Les tableaux de conjugaison
La grammaire du verbe
Liste alphabétique des verbes

Édition entièrement revue
sous la responsabilité scientifique de Michel Arrivé

HATIER

Avant-propos

Qu'est-ce que la conjugaison ?

La conjugaison est la liste des différentes formes qui, pour chaque verbe, donnent les indications de personne, de nombre, de temps et d'aspect, de mode et de voix. Conjuguer un verbe, c'est énumérer ces formes.

La mauvaise réputation de la conjugaison du français est largement imméritée. Il est vrai que le nombre des formes du verbe est important : 96 formes, simplement pour l'actif. Mais il en va de même dans bien des langues. En outre, la plupart de ces formes sont immédiatement prévisibles. Ainsi, pour l'ensemble des formes composées, il suffit, pour les former correctement, de disposer des trois informations suivantes : la forme de participe passé du verbe, l'auxiliaire utilisé et la conjugaison de cet auxiliaire.

Comme on le verra dans la suite de cet ouvrage, les formes simples (c'est-à-dire sans auxiliaire) présentent, paradoxalement, un peu plus de difficultés. Mais ces difficultés n'ont rien d'insurmontable.

Quelle est la structure du Bescherelle ?

Le **Bescherelle Conjugaison** donne les indications nécessaires pour trouver rapidement les formes de tous les verbes utilisés en français.

■ 88 tableaux (numérotés de 1 à 88)

Ils donnent, pour les 88 verbes retenus comme modèles, l'ensemble des formes simples et composées aux différents modes.

■ La grammaire du verbe (paragraphes 89 à 167)

Elle donne toutes les indications nécessaires sur la *morphologie* du verbe (c'est-à-dire la description des formes), sur sa *syntaxe* (c'est-à-dire ses relations avec les autres mots de la phrase, notamment les phénomènes d'accord), enfin sur les *valeurs* des formes verbales. Il est en effet indispensable de savoir en quoi les formes verbales se distinguent les unes des autres par le sens. En quoi les indications données par un passé simple sont-elles différentes de celles d'un imparfait ou d'un passé composé ? C'est peut-être là que se situent les véritables «difficultés» de la conjugaison du français.

Un index permet de se référer commodément aux notions expliquées dans la grammaire. → 167

■ **La liste alphabétique des verbes de la langue française**
Pour chacun des verbes énumérés à l'infinitif et classés par ordre alphabétique figurent des indications sur leur construction. Un renvoi à l'un des 88 tableaux permet de résoudre immédiatement les éventuels problèmes de conjugaison.

Quels verbes trouve-t-on dans le Bescherelle ?

L'inventaire des verbes français évolue de jour en jour, sous l'effet d'un double mouvement : la disparition des verbes qui ont cessé d'être utiles et la création de nouveaux verbes.

Cette édition inclut tous les verbes néologiques : formes appartenant à des vocabulaires plus ou moins techniques (désamianter, sponsoriser...) ou à des usages familiers, voire argotiques (bastonner, tchatcher...).

Pour la première fois dans un manuel de conjugaison, figurent également des verbes spécifiques à la Belgique, au Canada, à l'Afrique francophone.

Sommaire

ABRÉVIATIONS UTILISÉES

CC : complément circonstanciel
COD : complément d'objet direct
COI : complément d'objet indirect
pers. : personne
pl. : pluriel
sing. : singulier
subj. : subjonctif
V : verbe

SYMBOLES UTILISÉS

REMARQUE
attire l'attention sur une
exception fréquemment
rencontrée, une nuance
importante, un point sur lequel
les erreurs sont nombreuses.

→ **40 à 50** (renvois)
invite à se reporter à un ou
plusieurs autres paragraphes
pour des informations
complémentaires.

➖
signale que l'exemple donné
n'est pas grammaticalement
correct.

Tableaux de conjugaison

Les numéros renvoient
aux numéros des tableaux.

14 **créer** 1er groupe – verbes en -éer

INDICATIF

Présent	Passé composé
je crée	j'ai créé
tu crées	tu as créé
il crée	il a créé
nous créons	nous avons créé
vous créez	vous avez créé
ils créent	ils ont créé

Imparfait	Plus-que-parfait
je créais	j'avais créé
tu créais	tu avais créé
il créait	il avait créé
nous créions	nous avions créé
vous créiez	vous aviez créé
ils créaient	ils avaient créé

Passé simple	Passé antérieur
je créai	j'eus créé
tu créas	tu eus créé
il créa	il eut créé
nous créâmes	nous eûmes créé
vous créâtes	vous eûtes créé
ils créèrent	ils eurent créé

Futur simple	Futur antérieur
je créerai	j'aurai créé
tu créeras	tu auras créé
il créera	il aura créé
nous créerons	nous aurons créé
vous créerez	vous aurez créé
ils créeront	ils auront créé

CONDITIONNEL

Présent	Passé
je créerais	j'aurais créé
tu créerais	tu aurais créé
il créerait	il aurait créé
nous créerions	nous aurions créé
vous créeriez	vous auriez créé
ils créeraient	ils auraient créé

SUBJONCTIF

Présent	Passé
que je crée	que j'aie créé
que tu crées	que tu aies créé
qu'il crée	qu'il ait créé
que nous créions	que nous ayons créé
que vous créiez	que vous ayez créé
qu'ils créent	qu'ils aient créé

Imparfait	Plus-que-parfait
que je créasse	que j'eusse créé
que tu créasses	que tu eusses créé
qu'il créât	qu'il eût créé
que nous créassions	que nous eussions créé
que vous créassiez	que vous eussiez créé
qu'ils créassent	qu'ils eussent créé

IMPÉRATIF

Présent	Passé
crée	aie créé
créons	ayons créé
créez	ayez créé

INFINITIF

Présent	Passé
créer	avoir créé

PARTICIPE

Présent	Passé
créant	créé
	ayant créé

GÉRONDIF

Présent	Passé
en créant	en ayant créé

- Ces verbes n'offrent d'autre particularité que la présence très régulière de deux *e* à certaines personnes de l'indicatif présent, du passé simple, du futur, du conditionnel présent, de l'impératif, du subjonctif présent, du participe passé masculin, et celle de trois *e* au participe passé féminin : *créée*.
- Dans les verbes en -*éer*, l'*é* reste toujours fermé : *je crée, tu crées*...
- Noter la forme adjectivale du participe passé dans *bouche bée*.

Mode d'emploi

1 *La caractérisation du verbe*

Chaque verbe est caractérisé au moins par le groupe auquel il appartient. Une mention supplémentaire du type « verbes en *-éer* » permet de savoir immédiatement si d'autres verbes se conjuguent sur le même modèle.

2 *Modes et temps*

Les formes de la conjugaison d'un verbe sont bien sûr classées par modes (étiquettes jaunes) et par temps (mentions en italique bleu souligné).

3 *Temps simples et temps composés*

À l'intérieur de chaque mode, les formes des temps simples apparaissent dans la première colonne ; celles des temps composés figurent en regard dans la seconde colonne. Cette disposition permet de mettre en évidence les correspondances entre les différents temps et de lever certaines ambiguïtés : ainsi, le participe passé *ayant créé* apparaît bien comme une forme composée du participe présent *créant*.

4 *De la couleur pour mémoriser*

Sont notées en rouge :
– les premières personnes du singulier et du pluriel, pour mettre en évidence les changements de radicaux ;
– les difficultés orthographiques particulières.

5 *Que*

Cette présentation rappelle que, sans être un élément de morphologie verbale, *que* permet de distinguer les formes, souvent semblables, du subjonctif et de l'indicatif.

6 *Participe passé*

Les tableaux ne donnant que des éléments de morphologie verbale, le participe passé est donné au masculin singulier. Pour résoudre les problèmes d'accord, voir la **Liste alphabétique** et la **Grammaire du verbe**.

1 être

INDICATIF

Présent	Passé composé
je suis	j'ai été
tu es	tu as été
il est	il a été
nous sommes	nous avons été
vous êtes	vous avez été
ils sont	ils ont été

Imparfait	Plus-que-parfait
j'étais	j'avais été
tu étais	tu avais été
il était	il avait été
nous étions	nous avions été
vous étiez	vous aviez été
ils étaient	ils avaient été

Passé simple	Passé antérieur
je fus	j'eus été
tu fus	tu eus été
il fut	il eut été
nous fûmes	nous eûmes été
vous fûtes	vous eûtes été
ils furent	ils eurent été

Futur simple	Futur antérieur
je serai	j'aurai été
tu seras	tu auras été
il sera	il aura été
nous serons	nous aurons été
vous serez	vous aurez été
ils seront	ils auront été

CONDITIONNEL

Présent	Passé
je serais	j'aurais été
tu serais	tu aurais été
il serait	il aurait été
nous serions	nous aurions été
vous seriez	vous auriez été
ils seraient	ils auraient été

SUBJONCTIF

Présent	Passé
que je sois	que j'aie été
que tu sois	que tu aies été
qu'il soit	qu'il ait été
que nous soyons	que nous ayons été
que vous soyez	que vous ayez été
qu'ils soient	qu'ils aient été

Imparfait	Plus-que-parfait
que je fusse	que j'eusse été
que tu fusses	que tu eusses été
qu'il fût	qu'il eût été
que nous fussions	que nous eussions été
que vous fussiez	que vous eussiez été
qu'ils fussent	qu'ils eussent été

IMPÉRATIF

Présent	Passé
sois	aie été
soyons	ayons été
soyez	ayez été

INFINITIF

Présent	Passé
être	avoir été

PARTICIPE

Présent	Passé
étant	été
	ayant été

GÉRONDIF

Présent	Passé
en étant	en ayant été

- *Être* sert d'auxiliaire : **1.** à la voix passive : *il est aimé* ;
  2. pour les temps composés des verbes pronominaux : *il s'est blessé* ; **3.** pour les temps composés de quelques verbes intransitifs qui, dans la liste alphabétique des verbes, sont suivis de la mention *être*.
- Certains verbes se conjuguent tantôt avec *être*, tantôt avec *avoir*. → tableau **3**. Le participe *été* est toujours invariable.

INDICATIF

Présent	*Passé composé*
j'ai	j'ai eu
tu as	tu as eu
il a	il a eu
nous avons	nous avons eu
vous avez	vous avez eu
ils ont	ils ont eu

Imparfait	*Plus-que-parfait*
j'avais	j'avais eu
tu avais	tu avais eu
il avait	il avait eu
nous avions	nous avions eu
vous aviez	vous aviez eu
ils avaient	ils avaient eu

Passé simple	*Passé antérieur*
j'eus	j'eus eu
tu eus	tu eus eu
il eut	il eut eu
nous eûmes	nous eûmes eu
vous eûtes	vous eûtes eu
ils eurent	ils eurent eu

Futur simple	*Futur antérieur*
j'aurai	j'aurai eu
tu auras	tu auras eu
il aura	il aura eu
nous aurons	nous aurons eu
vous aurez	vous aurez eu
ils auront	ils auront eu

CONDITIONNEL

Présent	*Passé*
j'aurais	j'aurais eu
tu aurais	tu aurais eu
il aurait	il aurait eu
nous aurions	nous aurions eu
vous auriez	vous auriez eu
ils auraient	ils auraient eu

SUBJONCTIF

Présent	*Passé*
que j'aie	que j'aie eu
que tu aies	que tu aies eu
qu'il ait	qu'il ait eu
que nous ayons	que nous ayons eu
que vous ayez	que vous ayez eu
qu'ils aient	qu'ils aient eu

Imparfait	*Plus-que-parfait*
que j'eusse	que j'eusse eu
que tu eusses	que tu eusses eu
qu'il eût	qu'il eût eu
que nous eussions	que nous eussions eu
que vous eussiez	que vous eussiez eu
qu'ils eussent	qu'ils eussent eu

IMPÉRATIF

Présent	*Passé*
aie	aie eu
ayons	ayons eu
ayez	ayez eu

INFINITIF

Présent	*Passé*
avoir	avoir eu

PARTICIPE

Présent	*Passé*
ayant	eu
	ayant eu

GÉRONDIF

Présent	*Passé*
en ayant	en ayant eu

Avoir est un verbe transitif quand il a un complément d'objet direct : *J'ai un beau livre*.
Il sert d'auxiliaire pour les temps composés de tous les verbes transitifs et d'un grand nombre d'intransitifs. Les quelques verbes intransitifs qui utilisent l'auxiliaire *être* sont signalés dans la liste alphabétique des verbes.

Le problème du choix de l'auxiliaire se pose rarement. En effet, la plupart des verbes utilisent, pour leurs formes composées, un seul auxiliaire : *avoir* ou *être*. Il existe cependant un petit nombre de verbes qui utilisent alternativement les deux auxiliaires *avoir* et *être*.

aborder	décroître	expirer
aboutir	dégénérer	faillir
accoucher	déménager	grandir
accourir	dénicher	grossir
accroître	descendre et redescendre	jaillir
alunir	diminuer	maigrir
amerrir	disconvenir	monter et remonter
apparaître	disparaître	paraître
atterrir	divorcer	passer et repasser
augmenter	échapper	ressusciter
avorter	échouer	résulter
baisser	éclater	retourner
changer	éclore	sortir et ressortir
commencer	embellir	tomber
crever	empirer	trépasser
croître	enchérir	vieillir
déborder	enlaidir	
déchoir	entrer et rentrer	

A Des verbes tantôt transitifs, tantôt intransitifs

Certains de ces verbes peuvent s'employer alternativement de façon transitive et intransitive (= avec ou sans complément d'objet). Ils utilisent l'auxiliaire *avoir* quand ils sont transitifs *(il a sorti son revolver)*, l'auxiliaire *être* quand ils sont intransitifs *(il est sorti)*.

Il a sorti <u>son revolver</u> <u>de sa poche</u>.
        COD   CC

Il est sorti <u>de la salle à reculons</u>.
              CC

B Des verbes intransitifs employés avec *être* et *avoir*

Certains verbes intransitifs peuvent, selon le cas, faire apparaître l'auxiliaire *avoir* ou l'auxiliaire *être*. Le premier insiste sur l'action en train de se faire ; le second la présente comme accomplie.

J'<u>ai</u> divorcé. (on insiste sur le fait de divorcer)

Je <u>suis</u> divorcé. (on considère le résultat de l'action de divorcer)

C Un double choix

La question du choix de l'auxiliaire se pose doublement pour les verbes suivants :

aborder	changer	enlaidir
accoucher	déménager	expirer
accroître	descendre et redescendre	monter et remonter
augmenter	échouer	passer et repasser
avorter	embellir	ressusciter
baisser	empirer	

En effet, ils relèvent simultanément des deux cas expliqués dans les paragraphes A et B.

Transitifs, ils s'utilisent toujours avec l'auxiliaire **avoir** :

> Nous avons <u>changé la roue.</u>
> COD

Intransitifs, ils font alterner les deux auxiliaires :

> Elle <u>a</u> bien changé en deux ans. Elle <u>est</u> bien changée aujourd'hui.

REMARQUE Les verbes susceptibles d'employer tour à tour les deux auxiliaires sont suivis de la mention *être* ou *avoir* dans la liste alphabétique des verbes qui figure à la fin de cet ouvrage.

INDICATIF

Présent	Passé composé
je suis aimé	j'ai été aimé
tu es aimé	tu as été aimé
il est aimé	il a été aimé
nous sommes aimés	nous avons été aimés
vous êtes aimés	vous avez été aimés
ils sont aimés	ils ont été aimés

Imparfait	Plus-que-parfait
j'étais aimé	j'avais été aimé
tu étais aimé	tu avais été aimé
il était aimé	il avait été aimé
nous étions aimés	nous avions été aimés
vous étiez aimés	vous aviez été aimés
ils étaient aimés	ils avaient été aimés

Passé simple	Passé antérieur
je fus aimé	j'eus été aimé
tu fus aimé	tu eus été aimé
il fut aimé	il eut été aimé
nous fûmes aimés	nous eûmes été aimés
vous fûtes aimés	vous eûtes été aimés
ils furent aimés	ils eurent été aimés

Futur simple	Futur antérieur
je serai aimé	j'aurai été aimé
tu seras aimé	tu auras été aimé
il sera aimé	il aura été aimé
nous serons aimés	nous aurons été aimés
vous serez aimés	vous aurez été aimés
ils seront aimés	ils auront été aimés

CONDITIONNEL

Présent	Passé
je serais aimé	j'aurais été aimé
tu serais aimé	tu aurais été aimé
il serait aimé	il aurait été aimé
nous serions aimés	nous aurions été aimés
vous seriez aimés	vous auriez été aimés
ils seraient aimés	ils auraient été aimés

SUBJONCTIF

Présent	Passé
que je sois aimé	que j'aie été aimé
que tu sois aimé	que tu aies été aimé
qu'il soit aimé	qu'il ait été aimé
que nous soyons aimés	que nous ayons été aimés
que vous soyez aimés	que vous ayez été aimés
qu'ils soient aimés	qu'ils aient été aimés

Imparfait	Plus-que-parfait
que je fusse aimé	que j'eusse été aimé
que tu fusses aimé	que tu eusses été aimé
qu'il fût aimé	qu'il eût été aimé
que nous fussions aimés	que nous eussions été aimés
que vous fussiez aimés	que vous eussiez été aimés
qu'ils fussent aimés	qu'ils eussent été aimés

IMPÉRATIF

Présent	Passé
sois aimé	.
soyons aimés	.
soyez aimés	.

INFINITIF

Présent	Passé
être aimé	avoir été aimé

PARTICIPE

Présent	Passé
étant aimé	aimé
	ayant été aimé

GÉRONDIF

Présent	Passé
en étant aimé	en ayant été aimé

- Pour la conjugaison type de la voix active → tableau **7**.
- Pour les emplois de la voix active et de la voix passive → **101**.
- La voix passive d'un verbe se forme avec l'auxiliaire *être*, suivi du participe passé du verbe ; celui-ci s'accorde toujours avec le sujet.

se méfier conjugaison type de la construction pronominale

INDICATIF

Présent	Passé composé
je me méfie	je me suis méfié
tu te méfies	tu t'es méfié
il se méfie	il s'est méfié
nous nous méfions	n. nous sommes méfiés
vous vous méfiez	v. vous êtes méfiés
ils se méfient	ils se sont méfiés

Imparfait	Plus-que-parfait
je me méfiais	je m'étais méfié
tu te méfiais	tu t'étais méfié
il se méfiait	il s'était méfié
nous nous méfiions	nous nous étions méfiés
vous vous méfiiez	vous vous étiez méfiés
ils se méfiaient	ils s'étaient méfiés

Passé simple	Passé antérieur
je me méfiai	je me fus méfié
tu te méfias	tu te fus méfié
il se méfia	il se fut méfié
nous nous méfiâmes	nous nous fûmes méfiés
vous vous méfiâtes	vous vous fûtes méfiés
ils se méfièrent	ils se furent méfiés

Futur simple	Futur antérieur
je me méfierai	je me serai méfié
tu te méfieras	tu te seras méfié
il se méfiera	il se sera méfié
nous nous méfierons	nous nous serons méfiés
vous vous méfierez	vous vous serez méfiés
ils se méfieront	ils se seront méfiés

CONDITIONNEL

Présent	Passé
je me méfierais	je me serais méfié
tu te méfierais	tu te serais méfié
il se méfierait	il se serait méfié
n. nous méfierions	n. nous serions méfiés
v. vous méfieriez	v. vous seriez méfiés
ils se méfieraient	ils se seraient méfiés

SUBJONCTIF

Présent	Passé
que je me méfie	que je me sois méfié
que tu te méfies	que tu te sois méfié
que il se méfie	qu'il se soit méfié
que nous nous méfiions	que n. nous soyons méfiés
que vous vous méfiiez	que v. vous soyez méfiés
qu'ils se méfient	qu'ils se soient méfiés

Imparfait	Plus-que-parfait
que je me méfiasse	que je me fusse méfié
que tu te méfiasses	que tu te fusses méfié
qu'il se méfiât	qu'il se fût méfié
que n. nous méfiassions	que n. nous fussions méfiés
que v. vous méfiassiez	que v. vous fussiez méfiés
qu'ils se méfiassent	qu'ils se fussent méfiés

IMPÉRATIF

Présent	Passé
méfie-toi	.
méfions-nous	.
méfiez-vous	.

INFINITIF

Présent	Passé
se méfier	s'être méfié

PARTICIPE

Présent	Passé
se méfiant	.
	s'étant méfié

GÉRONDIF

Présent	Passé
en se méfiant	en s'étant méfié

- Pour la définition de la construction pronominale → 101.
- Dans la liste des verbes qui figure à la fin de l'ouvrage, les verbes pronominaux sont suivis de la lettre **P**.
- Un petit nombre de ces verbes ont un participe passé invariable *(ils se sont nui)* ; ils sont signalés dans la liste par : *p. p. invariable.*

A Qu'est-ce qu'un affixe ?

Toute forme verbale peut se décomposer en différents éléments variables : les radicaux (en noir) et les affixes (en rouge).

À partir de verbes modèles, le tableau suivant présente, pour chaque groupe de verbes, l'ensemble des affixes qui apparaissent dans la conjugaison. Certains affixes n'apparaissent jamais en position finale et indiquent le temps auquel est conjugué le verbe (**-ai**, pour l'imparfait, **-r-** pour le futur...). D'autres affixes apparaissent en position finale : ils indiquent la personne et le nombre du verbe (**-ons** pour la première personne du pluriel...), et parfois même le temps.

B Tableau récapitulatif

INDICATIF *présent*

1ᵉᴿ GROUPE	2ᴱ GROUPE	3ᴱ GROUPE			
aim-e	fini-s	ouvr-e	dor-s	met-s	veu-x
aim-es	fini-s	ouvr-es	dor-s	met-s	veu-x
aim-e	fini-t	ouvr-e	dor-t	met	veu-t
aim-ons	fini-ss-ons	ouvr-ons	dorm-ons	mett-ons	voul-ons
aim-ez	fini-ss-ez	ouvr-ez	dorm-ez	mett-ez	voul-ez
aim-ent	fini-ss-ent	ouvr-ent	dorm-ent	mett-ent	veul-ent

INDICATIF *imparfait*

1ᵉᴿ GROUPE	2ᴱ GROUPE	3ᴱ GROUPE
aim-ai-s	fini-ss-ai-s	ouvr-ai-s
aim-ai-s	fini-ss-ai-s	ouvr-ai-s
aim-ai-t	fini-ss-ai-t	ouvr-ai-t
aim-i-ons	fini-ss-i-ons	ouvr-i-ons
aim-i-ez	fini-ss-i-ez	ouvr-i-ez
aim-ai-ent	fini-ss-ai-ent	ouvr-ai-ent

INDICATIF *passé simple*

1ᵉᴿ GROUPE	2ᴱ GROUPE	3ᴱ GROUPE		
aim-ai	fin-is	ouvr-is	voul-us	t-ins
aim-as	fin-is	ouvr-is	voul-us	t-ins
aim-a	fin-it	ouvr-it	voul-ut	t-int
aim-âmes	fin-îmes	ouvr-îmes	voul-ûmes	t-înmes
aim-âtes	fin-îtes	ouvr-îtes	voul-ûtes	t-întes
aim-èrent	fin-irent	ouvr-irent	veul-urent	t-inrent

INDICATIF *futur simple*

1ᵉᴿ GROUPE	2ᴱ GROUPE	3ᴱ GROUPE
aim-er-ai	fini-r-ai	ouvri-r-ai
aim-er-as	fini-r-as	ouvri-r-as
aim-er-a	fini-r-a	ouvri-r-a
aim-er-ons	fini-r-ons	ouvri-r-ons
aim-er-ez	fini-r-ez	ouvri-r-ez
aim-er-ont	fini-r-ont	ouvri-r-ont

CONDITIONNEL *présent*

1ᵉʳ GROUPE	2ᵉ GROUPE	3ᵉ GROUPE
aim-er-ai-s	fini-r-ai-s	ouvri-r-ai-s
aim-er-ai-s	fini-r-ai-s	ouvri-r-ai-s
aim-er-ai-t	fini-r-ai-t	ouvri-r-ai-t
aim-er-i-ons	fini-r-i-ons	ouvri-r-i-ons
aim-er-i-ez	fini-r-i-ez	ouvri-r-i-ez
aim-er-ai-ent	fini-r-ai-ent	ouvri-r-ai-ent

SUBJONCTIF *présent*

1ᵉʳ GROUPE	2ᵉ GROUPE	3ᵉ GROUPE
aim-e	fini-ss-e	ouvr-e
aim-es	fini-ss-es	ouvr-es
aim-e	fini-ss-e	ouvr-e
aim-i-ons	fini-ss-i-ons	ouvr-i-ons
aim-i-ez	fini-ss-i-ez	ouvr-i-ez
aim-ent	fini-ss-ent	ouvr-ent

SUBJONCTIF *imparfait*

1ᵉʳ GROUPE	2ᵉ GROUPE	3ᵉ GROUPE		
aim-a-ss-e	fini-ss-e	ouvr-i-ss-e	voul-u-ss-e	t-in-ss-e
aim-a-ss-es	fini-ss-es	ouvr-i-ss-es	voul-u-ss-es	t-in-ss-es
aim-â-t	finî-t	ouvr-î-t	voul-û-t	t-în-t
aim-a-ss-i-ons	fini-ss-i-ons	ouvr-i-ss-i-ons	voul-u-ss-i-ons	t-in-ss-i-ons
aim-a-ss-i-ez	fini-ss-i-ez	ouvr-i-ss-i-ez	voul-u-ss-i-ez	t-in-ss-i-ez
aim-a-ss-ent	fini-ss-ent	ouvr-i-ss-ent	voul-u-ss-ent	t-in-ss-ent

IMPÉRATIF *présent*

1ᵉʳ GROUPE	2ᵉ GROUPE	3ᵉ GROUPE	
aim-e	fini-s	ouvr-e	dor-s
aim-ons	fini-ss-ons	ouvr-ons	dorm-ons
aim-ez	fini-ss-ez	ouvr-ez	dorm-ez

PARTICIPE *présent*

1ᵉʳ GROUPE	2ᵉ GROUPE	3ᵉ GROUPE
aim-ant	fini-ss-ant	ouvr-ant

PARTICIPE *passé*

1ᵉʳ GROUPE	2ᵉ GROUPE	3ᵉ GROUPE			
aim-é	fin-i	dorm-i	ten-u	pri-s	écri-t
				clo-s	ouver-t
				absou-s	mor-t

INFINITIF *présent*

1ᵉʳ GROUPE	2ᵉ GROUPE	3ᵉ GROUPE		
aim-e-r	fin-i-r	ouvr-i-r	voul-oi-r	croi-r-e

INDICATIF

Présent	Passé composé
j'aime	j'ai aimé
tu aimes	tu as aimé
il aime	il a aimé
nous aimons	nous avons aimé
vous aimez	vous avez aimé
ils aiment	ils ont aimé

Imparfait	Plus-que-parfait
j'aimais	j'avais aimé
tu aimais	tu avais aimé
il aimait	il avait aimé
nous aimions	nous avions aimé
vous aimiez	vous aviez aimé
ils aimaient	ils avaient aimé

Passé simple	Passé antérieur
j'aimai	j'eus aimé
tu aimas	tu eus aimé
il aima	il eut aimé
nous aimâmes	nous eûmes aimé
vous aimâtes	vous eûtes aimé
ils aimèrent	ils eurent aimé

Futur simple	Futur antérieur
j'aimerai	j'aurai aimé
tu aimeras	tu auras aimé
il aimera	il aura aimé
nous aimerons	nous aurons aimé
vous aimerez	vous aurez aimé
ils aimeront	ils auront aimé

CONDITIONNEL

Présent	Passé
j'aimerais	j'aurais aimé
tu aimerais	tu aurais aimé
il aimerait	il aurait aimé
nous aimerions	nous aurions aimé
vous aimeriez	vous auriez aimé
ils aimeraient	ils auraient aimé

SUBJONCTIF

Présent	Passé
que j'aime	que j'aie aimé
que tu aimes	que tu aies aimé
qu'il aime	qu'il ait aimé
que nous aimions	que nous ayons aimé
que vous aimiez	que vous ayez aimé
qu'ils aiment	qu'ils aient aimé

Imparfait	Plus-que-parfait
que j'aimasse	que j'eusse aimé
que tu aimasses	que tu eusses aimé
qu'il aimât	qu'il eût aimé
que nous aimassions	que nous eussions aimé
que vous aimassiez	que vous eussiez aimé
qu'ils aimassent	qu'ils eussent aimé

IMPÉRATIF

Présent	Passé
aime	aie aimé
aimons	ayons aimé
aimez	ayez aimé

INFINITIF

Présent	Passé
aimer	avoir aimé

PARTICIPE

Présent	Passé
aimant	aimé
	ayant aimé

GÉRONDIF

Présent	Passé
en aimant	en ayant aimé

Pour les verbes qui forment leurs temps composés avec l'auxiliaire *être* :
voir la conjugaison du verbe *aller* (→ tableau 23) ou celle du verbe *mourir* (→ tableau 35).

8 | placer

1er groupe – verbes en -cer

INDICATIF

Présent	Passé composé
je place	j'ai placé
tu places	tu as placé
il place	il a placé
nous plaçons	nous avons placé
vous placez	vous avez placé
ils placent	ils ont placé

Imparfait	Plus-que-parfait
je plaçais	j'avais placé
tu plaçais	tu avais placé
il plaçait	il avait placé
nous placions	nous avions placé
vous placiez	vous aviez placé
ils plaçaient	ils avaient placé

Passé simple	Passé antérieur
je plaçai	j'eus placé
tu plaças	tu eus placé
il plaça	il eut placé
nous plaçâmes	nous eûmes placé
vous plaçâtes	vous eûtes placé
ils placèrent	ils eurent placé

Futur simple	Futur antérieur
je placerai	j'aurai placé
tu placeras	tu auras placé
il placera	il aura placé
nous placerons	nous aurons placé
vous placerez	vous aurez placé
ils placeront	ils auront placé

CONDITIONNEL

Présent	Passé
je placerais	j'aurais placé
tu placerais	tu aurais placé
il placerait	il aurait placé
nous placerions	nous aurions placé
vous placeriez	vous auriez placé
ils placeraient	ils auraient placé

SUBJONCTIF

Présent	Passé
que je place	que j'aie placé
que tu places	que tu aies placé
qu'il place	qu'il ait placé
que nous placions	que nous ayons placé
que vous placiez	que vous ayez placé
qu'ils placent	qu'ils aient placé

Imparfait	Plus-que-parfait
que je plaçasse	que j'eusse placé
que tu plaçasses	que tu eusses placé
qu'il plaçât	qu'il eût placé
que nous plaçassions	que nous eussions placé
que vous plaçassiez	que vous eussiez placé
qu'ils plaçassent	qu'ils eussent placé

IMPÉRATIF

Présent	Passé
place	aie placé
plaçons	ayons placé
placez	ayez placé

INFINITIF

Présent	Passé
placer	avoir placé

PARTICIPE

Présent	Passé
plaçant	placé
	ayant placé

GÉRONDIF

Présent	Passé
en plaçant	en ayant placé

- Les verbes en -cer prennent une cédille sous le c devant les voyelles a et o : *commençons, tu commenças*, pour conserver au c le son doux [s].
- Pour les verbes en -*écer* → aussi tableau 11.

INDICATIF

Présent	*Passé composé*
je mange	j'ai mangé
tu manges	tu as mangé
il mange	il a mangé
nous mangeons	nous avons mangé
vous mangez	vous avez mangé
ils mangent	ils ont mangé

Imparfait	*Plus-que-parfait*
je mangeais	j'avais mangé
tu mangeais	tu avais mangé
il mangeait	il avait mangé
nous mangions	nous avions mangé
vous mangiez	vous aviez mangé
ils mangeaient	ils avaient mangé

Passé simple	*Passé antérieur*
je mangeai	j'eus mangé
tu mangeas	tu eus mangé
il mangea	il eut mangé
nous mangeâmes	nous eûmes mangé
vous mangeâtes	vous eûtes mangé
ils mangèrent	ils eurent mangé

Futur simple	*Futur antérieur*
je mangerai	j'aurai mangé
tu mangeras	tu auras mangé
il mangera	il aura mangé
nous mangerons	nous aurons mangé
vous mangerez	vous aurez mangé
ils mangeront	ils auront mangé

CONDITIONNEL

Présent	*Passé*
je mangerais	j'aurais mangé
tu mangerais	tu aurais mangé
il mangerait	il aurait mangé
nous mangerions	nous aurions mangé
vous mangeriez	vous auriez mangé
ils mangeraient	ils auraient mangé

SUBJONCTIF

Présent	*Passé*
que je mange	que j'aie mangé
que tu manges	que tu aies mangé
qu'il mange	qu'il ait mangé
que nous mangions	que nous ayons mangé
que vous mangiez	que vous ayez mangé
qu'ils mangent	qu'ils aient mangé

Imparfait	*Plus-que-parfait*
que je mangeasse	que j'eusse mangé
que tu mangeasses	que tu eusses mangé
qu'il mangeât	qu'il eût mangé
que nous mangeassions	que nous eussions mangé
que vous mangeassiez	que vous eussiez mangé
qu'ils mangeassent	qu'ils eussent mangé

IMPÉRATIF

Présent	*Passé*
mange	aie mangé
mangeons	ayons mangé
mangez	ayez mangé

INFINITIF

Présent	*Passé*
manger	avoir mangé

PARTICIPE

Présent	*Passé*
mangeant	mangé
	ayant mangé

GÉRONDIF

Présent	*Passé*
en mangeant	en ayant mangé

Les verbes en -ger conservent l'*e* après le *g* devant les voyelles *a* et *o* : *nous jugeons, tu jugeas*, pour conserver au *g* le son doux [ʒ].
(Bien entendu, les verbes en -guer conservent le *u* à toutes les formes.)

10 | peser

1er groupe – verbes ayant un e muet à l'avant-dernière syllabe de l'infinitif : verbes en e(.)er

INDICATIF

Présent	Passé composé
je pèse	j'ai pesé
tu pèses	tu as pesé
il pèse	il a pesé
nous pesons	nous avons pesé
vous pesez	vous avez pesé
ils pèsent	ils ont pesé

Imparfait	Plus-que-parfait
je pesais	j'avais pesé
tu pesais	tu avais pesé
il pesait	il avait pesé
nous pesions	nous avions pesé
vous pesiez	vous aviez pesé
ils pesaient	ils avaient pesé

Passé simple	Passé antérieur
je pesai	j'eus pesé
tu pesas	tu eus pesé
il pesa	il eut pesé
nous pesâmes	nous eûmes pesé
vous pesâtes	vous eûtes pesé
ils pesèrent	ils eurent pesé

Futur simple	Futur antérieur
je pèserai	j'aurai pesé
tu pèseras	tu auras pesé
il pèsera	il aura pesé
nous pèserons	nous aurons pesé
vous pèserez	vous aurez pesé
ils pèseront	ils auront pesé

CONDITIONNEL

Présent	Passé
je pèserais	j'aurais pesé
tu pèserais	tu aurais pesé
il pèserait	il aurait pesé
nous pèserions	nous aurions pesé
vous pèseriez	vous auriez pesé
ils pèseraient	ils auraient pesé

SUBJONCTIF

Présent	Passé
que je pèse	que j'aie pesé
que tu pèses	que tu aies pesé
qu'il pèse	qu'il ait pesé
que nous pesions	que nous ayons pesé
que vous pesiez	que vous ayez pesé
qu'ils pèsent	qu'ils aient pesé

Imparfait	Plus-que-parfait
que je pesasse	que j'eusse pesé
que tu pesasses	que tu eusses pesé
qu'il pesât	qu'il eût pesé
que nous pesassions	que nous eussions pesé
que vous pesassiez	que vous eussiez pesé
qu'ils pesassent	qu'ils eussent pesé

IMPÉRATIF

Présent	Passé
pèse	aie pesé
pesons	ayons pesé
pesez	ayez pesé

INFINITIF

Présent	Passé
peser	avoir pesé

PARTICIPE

Présent	Passé
pesant	pesé
	ayant pesé

GÉRONDIF

Présent	Passé
en pesant	en ayant pesé

Verbes en *-ecer, -emer, -ener, -eper, -erer, -ever, -evrer*.
Ces verbes, qui ont un e muet à l'avant-dernière syllabe de l'infinitif, comme *lever*, changent l'*e muet* en *è ouvert* devant une syllabe muette, y compris devant les terminaisons *-erai..., -erais...* du futur et du conditionnel : *je lève, je lèverai, je lèverais*.
Nota. Pour les verbes en *-eler, -eter* → tableaux **12** et **13**.

11 **céder** 1er groupe – verbes ayant un é fermé à l'avant-dernière syllabe de l'infinitif : verbes en é(.)er

INDICATIF

Présent	Passé composé
je cède	j'ai cédé
tu cèdes	tu as cédé
il cède	il a cédé
nous cédons	nous avons cédé
vous cédez	vous avez cédé
ils cèdent	ils ont cédé

Imparfait	Plus-que-parfait
je cédais	j'avais cédé
tu cédais	tu avais cédé
il cédait	il avait cédé
nous cédions	nous avions cédé
vous cédiez	vous aviez cédé
ils cédaient	ils avaient cédé

Passé simple	Passé antérieur
je cédai	j'eus cédé
tu cédas	tu eus cédé
il céda	il eut cédé
nous cédâmes	nous eûmes cédé
vous cédâtes	vous eûtes cédé
ils cédèrent	ils eurent cédé

Futur simple	Futur antérieur
je céderai	j'aurai cédé
tu céderas	tu auras cédé
il cédera	il aura cédé
nous céderons	nous aurons cédé
vous céderez	vous aurez cédé
ils céderont	ils auront cédé

CONDITIONNEL

Présent	Passé
je céderais	j'aurais cédé
tu céderais	tu aurais cédé
il céderait	il aurait cédé
nous céderions	nous aurions cédé
vous céderiez	vous auriez cédé
ils céderaient	ils auraient cédé

SUBJONCTIF

Présent	Passé
que je cède	que j'aie cédé
que tu cèdes	que tu aies cédé
qu'il cède	qu'il ait cédé
que nous cédions	que nous ayons cédé
que vous cédiez	que vous ayez cédé
qu'ils cèdent	qu'ils aient cédé

Imparfait	Plus-que-parfait
que je cédasse	que j'eusse cédé
que tu cédasses	que tu eusses cédé
qu'il cédât	qu'il eût cédé
que nous cédassions	que nous eussions cédé
que vous cédassiez	que vous eussiez cédé
qu'ils cédassent	qu'ils eussent cédé

IMPÉRATIF

Présent	Passé
cède	aie cédé
cédons	ayons cédé
cédez	ayez cédé

INFINITIF

Présent	Passé
céder	avoir cédé

PARTICIPE

Présent	Passé
cédant	cédé
	ayant cédé

GÉRONDIF

Présent	Passé
en cédant	en ayant cédé

- Verbes en -ébrer, -écer, -écher, -écrer, -éder, -égler, -égner, -égrer, -éguer, -éler, -émer, -éner, -éper, -équer,-érer, -éser, -éter, -étrer, -évrer, -éyer, etc. Ces verbes, qui ont un é fermé à l'avant-dernière syllabe de l'infinitif, changent l'é fermé en è ouvert devant une syllabe muette finale : je cède. Au futur et au conditionnel, ces verbes conservent l'é fermé, malgré la tendance à prononcer cet é de plus en plus ouvert.
- Avérer (signifiant reconnaître pour vrai, vérifier) ne s'emploie guère qu'à l'infinitif et au participe passé.

jeter 1er groupe – verbes en -eler ou -eter doublant le l ou le t devant un e muet

INDICATIF

Présent / Passé composé
Présent	Passé composé
je jette	j'ai jeté
tu jettes	tu as jeté
il jette	il a jeté
nous jetons	nous avons jeté
vous jetez	vous avez jeté
ils jettent	ils ont jeté

Imparfait / Plus-que-parfait
Imparfait	Plus-que-parfait
je jetais	j'avais jeté
tu jetais	tu avais jeté
il jetait	il avait jeté
nous jetions	nous avions jeté
vous jetiez	vous aviez jeté
ils jetaient	ils avaient jeté

Passé simple / Passé antérieur
Passé simple	Passé antérieur
je jetai	j'eus jeté
tu jetas	tu eus jeté
il jeta	il eut jeté
nous jetâmes	nous eûmes jeté
vous jetâtes	vous eûtes jeté
ils jetèrent	ils eurent jeté

Futur simple / Futur antérieur
Futur simple	Futur antérieur
je jetterai	j'aurai jeté
tu jetteras	tu auras jeté
il jettera	il aura jeté
nous jetterons	nous aurons jeté
vous jetterez	vous aurez jeté
ils jetteront	ils auront jeté

CONDITIONNEL
Présent	Passé
je jetterais	j'aurais jeté
tu jetterais	tu aurais jeté
il jetterait	il aurait jeté
nous jetterions	nous aurions jeté
vous jetteriez	vous auriez jeté
ils jetteraient	ils auraient jeté

SUBJONCTIF

Présent / Passé
Présent	Passé
que je jette	que j'aie jeté
que tu jettes	que tu aies jeté
qu'il jette	qu'il ait jeté
que nous jetions	que nous ayons jeté
que vous jetiez	que vous ayez jeté
qu'ils jettent	qu'ils aient jeté

Imparfait / Plus-que-parfait
Imparfait	Plus-que-parfait
que je jetasse	que j'eusse jeté
que tu jetasses	que tu eusses jeté
qu'il jetât	qu'il eût jeté
que nous jetassions	que nous eussions jeté
que vous jetassiez	que vous eussiez jeté
qu'ils jetassent	qu'ils eussent jeté

IMPÉRATIF
Présent	Passé
jette	aie jeté
jetons	ayons jeté
jetez	ayez jeté

INFINITIF
Présent	Passé
jeter	avoir jeté

PARTICIPE
Présent	Passé
jetant	jeté
	ayant jeté

GÉRONDIF
Présent	Passé
en jetant	en ayant jeté

En règle générale, les verbes en -eler ou en -eter doublent la consonne l ou t devant un e muet : je jette, j'appelle. Un petit nombre ne double pas la consonne l ou t devant l'e muet, mais prend un accent grave sur le e qui précède le l ou le t : j'achète, je modèle (→ la liste de ces exceptions, note du tableau 13). Toutefois, les rectifications orthographiques du 6 décembre 1990 autorisent l'emploi du è (accent grave) pour les verbes en -eler et en -eter, sauf pour appeler (et rappeler) ainsi que jeter (et les verbes de la même famille) : elle ruissèle.

13 | **modeler** 1er groupe – verbes en -eler ou -eter changeant le e en è
devant une syllabe muette

INDICATIF

SUBJONCTIF

Présent	*Passé composé*
je modèle	j'ai modelé
tu modèles	tu as modelé
il modèle	il a modelé
nous modelons	nous avons modelé
vous modelez	vous avez modelé
ils modèlent	ils ont modelé

Présent	*Passé*
que je modèle	que j'aie modelé
que tu modèles	que tu aies modelé
qu'il modèle	qu'il ait modelé
que nous modelions	que nous ayons modelé
que vous modeliez	que vous ayez modelé
qu'ils modèlent	qu'ils aient modelé

Imparfait	*Plus-que-parfait*
je modelais	j'avais modelé
tu modelais	tu avais modelé
il modelait	il avait modelé
nous modelions	nous avions modelé
vous modeliez	vous aviez modelé
ils modelaient	ils avaient modelé

Imparfait	*Plus-que-parfait*
que je modelasse	que j'eusse modelé
que tu modelasses	que tu eusses modelé
qu'il modelât	qu'il eût modelé
que nous modelassions	que nous eussions modelé
que vous modelassiez	que vous eussiez modelé
qu'ils modelassent	qu'ils eussent modelé

Passé simple	*Passé antérieur*
je modelai	j'eus modelé
tu modelas	tu eus modelé
il modela	il eut modelé
nous modelâmes	nous eûmes modelé
vous modelâtes	vous eûtes modelé
ils modelèrent	ils eurent modelé

IMPÉRATIF

Présent	*Passé*
modèle	aie modelé
modelons	ayons modelé
modelez	ayez modelé

Futur simple	*Futur antérieur*
je modèlerai	j'aurai modelé
tu modèleras	tu auras modelé
il modèlera	il aura modelé
nous modèlerons	nous aurons modelé
vous modèlerez	vous aurez modelé
ils modèleront	ils auront modelé

INFINITIF

Présent	*Passé*
modeler	avoir modelé

PARTICIPE

Présent	*Passé*
modelant	modelé
	ayant modelé

CONDITIONNEL

Présent	*Passé*
je modèlerais	j'aurais modelé
tu modèlerais	tu aurais modelé
il modèlerait	il aurait modelé
nous modèlerions	nous aurions modelé
vous modèleriez	vous auriez modelé
ils modèleraient	ils auraient modelé

GÉRONDIF

Présent	*Passé*
en modelant	en ayant modelé

Quelques verbes ne doublent pas le *l* ou le *t* devant un *e muet* :
– verbes en *-eler* se conjuguant comme *modeler* : celer (déceler, receler), ciseler, démanteler, écarteler,
s'encasteler, geler (dégeler, congeler, surgeler), harceler, marteler, peler ;
– verbes en *-eter* se conjuguant comme *acheter* : racheter, béguerer, corseter, crocheter, fileter, fureter, haleter.

4 créer 1er groupe – verbes en -éer

INDICATIF

Présent	Passé composé
je crée	j'ai créé
tu crées	tu as créé
il crée	il a créé
nous créons	nous avons créé
vous créez	vous avez créé
ils créent	ils ont créé

Imparfait	Plus-que-parfait
je créais	j'avais créé
tu créais	tu avais créé
il créait	il avait créé
nous créions	nous avions créé
vous créiez	vous aviez créé
ils créaient	ils avaient créé

Passé simple	Passé antérieur
je créai	j'eus créé
tu créas	tu eus créé
il créa	il eut créé
nous créâmes	nous eûmes créé
vous créâtes	vous eûtes créé
ils créèrent	ils eurent créé

Futur simple	Futur antérieur
je créerai	j'aurai créé
tu créeras	tu auras créé
il créera	il aura créé
nous créerons	nous aurons créé
vous créerez	vous aurez créé
ils créeront	ils auront créé

CONDITIONNEL

Présent	Passé
je créerais	j'aurais créé
tu créerais	tu aurais créé
il créerait	il aurait créé
nous créerions	nous aurions créé
vous créeriez	vous auriez créé
ils créeraient	ils auraient créé

SUBJONCTIF

Présent	Passé
que je crée	que j'aie créé
que tu crées	que tu aies créé
qu'il crée	qu'il ait créé
que nous créions	que nous ayons créé
que vous créiez	que vous ayez créé
qu'ils créent	qu'ils aient créé

Imparfait	Plus-que-parfait
que je créasse	que j'eusse créé
que tu créasses	que tu eusses créé
qu'il créât	qu'il eût créé
que nous créassions	que nous eussions créé
que vous créassiez	que vous eussiez créé
qu'ils créassent	qu'ils eussent créé

IMPÉRATIF

Présent	Passé
crée	aie créé
créons	ayons créé
créez	ayez créé

INFINITIF

Présent	Passé
créer	avoir créé

PARTICIPE

Présent	Passé
créant	créé
	ayant créé

GÉRONDIF

Présent	Passé
en créant	en ayant créé

- Ces verbes n'offrent d'autre particularité que la présence très régulière de deux e à certaines personnes de l'indicatif présent, du passé simple, du futur, du conditionnel présent, de l'impératif, du subjonctif présent, du participe passé masculin, et celle de trois e au participe passé féminin : *créée*.
- Dans les verbes en -éer, l'é reste toujours fermé : *je crée, tu crées*...
- Noter la forme adjectivale du participe passé dans *bouche bée*.

15 | assiéger — 1ᵉʳ groupe – verbes en -éger

INDICATIF

Présent	Passé composé
j'assiège	j'ai assiégé
tu assièges	tu as assiégé
il assiège	il a assiégé
nous assiégeons	nous avons assiégé
vous assiégez	vous avez assiégé
ils assiègent	ils ont assiégé

Imparfait	Plus-que-parfait
j'assiégeais	j'avais assiégé
tu assiégeais	tu avais assiégé
il assiégeait	il avait assiégé
nous assiégions	nous avions assiégé
vous assiégiez	vous aviez assiégé
ils assiégeaient	ils avaient assiégé

Passé simple	Passé antérieur
j'assiégeai	j'eus assiégé
tu assiégeas	tu eus assiégé
il assiégea	il eut assiégé
nous assiégeâmes	nous eûmes assiégé
vous assiégeâtes	vous eûtes assiégé
ils assiégèrent	ils eurent assiégé

Futur simple	Futur antérieur
j'assiégerai	j'aurai assiégé
tu assiégeras	tu auras assiégé
il assiégera	il aura assiégé
nous assiégerons	nous aurons assiégé
vous assiégerez	vous aurez assiégé
ils assiégeront	ils auront assiégé

CONDITIONNEL

Présent	Passé
j'assiégerais	j'aurais assiégé
tu assiégerais	tu aurais assiégé
il assiégerait	il aurait assiégé
nous assiégerions	nous aurions assiégé
vous assiégeriez	vous auriez assiégé
ils assiégeraient	ils auraient assiégé

SUBJONCTIF

Présent	Passé
que j'assiège	que j'aie assiégé
que tu assièges	que tu aies assiégé
qu'il assiège	qu'il ait assiégé
que nous assiégions	que nous ayons assiégé
que vous assiégiez	que vous ayez assiégé
qu'ils assiègent	qu'ils aient assiégé

Imparfait	Plus-que-parfait
que j'assiégeasse	que j'eusse assiégé
que tu assiégeasses	que tu eusses assiégé
qu'il assiégeât	qu'il eût assiégé
que nous assiégeassions	que nous eussions assiégé
que vous assiégeassiez	que vous eussiez assiégé
qu'ils assiégeassent	qu'ils eussent assiégé

IMPÉRATIF

Présent	Passé
assiège	aie assiégé
assiégeons	ayons assiégé
assiégez	ayez assiégé

INFINITIF

Présent	Passé
assiéger	avoir assiégé

PARTICIPE

Présent	Passé
assiégeant	assiégé
	ayant assiégé

GÉRONDIF

Présent	Passé
en assiégeant	en ayant assiégé

Dans les verbes en -éger :
– l'é du radical se change en è devant un e muet (sauf au futur et au conditionnel);
– pour conserver partout le son du g doux [ʒ], on maintient l'e après le g devant les voyelles a et o.

16 apprécier   1er groupe – verbes en -ier

INDICATIF

Présent
j'apprécie
tu apprécies
il apprécie
nous apprécions
vous appréciez
ils apprécient

Passé composé
j'ai apprécié
tu as apprécié
il a apprécié
nous avons apprécié
vous avez apprécié
ils ont apprécié

Imparfait
j'appréciais
tu appréciais
il appréciait
nous appréciions
vous appréciiez
ils appréciaient

Plus-que-parfait
j'avais apprécié
tu avais apprécié
il avait apprécié
nous avions apprécié
vous aviez apprécié
ils avaient apprécié

Passé simple
j'appréciai
tu apprécias
il apprécia
nous appréciâmes
vous appréciâtes
ils apprécièrent

Passé antérieur
j'eus apprécié
tu eus apprécié
il eut apprécié
nous eûmes apprécié
vous eûtes apprécié
ils eurent apprécié

Futur simple
j'apprécierai
tu apprécieras
il appréciera
nous apprécierons
vous apprécierez
ils apprécieront

Futur antérieur
j'aurai apprécié
tu auras apprécié
il aura apprécié
nous aurons apprécié
vous aurez apprécié
ils auront apprécié

CONDITIONNEL

Présent
j'apprécierais
tu apprécierais
il apprécierait
nous apprécierions
vous apprécieriez
ils apprécieraient

Passé
j'aurais apprécié
tu aurais apprécié
il aurait apprécié
nous aurions apprécié
vous auriez apprécié
ils auraient apprécié

SUBJONCTIF

Présent
que j'apprécie
que tu apprécies
qu'il apprécie
que nous appréciions
que vous appréciiez
qu'ils apprécient

Passé
que j'aie apprécié
que tu aies apprécié
qu'il ait apprécié
que nous ayons apprécié
que vous ayez apprécié
qu'ils aient apprécié

Imparfait
que j'appréciasse
que tu appréciasses
qu'il appréciât
que nous appréciassions
que vous appréciassiez
qu'ils appréciassent

Plus-que-parfait
que j'eusse apprécié
que tu eusses apprécié
qu'il eût apprécié
que nous eussions apprécié
que vous eussiez apprécié
qu'ils eussent apprécié

IMPÉRATIF

Présent
apprécie
apprécions
appréciez

Passé
aie apprécié
ayons apprécié
ayez apprécié

INFINITIF

Présent
apprécier

Passé
avoir apprécié

PARTICIPE

Présent
appréciant

Passé
apprécié
ayant apprécié

GÉRONDIF

Présent
en appréciant

Passé
en ayant apprécié

Ces verbes n'offrent d'autre particularité que les deux *i* à la 1re et à la 2e personnes du pluriel de l'imparfait de l'indicatif et du présent du subjonctif : *appréciions, appréciiez*. Ces deux *i* proviennent de la rencontre de l'*i* final du radical, qui se maintient dans toute la conjugaison, avec l'*i* initial de la terminaison de l'imparfait de l'indicatif et du présent du subjonctif.

17 payer

1er groupe – verbes en -ayer

INDICATIF

Présent	Passé composé
je paie/paye	j'ai payé
tu paies/payes	tu as payé
il paie/paye	il a payé
nous payons	nous avons payé
vous payez	vous avez payé
ils paient/payent	ils ont payé

Imparfait	Plus-que-parfait
je payais	j'avais payé
tu payais	tu avais payé
il payait	il avait payé
nous payions	nous avions payé
vous payiez	vous aviez payé
ils payaient	ils avaient payé

Passé simple	Passé antérieur
je payai	j'eus payé
tu payas	tu eus payé
il paya	il eut payé
nous payâmes	nous eûmes payé
vous payâtes	vous eûtes payé
ils payèrent	ils eurent payé

Futur simple	Futur antérieur
je paierai/payerai	j'aurai payé
tu paieras/payeras	tu auras payé
il paiera/payera	il aura payé
n. paierons/payerons	nous aurons payé
v. paierez/payerez	vous aurez payé
ils paieront/payeront	ils auront payé

CONDITIONNEL

Présent	Passé
je paierais/payerais	j'aurais payé
tu paierais/payerais	tu aurais payé
il paierait/payerait	il aurait payé
n. paierions/payerions	nous aurions payé
v. paieriez/payeriez	vous auriez payé
ils paieraient/payeraient	ils auraient payé

SUBJONCTIF

Présent	Passé
que je paie/paye	que j'aie payé
que tu paies/payes	que tu aies payé
qu'il paie/paye	qu'il ait payé
que nous payions	que nous ayons payé
que vous payiez	que vous ayez payé
qu'ils paient/payent	qu'ils aient payé

Imparfait	Plus-que-parfait
que je payasse	que j'eusse payé
que tu payasses	que tu eusses payé
qu'il payât	qu'il eût payé
que nous payassions	que nous eussions payé
que vous payassiez	que vous eussiez payé
qu'ils payassent	qu'ils eussent payé

IMPÉRATIF

Présent	Passé
paye/paie	aie payé
payons	ayons payé
payez	ayez payé

INFINITIF

Présent	Passé
payer	avoir payé

PARTICIPE

Présent	Passé
payant	payé
	ayant payé

GÉRONDIF

Présent	Passé
en payant	en ayant payé

- Les verbes en -*ayer* peuvent : **1.** conserver l'*y* dans toute la conjugaison ; **2.** remplacer l'*y* par un *i* devant un *e muet*, c'est-à-dire devant les terminaisons : *e, es, ent, erai (eras...), erais (erais...)* : *je paye* (prononcer [pɛj] : *pey*) ou je paie (prononcer [pɛ] : *pè*). Remarquer la présence de l'*i* après *y* aux deux premières personnes du pluriel de l'imparfait de l'indicatif et du présent du subjonctif.
- Les verbes en -*eyer* (*grasseyer, faseyer, capeyer*) conservent l'*y* dans toute la conjugaison.

8 broyer — 1ᵉʳ groupe – verbes en -oyer et uyer

INDICATIF

Présent
je broie
tu broies
il broie
nous broyons
vous broyez
ils broient

Passé composé
j'ai broyé
tu as broyé
il a broyé
nous avons broyé
vous avez broyé
ils ont broyé

Imparfait
je broyais
tu broyais
il broyait
nous broyions
vous broyiez
ils broyaient

Plus-que-parfait
j'avais broyé
tu avais broyé
il avait broyé
nous avions broyé
vous aviez broyé
ils avaient broyé

Passé simple
je broyai
tu broyas
il broya
nous broyâmes
vous broyâtes
ils broyèrent

Passé antérieur
j'eus broyé
tu eus broyé
il eut broyé
nous eûmes broyé
vous eûtes broyé
ils eurent broyé

Futur simple
je broierai
tu broieras
il broiera
nous broierons
vous broierez
ils broieront

Futur antérieur
j'aurai broyé
tu auras broyé
il aura broyé
nous aurons broyé
vous aurez broyé
ils auront broyé

CONDITIONNEL

Présent
je broierais
tu broierais
il broierait
nous broierions
vous broieriez
ils broieraient

Passé
j'aurais broyé
tu aurais broyé
il aurait broyé
nous aurions broyé
vous auriez broyé
ils auraient broyé

SUBJONCTIF

Présent
que je broie
que tu broies
qu'il broie
que nous broyions
que vous broyiez
qu'ils broient

Passé
que j'aie broyé
que tu aies broyé
qu'il ait broyé
que nous ayons broyé
que vous ayez broyé
qu'ils aient broyé

Imparfait
que je broyasse
que tu broyasses
qu'il broyât
que nous broyassions
que vous broyassiez
qu'ils broyassent

Plus-que-parfait
que j'eusse broyé
que tu eusses broyé
qu'il eût broyé
que nous eussions broyé
que vous eussiez broyé
qu'ils eussent broyé

IMPÉRATIF

Présent
broie
broyons
broyez

Passé
aie broyé
ayons broyé
ayez broyé

INFINITIF

Présent
broyer

Passé
avoir broyé

PARTICIPE

Présent
broyant

Passé
broyé
ayant broyé

GÉRONDIF

Présent
en broyant

Passé
en ayant broyé

Les verbes en -oyer et -uyer changent l'y du radical en i devant un e muet (terminaisons e, es, ent, erai…, erais…). Exceptions : envoyer et renvoyer, qui sont irréguliers au futur et au conditionnel présent (→ tableau 19). Remarquer la présence de l'i après y aux deux premières personnes du pluriel à l'imparfait de l'indicatif et au présent du subjonctif.

INDICATIF

Présent	Passé composé
j'envoie	j'ai envoyé
tu envoies	tu as envoyé
il envoie	il a envoyé
nous envoyons	nous avons envoyé
vous envoyez	vous avez envoyé
ils envoient	ils ont envoyé

Imparfait	Plus-que-parfait
j'envoyais	j'avais envoyé
tu envoyais	tu avais envoyé
il envoyait	il avait envoyé
nous envoyions	nous avions envoyé
vous envoyiez	vous aviez envoyé
ils envoyaient	ils avaient envoyé

Passé simple	Passé antérieur
j'envoyai	j'eus envoyé
tu envoyas	tu eus envoyé
il envoya	il eut envoyé
nous envoyâmes	nous eûmes envoyé
vous envoyâtes	vous eûtes envoyé
ils envoyèrent	ils eurent envoyé

Futur simple	Futur antérieur
j'enverrai	j'aurai envoyé
tu enverras	tu auras envoyé
il enverra	il aura envoyé
nous enverrons	nous aurons envoyé
vous enverrez	vous aurez envoyé
ils enverront	ils auront envoyé

CONDITIONNEL

Présent	Passé
j'enverrais	j'aurais envoyé
tu enverrais	tu aurais envoyé
il enverrait	il aurait envoyé
nous enverrions	nous aurions envoyé
vous enverriez	vous auriez envoyé
ils enverraient	ils auraient envoyé

SUBJONCTIF

Présent	Passé
que j'envoie	que j'aie envoyé
que tu envoies	que tu aies envoyé
qu'il envoie	qu'il ait envoyé
que nous envoyions	que nous ayons envoyé
que vous envoyiez	que vous ayez envoyé
qu'ils envoient	qu'ils aient envoyé

Imparfait	Plus-que-parfait
que j'envoyasse	que j'eusse envoyé
que tu envoyasses	que tu eusses envoyé
qu'il envoyât	qu'il eût envoyé
que nous envoyassions	que nous eussions envoyé
que vous envoyassiez	que vous eussiez envoyé
qu'ils envoyassent	qu'ils eussent envoyé

IMPÉRATIF

Présent	Passé
envoie	aie envoyé
envoyons	ayons envoyé
envoyez	ayez envoyé

INFINITIF

Présent	Passé
envoyer	avoir envoyé

PARTICIPE

Présent	Passé
envoyant	envoyé
	ayant envoyé

GÉRONDIF

Présent	Passé
en envoyant	en ayant envoyé

Renvoyer se conjugue sur ce modèle.

finir

2ᵉ groupe – verbes en -ir, participe présent en -issant

INDICATIF

Présent	Passé composé
je finis	j'ai fini
tu finis	tu as fini
il finit	il a fini
nous finissons	nous avons fini
vous finissez	vous avez fini
ils finissent	ils ont fini

Imparfait	Plus-que-parfait
je finissais	j'avais fini
tu finissais	tu avais fini
il finissait	il avait fini
nous finissions	nous avions fini
vous finissiez	vous aviez fini
ils finissaient	ils avaient fini

Passé simple	Passé antérieur
je finis	j'eus fini
tu finis	tu eus fini
il finit	il eut fini
nous finîmes	nous eûmes fini
vous finîtes	vous eûtes fini
ils finirent	ils eurent fini

Futur simple	Futur antérieur
je finirai	j'aurai fini
tu finiras	tu auras fini
il finira	il aura fini
nous finirons	nous aurons fini
vous finirez	vous aurez fini
ils finiront	ils auront fini

CONDITIONNEL

Présent	Passé
je finirais	j'aurais fini
tu finirais	tu aurais fini
il finirait	il aurait fini
nous finirions	nous aurions fini
vous finiriez	vous auriez fini
ils finiraient	ils auraient fini

SUBJONCTIF

Présent	Passé
que je finisse	que j'aie fini
que tu finisses	que tu aies fini
qu'il finisse	qu'il ait fini
que nous finissions	que nous ayons fini
que vous finissiez	que vous ayez fini
qu'ils finissent	qu'ils aient fini

Imparfait	Plus-que-parfait
que je finisse	que j'eusse fini
que tu finisses	que tu eusses fini
qu'il finît	qu'il eût fini
que nous finissions	que nous eussions fini
que vous finissiez	que vous eussiez fini
qu'ils finissent	qu'ils eussent fini

IMPÉRATIF

Présent	Passé
finis	aie fini
finissons	ayons fini
finissez	ayez fini

INFINITIF

Présent	Passé
finir	avoir fini

PARTICIPE

Présent	Passé
finissant	fini
	ayant fini

GÉRONDIF

Présent	Passé
en finissant	en ayant fini

- Ainsi se conjuguent environ 300 verbes en *-ir*, *-issant*, qui, avec les verbes en *-er*, forment la conjugaison vivante.
- Les verbes *obéir* et *désobéir* (intransitifs à l'actif) ont gardé, d'une ancienne construction transitive, un passif : *Sera-t-elle obéie ?*
- Le verbe *maudire* se conjugue sur ce modèle, bien que son infinitif s'achève en *-ire* (comme un verbe du 3ᵉ groupe) et que son participe passé se termine par *-t* : *maudit, maudite*.

21 haïr 2ᵉ groupe

INDICATIF

Présent	Passé composé
je hais	j'ai haï
tu hais	tu as haï
il hait	il a haï
nous haïssons	nous avons haï
vous haïssez	vous avez haï
ils haïssent	ils ont haï

Imparfait	Plus-que-parfait
je haïssais	j'avais haï
tu haïssais	tu avais haï
il haïssait	il avait haï
nous haïssions	nous avions haï
vous haïssiez	vous aviez haï
ils haïssaient	ils avaient haï

Passé simple	Passé antérieur
je haïs	j'eus haï
tu haïs	tu eus haï
il haït	il eut haï
nous haïmes	nous eûmes haï
vous haïtes	vous eûtes haï
ils haïrent	ils eurent haï

Futur simple	Futur antérieur
je haïrai	j'aurai haï
tu haïras	tu auras haï
il haïra	il aura haï
nous haïrons	nous aurons haï
vous haïrez	vous aurez haï
ils haïront	ils auront haï

CONDITIONNEL

Présent	Passé
je haïrais	j'aurais haï
tu haïrais	tu aurais haï
il haïrait	il aurait haï
nous haïrions	nous aurions haï
vous haïriez	vous auriez haï
ils haïraient	ils auraient haï

SUBJONCTIF

Présent	Passé
que je haïsse	que j'aie haï
que tu haïsses	que tu aies haï
qu'il haïsse	qu'il ait haï
que nous haïssions	que nous ayons haï
que vous haïssiez	que vous ayez haï
qu'ils haïssent	qu'ils aient haï

Imparfait	Plus-que-parfait
que je haïsse	que j'eusse haï
que tu haïsses	que tu eusses haï
qu'il haït	qu'il eût haï
que nous haïssions	que nous eussions haï
que vous haïssiez	que vous eussiez haï
qu'ils haïssent	qu'ils eussent haï

IMPÉRATIF

Présent	Passé
hais	aie haï
haïssons	ayons haï
haïssez	ayez haï

INFINITIF

Présent	Passé
haïr	avoir haï

PARTICIPE

Présent	Passé
haïssant	haï
	ayant haï

GÉRONDIF

Présent	Passé
en haïssant	en ayant haï

- *Haïr* est le seul verbe de cette conjugaison ; il prend un tréma sur l'*i* dans toute sa conjugaison, excepté aux trois personnes du singulier du présent de l'indicatif, et à la deuxième personne du singulier de l'impératif. Le tréma exclut l'accent circonflexe au passé simple et au subjonctif imparfait.

Ces verbes sont classés dans l'ordre des tableaux de conjugaison où se trouve entièrement conjugué soit le verbe lui-même, soit le verbe type (en rouge) qui lui sert de modèle, à l'auxiliaire près.

23 aller	**25 acquérir**	**29 cueillir**	**40 recevoir**
24 tenir	conquérir	accueillir	apercevoir
abstenir (s')	enquérir (s')	recueillir	concevoir
appartenir	quérir	**30 assaillir**	décevoir
contenir	reconquérir	saillir	percevoir
détenir	requérir	tressaillir	**41 voir**
entretenir	**26 sentir**	défaillir	entrevoir
maintenir	consentir	**31 faillir**	prévoir
obtenir	pressentir	**32 bouillir**	revoir
retenir	ressentir	débouillir	**42 pourvoir**
soutenir	mentir	**33 dormir**	dépourvoir
venir	démentir	endormir	**43 savoir**
avenir	partir	rendormir	**44 devoir**
advenir	départir	**34 courir**	redevoir
bienvenir	repartir	accourir	**45 pouvoir**
circonvenir	repentir (se)	concourir	**46 mouvoir**
contrevenir	sortir	discourir	émouvoir
convenir	ressortir ¹	encourir	promouvoir
devenir	**27 vêtir**	parcourir	**47 pleuvoir**
disconvenir	dévêtir	recourir	repleuvoir
intervenir	revêtir	secourir	**48 falloir**
obvenir	survêtir	**35 mourir**	**49 valoir**
parvenir	**28 couvrir**	**36 servir ²**	équivaloir
prévenir	découvrir	desservir	prévaloir
provenir	redécouvrir	resservir	revaloir
redevenir	recouvrir	**37 fuir**	**50 vouloir**
ressouvenir (se)	ouvrir	enfuir (s')	**51 asseoir**
revenir	entrouvrir	**38 ouïr**	rasseoir
souvenir (se)	rentrouvrir	**39 gésir**	**52 seoir**
subvenir	rouvrir		**53 messeoir**
survenir	offrir		**54 surseoir**
	souffrir		**55 choir**

1. Le verbe **ressortir**, dans le sens de : *être du ressort de*, se conjugue sur le modèle de *finir* (2ᵉ groupe).
2. *Asservir* se conjugue sur le modèle de *finir* (2ᵉ groupe).

56 échoir
57 déchoir
58 rendre
défendre
descendre
condescendre
redescendre
fendre
pourfendre
refendre
pendre
appendre
dépendre
rependre
suspendre
tendre
attendre
détendre
distendre
entendre
étendre
prétendre
retendre
sous-entendre
sous-tendre
vendre
mévendre
revendre
épandre
répandre
fondre
confondre
morfondre (se)
parfondre
refondre
pondre

répondre
correspondre
tondre
retondre
perdre
reperdre
mordre
démordre
remordre
tordre
détordre
distordre
retordre
rompre
corrompre
interrompre
foutre
contrefoutre (se)
59 prendre
apprendre
comprendre
déprendre
désapprendre
entreprendre
éprendre (s')
méprendre (se)
réapprendre
reprendre
surprendre
60 battre
abattre
combattre
contrebattre
débattre
ébattre (s')
embattre
rabattre
rebattre

61 mettre
admettre
commettre
compromettre
démettre
émettre
entremettre (s')
omettre
permettre
promettre
réadmettre
remettre
retransmettre
soumettre
transmettre
62 peindre
dépeindre
repeindre
astreindre
étreindre
restreindre
atteindre
ceindre
enceindre
empreindre
enfreindre
feindre
geindre
teindre
déteindre
éteindre
reteindre

63 joindre
adjoindre
conjoindre
disjoindre
enjoindre
rejoindre
oindre
poindre
64 craindre
contraindre
plaindre
65 vaincre
convaincre
66 traire
abstraire
distraire
extraire
retraire
raire
soustraire
braire
67 faire
contrefaire
défaire
forfaire
malfaire
méfaire
parfaire
redéfaire
refaire
satisfaire
surfaire
68 plaire
complaire
déplaire
taire

69 connaître
méconnaître
reconnaître
paraître
apparaître
comparaître
disparaître
réapparaître
recomparaître
reparaître
transparaître

70 naître
renaître

71 paître

72 repaître

73 croître
accroître
décroître
recroître

74 croire
accroire

75 boire
emboire

76 clore
déclore
éclore
enclore
forclore

77 conclure
exclure
inclure
occlure
reclure

78 absoudre
dissoudre
résoudre

79 coudre
découdre
recoudre

80 moudre
émoudre
remoudre

81 suivre
ensuivre (s')
poursuivre

82 vivre
revivre
survivre

83 lire
élire
réélire
relire

84 dire [3]
contredire
dédire
interdire
médire
prédire
redire

85 rire
sourire

86 écrire
circonscrire
décrire
inscrire
prescrire
proscrire
récrire
réinscrire
retranscrire
souscrire
transcrire

87 confire
déconfire
circoncire
frire
suffire

88 cuire
recuire
conduire
déduire
éconduire
enduire
induire
introduire
produire
reconduire
réduire
réintroduire
reproduire
retraduire
séduire
traduire
construire
détruire
instruire
reconstruire
luire
reluire
nuire
entre-nuire (s')

---

3. *Maudire* se conjugue sur le modèle de *finir* (2ᵉ groupe).

INDICATIF

Présent
je vais
tu vas
il va
nous allons
vous allez
ils vont

Passé composé
je suis allé
tu es allé
il est allé
nous sommes allés
vous êtes allés
ils sont allés

Imparfait
j'allais
tu allais
il allait
nous allions
vous alliez
ils allaient

Plus-que-parfait
j'étais allé
tu étais allé
il était allé
nous étions allés
vous étiez allés
ils étaient allés

Passé simple
j'allai
tu allas
il alla
nous allâmes
vous allâtes
ils allèrent

Passé antérieur
je fus allé
tu fus allé
il fut allé
nous fûmes allés
vous fûtes allés
ils furent allés

Futur simple
j'irai
tu iras
il ira
nous irons
vous irez
ils iront

Futur antérieur
je serai allé
tu seras allé
il sera allé
nous serons allés
vous serez allés
ils seront allés

CONDITIONNEL

Présent
j'irais
tu irais
il irait
nous irions
vous iriez
ils iraient

Passé
je serais allé
tu serais allé
il serait allé
nous serions allés
vous seriez allés
ils seraient allés

SUBJONCTIF

Présent
que j'aille
que tu ailles
qu'il aille
que nous allions
que vous alliez
qu'ils aillent

Passé
que je sois allé
que tu sois allé
qu'il soit allé
que nous soyons allés
que vous soyez allés
qu'ils soient allés

Imparfait
que j'allasse
que tu allasses
qu'il allât
que nous allassions
que vous allassiez
qu'ils allassent

Plus-que-parfait
que je fusse allé
que tu fusses allé
qu'il fût allé
que nous fussions allés
que vous fussiez allés
qu'ils fussent allés

IMPÉRATIF

Présent
va
allons
allez

Passé
sois allé
soyons allés
soyez allés

INFINITIF

Présent
aller

Passé
être allé

PARTICIPE

Présent
allant

Passé
allé
étant allé

GÉRONDIF

Présent
en allant

Passé
en étant allé

- Le verbe *aller* se conjugue sur quatre radicaux distincts. À l'impératif, devant le pronom adverbial *y* non suivi d'un infinitif, *va* prend un *s* : *Vas-y*, mais : *Va y mettre bon ordre*. À la forme interrogative, on écrit : *va-t-il ?* comme : *aima-t-il ?*
- *S'en aller* se conjugue comme *aller*. Aux temps composés, on met l'auxiliaire *être* entre *en* et *allé* : *je m'en suis allé*, et non ● *je me suis en allé*. L'impératif est : *va-t'en* (avec élision de l'*e* du pronom réfléchi *te*), *allons-nous-en*, *allez-vous-en*.

4 | tenir 3e groupe – verbes en -enir

INDICATIF

Présent
je tiens
tu tiens
il tient
nous tenons
vous tenez
ils tiennent

Passé composé
j'ai tenu
tu as tenu
il a tenu
nous avons tenu
vous avez tenu
ils ont tenu

Imparfait
je tenais
tu tenais
il tenait
nous tenions
vous teniez
ils tenaient

Plus-que-parfait
j'avais tenu
tu avais tenu
il avait tenu
nous avions tenu
vous aviez tenu
ils avaient tenu

Passé simple
je tins
tu tins
il tint
nous tînmes
vous tîntes
ils tinrent

Passé antérieur
j'eus tenu
tu eus tenu
il eut tenu
nous eûmes tenu
vous eûtes tenu
ils eurent tenu

Futur simple
je tiendrai
tu tiendras
il tiendra
nous tiendrons
vous tiendrez
ils tiendront

Futur antérieur
j'aurai tenu
tu auras tenu
il aura tenu
nous aurons tenu
vous aurez tenu
ils auront tenu

CONDITIONNEL

Présent
je tiendrais
tu tiendrais
il tiendrait
nous tiendrions
vous tiendriez
ils tiendraient

Passé
j'aurais tenu
tu aurais tenu
il aurait tenu
nous aurions tenu
vous auriez tenu
ils auraient tenu

SUBJONCTIF

Présent
que je tienne
que tu tiennes
qu'il tienne
que nous tenions
que vous teniez
qu'ils tiennent

Passé
que j'aie tenu
que tu aies tenu
qu'il ait tenu
que nous ayons tenu
que vous ayez tenu
qu'ils aient tenu

Imparfait
que je tinsse
que tu tinsses
qu'il tînt
que nous tinssions
que vous tinssiez
qu'ils tinssent

Plus-que-parfait
que j'eusse tenu
que tu eusses tenu
qu'il eût tenu
que nous eussions tenu
que vous eussiez tenu
qu'ils eussent tenu

IMPÉRATIF

Présent
tiens
tenons
tenez

Passé
aie tenu
ayons tenu
ayez tenu

INFINITIF

Présent
tenir

Passé
avoir tenu

PARTICIPE

Présent
tenant

Passé
tenu
ayant tenu

GÉRONDIF

Présent
en tenant

Passé
en ayant tenu

- Se conjuguent sur ce modèle *tenir*, *venir* et leurs composés (→ tableau 22). *Venir* et ses composés prennent l'auxiliaire *être*, sauf *circonvenir*, *contrevenir*, *prévenir*, *subvenir*.
- *Advenir* n'est employé qu'à la 3e personne du singulier et du pluriel ; les temps composés se forment avec l'auxiliaire *être* : *il est advenu*.

INDICATIF

Présent	Passé composé
j'acquiers	j'ai acquis
tu acquiers	tu as acquis
il acquiert	il a acquis
nous acquérons	nous avons acquis
vous acquérez	vous avez acquis
ils acquièrent	ils ont acquis

Imparfait	Plus-que-parfait
j'acquérais	j'avais acquis
tu acquérais	tu avais acquis
il acquérait	il avait acquis
nous acquérions	nous avions acquis
vous acquériez	vous aviez acquis
ils acquéraient	ils avaient acquis

Passé simple	Passé antérieur
j'acquis	j'eus acquis
tu acquis	tu eus acquis
il acquit	il eut acquis
nous acquîmes	nous eûmes acquis
vous acquîtes	vous eûtes acquis
ils acquirent	ils eurent acquis

Futur simple	Futur antérieur
j'acquerrai	j'aurai acquis
tu acquerras	tu auras acquis
il acquerra	il aura acquis
nous acquerrons	nous aurons acquis
vous acquerrez	vous aurez acquis
ils acquerront	ils auront acquis

CONDITIONNEL

Présent	Passé
j'acquerrais	j'aurais acquis
tu acquerrais	tu aurais acquis
il acquerrait	il aurait acquis
nous acquerrions	nous aurions acquis
vous acquerriez	vous auriez acquis
ils acquerraient	ils auraient acquis

SUBJONCTIF

Présent	Passé
que j'acquière	que j'aie acquis
que tu acquières	que tu aies acquis
qu'il acquière	qu'il ait acquis
que nous acquérions	que nous ayons acquis
que vous acquériez	que vous ayez acquis
qu'ils acquièrent	qu'ils aient acquis

Imparfait	Plus-que-parfait
que j'acquisse	que j'eusse acquis
que tu acquisses	que tu eusses acquis
qu'il acquît	qu'il eût acquis
que nous acquissions	que nous eussions acquis
que vous acquissiez	que vous eussiez acquis
qu'ils acquissent	qu'ils eussent acquis

IMPÉRATIF

Présent	Passé
acquiers	aie acquis
acquérons	ayons acquis
acquérez	ayez acquis

INFINITIF

Présent	Passé
acquérir	avoir acquis

PARTICIPE

Présent	Passé
acquérant	acquis
	ayant acquis

GÉRONDIF

Présent	Passé
en acquérant	en ayant acquis

- Les composés de *quérir* se conjuguent sur ce modèle (→ tableau 22).
- Ne pas confondre le participe substantivé *acquis (avoir de l'acquis)* avec le substantif verbal *acquit* de *acquitter (par acquit, pour acquit)*. Noter la subsistance d'une forme ancienne dans la locution *à enquerre* (seulement à l'infinitif).

6 sentir 3e groupe – verbes en -tir

INDICATIF

Présent	Passé composé
je sens	j'ai senti
tu sens	tu as senti
il sent	il a senti
nous sentons	nous avons senti
vous sentez	vous avez senti
ils sentent	ils ont senti

Imparfait	Plus-que-parfait
je sentais	j'avais senti
tu sentais	tu avais senti
il sentait	il avait senti
nous sentions	nous avions senti
vous sentiez	vous aviez senti
ils sentaient	ils avaient senti

Passé simple	Passé antérieur
je sentis	j'eus senti
tu sentis	tu eus senti
il sentit	il eut senti
nous sentîmes	nous eûmes senti
vous sentîtes	vous eûtes senti
ils sentirent	ils eurent senti

Futur simple	Futur antérieur
je sentirai	j'aurai senti
tu sentiras	tu auras senti
il sentira	il aura senti
nous sentirons	nous aurons senti
vous sentirez	vous aurez senti
ils sentiront	ils auront senti

CONDITIONNEL

Présent	Passé
je sentirais	j'aurais senti
tu sentirais	tu aurais senti
il sentirait	il aurait senti
nous sentirions	nous aurions senti
vous sentiriez	vous auriez senti
ils sentiraient	ils auraient senti

SUBJONCTIF

Présent	Passé
que je sente	que j'aie senti
que tu sentes	que tu aies senti
qu'il sente	qu'il ait senti
que nous sentions	que nous ayons senti
que vous sentiez	que vous ayez senti
qu'ils sentent	qu'ils aient senti

Imparfait	Plus-que-parfait
que je sentisse	que j'eusse senti
que tu sentisses	que tu eusses senti
qu'il sentît	qu'il eût senti
que nous sentissions	que nous eussions senti
que vous sentissiez	que vous eussiez senti
qu'ils sentissent	qu'ils eussent senti

IMPÉRATIF

Présent	Passé
sens	aie senti
sentons	ayons senti
sentez	ayez senti

INFINITIF

Présent	Passé
sentir	avoir senti

PARTICIPE

Présent	Passé
sentant	senti
	ayant senti

GÉRONDIF

Présent	Passé
en sentant	en ayant senti

- *Mentir, sentir, partir, se repentir, sortir* et leurs composés se conjuguent sur ce modèle (→ tableau 22). L'auxiliaire de conjugaison aux temps composés peut varier cependant : *être* pour *partir* ; *avoir* ou *être* pour *sortir*.
- *Départir*, employé d'ordinaire à la forme pronominale *se départir*, se conjugue normalement comme *partir* : *je me départs..., je me départais..., se départant*. On observe, sous l'influence sans doute de *répartir*, les formes : *il se départissait, se départissant*, et, au présent de l'indicatif : *il se départit*.

INDICATIF

Présent	*Passé composé*
je vêts	j'ai vêtu
tu vêts	tu as vêtu
il vêt	il a vêtu
nous vêtons	nous avons vêtu
vous vêtez	vous avez vêtu
ils vêtent	ils ont vêtu

Imparfait	*Plus-que-parfait*
je vêtais	j'avais vêtu
tu vêtais	tu avais vêtu
il vêtait	il avait vêtu
nous vêtions	nous avions vêtu
vous vêtiez	vous aviez vêtu
ils vêtaient	ils avaient vêtu

Passé simple	*Passé antérieur*
je vêtis	j'eus vêtu
tu vêtis	tu eus vêtu
il vêtit	il eut vêtu
nous vêtîmes	nous eûmes vêtu
vous vêtîtes	vous eûtes vêtu
ils vêtirent	ils eurent vêtu

Futur simple	*Futur antérieur*
je vêtirai	j'aurai vêtu
tu vêtiras	tu auras vêtu
il vêtira	il aura vêtu
nous vêtirons	nous aurons vêtu
vous vêtirez	vous aurez vêtu
ils vêtiront	ils auront vêtu

CONDITIONNEL

Présent	*Passé*
je vêtirais	j'aurais vêtu
tu vêtirais	tu aurais vêtu
il vêtirait	il aurait vêtu
nous vêtirions	nous aurions vêtu
vous vêtiriez	vous auriez vêtu
ils vêtiraient	ils auraient vêtu

SUBJONCTIF

Présent	*Passé*
que je vête	que j'aie vêtu
que tu vêtes	que tu aies vêtu
qu'il vête	qu'il ait vêtu
que nous vêtions	que nous ayons vêtu
que vous vêtiez	que vous ayez vêtu
qu'ils vêtent	qu'ils aient vêtu

Imparfait	*Plus-que-parfait*
que je vêtisse	que j'eusse vêtu
que tu vêtisses	que tu eusses vêtu
qu'il vêtît	qu'il eût vêtu
que nous vêtissions	que nous eussions vêtu
que vous vêtissiez	que vous eussiez vêtu
qu'ils vêtissent	qu'ils eussent vêtu

IMPÉRATIF

Présent	*Passé*
vêts	aie vêtu
vêtons	ayons vêtu
vêtez	ayez vêtu

INFINITIF

Présent	*Passé*
vêtir	avoir vêtu

PARTICIPE

Présent	*Passé*
vêtant	vêtu
	ayant vêtu

GÉRONDIF

Présent	*Passé*
en vêtant	en ayant vêtu

- *Dévêtir, survêtir* et *revêtir* se conjuguent sur ce modèle.
- Concurremment aux formes du présent de l'indicatif et de l'impératif de *vêtir* données par le tableau, on trouve également des formes conjuguées sur le modèle de *finir*. Cependant, dans les composés, les formes primitives sont seules admises : *il revêt, il revêtait, revêtant*.

8 | couvrir 3ᵉ groupe – verbes en -vrir et en -frir

INDICATIF

Présent	Passé composé
je couvre	j'ai couvert
tu couvres	tu as couvert
il couvre	il a couvert
nous couvrons	nous avons couvert
vous couvrez	vous avez couvert
ils couvrent	ils ont couvert

Imparfait	Plus-que-parfait
je couvrais	j'avais couvert
tu couvrais	tu avais couvert
il couvrait	il avait couvert
nous couvrions	nous avions couvert
vous couvriez	vous aviez couvert
ils couvraient	ils avaient couvert

Passé simple	Passé antérieur
je couvris	j'eus couvert
tu couvris	tu eus couvert
il couvrit	il eut couvert
nous couvrîmes	nous eûmes couvert
vous couvrîtes	vous eûtes couvert
ils couvrirent	ils eurent couvert

Futur simple	Futur antérieur
je couvrirai	j'aurai couvert
tu couvriras	tu auras couvert
il couvrira	il aura couvert
nous couvrirons	nous aurons couvert
vous couvrirez	vous aurez couvert
ils couvriront	ils auront couvert

CONDITIONNEL

Présent	Passé
je couvrirais	j'aurais couvert
tu couvrirais	tu aurais couvert
il couvrirait	il aurait couvert
nous couvririons	nous aurions couvert
vous couvririez	vous auriez couvert
ils couvriraient	ils auraient couvert

SUBJONCTIF

Présent	Passé
que je couvre	que j'aie couvert
que tu couvres	que tu aies couvert
qu'il couvre	qu'il ait couvert
que nous couvrions	que nous ayons couvert
que vous couvriez	que vous ayez couvert
qu'ils couvrent	qu'ils aient couvert

Imparfait	Plus-que-parfait
que je couvrisse	que j'eusse couvert
que tu couvrisses	que tu eusses couvert
qu'il couvrît	qu'il eût couvert
que nous couvrissions	que nous eussions couvert
que vous couvrissiez	que vous eussiez couvert
qu'ils couvrissent	qu'ils eussent couvert

IMPÉRATIF

Présent	Passé
couvre	aie couvert
couvrons	ayons couvert
couvrez	ayez couvert

INFINITIF

Présent	Passé
couvrir	avoir couvert

PARTICIPE

Présent	Passé
couvrant	couvert
	ayant couvert

GÉRONDIF

Présent	Passé
en couvrant	en ayant couvert

- Ainsi se conjuguent *couvrir, ouvrir, souffrir* et leurs composés (→ tableau 22).
- Remarquer l'analogie des terminaisons du présent de l'indicatif, de l'impératif et du subjonctif avec celles des verbes du 1ᵉʳ groupe.

INDICATIF

Présent	*Passé composé*
je cueille	j'ai cueilli
tu cueilles	tu as cueilli
il cueille	il a cueilli
nous cueillons	nous avons cueilli
vous cueillez	vous avez cueilli
ils cueillent	ils ont cueilli

Imparfait	*Plus-que-parfait*
je cueillais	j'avais cueilli
tu cueillais	tu avais cueilli
il cueillait	il avait cueilli
nous cueillions	nous avions cueilli
vous cueilliez	vous aviez cueilli
ils cueillaient	ils avaient cueilli

Passé simple	*Passé antérieur*
je cueillis	j'eus cueilli
tu cueillis	tu eus cueilli
il cueillit	il eut cueilli
nous cueillîmes	nous eûmes cueilli
vous cueillîtes	vous eûtes cueilli
ils cueillirent	ils eurent cueilli

Futur simple	*Futur antérieur*
je cueillerai	j'aurai cueilli
tu cueilleras	tu auras cueilli
il cueillera	il aura cueilli
nous cueillerons	nous aurons cueilli
vous cueillerez	vous aurez cueilli
ils cueilleront	ils auront cueilli

CONDITIONNEL

Présent	*Passé*
je cueillerais	j'aurais cueilli
tu cueillerais	tu aurais cueilli
il cueillerait	il aurait cueilli
nous cueillerions	nous aurions cueilli
vous cueilleriez	vous auriez cueilli
ils cueilleraient	ils auraient cueilli

SUBJONCTIF

Présent	*Passé*
que je cueille	que j'aie cueilli
que tu cueilles	que tu aies cueilli
qu'il cueille	qu'il ait cueilli
que nous cueillions	que nous ayons cueilli
que vous cueilliez	que vous ayez cueilli
qu'ils cueillent	qu'ils aient cueilli

Imparfait	*Plus-que-parfait*
que je cueillisse	que j'eusse cueilli
que tu cueillisses	que tu eusses cueilli
qu'il cueillît	qu'il eût cueilli
que nous cueillissions	que nous eussions cueilli
que vous cueillissiez	que vous eussiez cueilli
qu'ils cueillissent	qu'ils eussent cueilli

IMPÉRATIF

Présent	*Passé*
cueille	aie cueilli
cueillons	ayons cueilli
cueillez	ayez cueilli

INFINITIF

Présent	*Passé*
cueillir	avoir cueilli

PARTICIPE

Présent	*Passé*
cueillant	cueilli
	ayant cueilli

GÉRONDIF

Présent	*Passé*
en cueillant	en ayant cueilli

- Se conjuguent sur ce modèle *accueillir* et *recueillir*.
- Remarquer l'analogie des terminaisons de ce verbe avec celles des verbes du 1ᵉʳ groupe, en particulier au futur et au conditionnel présent : *je cueillerai* comme *j'aimerai*. (Mais le passé simple est *je cueillis*, différent de *j'aimai*.)

0 | assaillir 3ᵉ groupe – verbes en -aillir

INDICATIF

Présent	Passé composé
j'assaille	j'ai assailli
tu assailles	tu as assailli
il assaille	il a assailli
nous assaillons	nous avons assailli
vous assaillez	vous avez assailli
ils assaillent	ils ont assailli

Imparfait	Plus-que-parfait
j'assaillais	j'avais assailli
tu assaillais	tu avais assailli
il assaillait	il avait assailli
nous assaillions	nous avions assailli
vous assailliez	vous aviez assailli
ils assaillaient	ils avaient assailli

Passé simple	Passé antérieur
j'assaillis	j'eus assailli
tu assaillis	tu eus assailli
il assaillit	il eut assailli
nous assaillîmes	nous eûmes assailli
vous assaillîtes	vous eûtes assailli
ils assaillirent	ils eurent assailli

Futur simple	Futur antérieur
j'assaillirai	j'aurai assailli
tu assailliras	tu auras assailli
il assaillira	il aura assailli
nous assaillirons	nous aurons assailli
vous assaillirez	vous aurez assailli
ils assailliront	ils auront assailli

CONDITIONNEL

Présent	Passé
j'assaillirais	j'aurais assailli
tu assaillirais	tu aurais assailli
il assaillirait	il aurait assailli
nous assaillirions	nous aurions assailli
vous assailliriez	vous auriez assailli
ils assailliraient	ils auraient assailli

SUBJONCTIF

Présent	Passé
que j'assaille	que j'aie assailli
que tu assailles	que tu aies assailli
qu'il assaille	qu'il ait assailli
que nous assaillions	que nous ayons assailli
que vous assailliez	que vous ayez assailli
qu'ils assaillent	qu'ils aient assailli

Imparfait	Plus-que-parfait
que j'assaillisse	que j'eusse assailli
que tu assaillisses	que tu eusses assailli
qu'il assaillît	qu'il eût assailli
que nous assaillissions	que nous eussions assailli
que vous assaillissiez	que vous eussiez assailli
qu'ils assaillissent	qu'ils eussent assailli

IMPÉRATIF

Présent	Passé
assaille	aie assailli
assaillons	ayons assailli
assaillez	ayez assailli

INFINITIF

Présent	Passé
assaillir	avoir assailli

PARTICIPE

Présent	Passé
assaillant	assailli
	ayant assailli

GÉRONDIF

Présent	Passé
en assaillant	en ayant assailli

- *Tressaillir* et *défaillir* se conjuguent sur ce modèle (→ note du tableau **31**).
- *Saillir*, au sens de *sortir, s'élancer*, se conjugue sur le modèle *d'assaillir*. *Saillir*, au sens de *s'accoupler*, se conjugue sur le modèle de *finir*.

INDICATIF

Présent
je *faux*
tu *faux*
il *faut*
nous *faillons*
vous *faillez*
ils *faillent*

Passé composé
j'ai failli
tu as failli
il a failli
nous avons failli
vous avez failli
ils ont failli

Imparfait
je *faillais*
tu *faillais*
il *faillait*
nous *faillions*
vous *failliez*
ils *faillaient*

Plus-que-parfait
j'avais failli
tu avais failli
il avait failli
nous avions failli
vous aviez failli
ils avaient failli

Passé simple
je faillis
tu faillis
il faillit
nous faillîmes
vous faillîtes
ils faillirent

Passé antérieur
j'eus failli
tu eus failli
il eut failli
nous eûmes failli
vous eûtes failli
ils eurent failli

Futur simple
je faillirai/*faudrai*
tu failliras/*faudras*
il faillira/*faudra*
n. faillirons/*faudrons*
v. faillirez/*faudrez*
ils failliront/*faudront*

Futur antérieur
j'aurai failli
tu auras failli
il aura failli
nous aurons failli
vous aurez failli
ils auront failli

CONDITIONNEL

Présent
je faillirais/*faudrais*
tu faillirais/*faudrais*
il faillirait/*faudrait*
n. faillirions/*faudrions*
v. failliriez/*faudriez*
ils failliraient/*faudraient*

Passé
j'aurais failli
tu aurais failli
il aurait failli
nous aurions failli
vous auriez failli
ils auraient failli

SUBJONCTIF

Présent
que je faillisse/*faille*
que tu faillisses/*failles*
qu'il faillisse/*faille*
que n. faillissions/*faillions*
que v. faillissiez/*failliez*
qu'ils faillissent/*faillent*

Passé
que j'aie failli
que tu aies failli
qu'il ait failli
que nous ayons failli
que vous ayez failli
qu'ils aient failli

Imparfait
que je *faillisse*
que tu *faillisses*
qu'il *faillît*
que nous *faillissions*
que vous *faillissiez*
qu'ils *faillissent*

Plus-que-parfait
que j'eusse failli
que tu eusses failli
qu'il eût failli
que nous eussions failli
que vous eussiez failli
qu'ils eussent failli

IMPÉRATIF

Présent
.
.
.

Passé
.
.
.

INFINITIF

Présent
faillir

Passé
avoir failli

PARTICIPE

Présent
faillant

Passé
failli
ayant failli

GÉRONDIF

Présent
en faillant

Passé
en ayant failli

- Les formes en italique sont tout à fait désuètes. Le verbe *faillir* a deux emplois distincts.
  1. Au sens de *manquer de*, il n'a que le passé simple : *je faillis* ; le futur, le conditionnel : *je faillirai, je faillirais*, et tous les temps composés du type *avoir failli*.
  2. Ces mêmes formes sont utilisées avec le sens de *manquer à* : *Je ne faillirai jamais à mon devoir.*
- Le verbe *défaillir* se conjugue sur *assaillir* (→ tableau **30**), mais certains temps sont moins employés.

32 bouillir 3e groupe

INDICATIF

Présent
je bous
tu bous
il bout
nous bouillons
vous bouillez
ils bouillent

Passé composé
j'ai bouilli
tu as bouilli
il a bouilli
nous avons bouilli
vous avez bouilli
ils ont bouilli

Imparfait
je bouillais
tu bouillais
il bouillait
nous bouillions
vous bouilliez
ils bouillaient

Plus-que-parfait
j'avais bouilli
tu avais bouilli
il avait bouilli
nous avions bouilli
vous aviez bouilli
ils avaient bouilli

Passé simple
je bouillis
tu bouillis
il bouillit
nous bouillîmes
vous bouillîtes
ils bouillirent

Passé antérieur
j'eus bouilli
tu eus bouilli
il eut bouilli
nous eûmes bouilli
vous eûtes bouilli
ils eurent bouilli

Futur simple
je bouillirai
tu bouilliras
il bouillira
nous bouillirons
vous bouillirez
ils bouilliront

Futur antérieur
j'aurai bouilli
tu auras bouilli
il aura bouilli
nous aurons bouilli
vous aurez bouilli
ils auront bouilli

CONDITIONNEL

Présent
je bouillirais
tu bouillirais
il bouillirait
nous bouillirions
vous bouilliriez
ils bouilliraient

Passé
j'aurais bouilli
tu aurais bouilli
il aurait bouilli
nous aurions bouilli
vous auriez bouilli
ils auraient bouilli

SUBJONCTIF

Présent
que je bouille
que tu bouilles
qu'il bouille
que nous bouillions
que vous bouilliez
qu'ils bouillent

Passé
que j'aie bouilli
que tu aies bouilli
qu'il ait bouilli
que nous ayons bouilli
que vous ayez bouilli
qu'ils aient bouilli

Imparfait
que je bouillisse
que tu bouillisses
qu'il bouillît
que nous bouillissions
que vous bouillissiez
qu'ils bouillissent

Plus-que-parfait
que j'eusse bouilli
que tu eusses bouilli
qu'il eût bouilli
que nous eussions bouilli
que vous eussiez bouilli
qu'ils eussent bouilli

IMPÉRATIF

Présent
bous
bouillons
bouillez

Passé
aie bouilli
ayons bouilli
ayez bouilli

INFINITIF

Présent
bouillir

Passé
avoir bouilli

PARTICIPE

Présent
bouillant

Passé
bouilli
ayant bouilli

GÉRONDIF

Présent
en bouillant

Passé
en ayant bouilli

INDICATIF

Présent	*Passé composé*
je dors	j'ai dormi
tu dors	tu as dormi
il dort	il a dormi
nous dormons	nous avons dormi
vous dormez	vous avez dormi
ils dorment	ils ont dormi

Imparfait	*Plus-que-parfait*
je dormais	j'avais dormi
tu dormais	tu avais dormi
il dormait	il avait dormi
nous dormions	nous avions dormi
vous dormiez	vous aviez dormi
ils dormaient	ils avaient dormi

Passé simple	*Passé antérieur*
je dormis	j'eus dormi
tu dormis	tu eus dormi
il dormit	il eut dormi
nous dormîmes	nous eûmes dormi
vous dormîtes	vous eûtes dormi
ils dormirent	ils eurent dormi

Futur simple	*Futur antérieur*
je dormirai	j'aurai dormi
tu dormiras	tu auras dormi
il dormira	il aura dormi
nous dormirons	nous aurons dormi
vous dormirez	vous aurez dormi
ils dormiront	ils auront dormi

CONDITIONNEL

Présent	*Passé*
je dormirais	j'aurais dormi
tu dormirais	tu aurais dormi
il dormirait	il aurait dormi
nous dormirions	nous aurions dormi
vous dormiriez	vous auriez dormi
ils dormiraient	ils auraient dormi

SUBJONCTIF

Présent	*Passé*
que je dorme	que j'aie dormi
que tu dormes	que tu aies dormi
qu'il dorme	qu'il ait dormi
que nous dormions	que nous ayons dormi
que vous dormiez	que vous ayez dormi
qu'ils dorment	qu'ils aient dormi

Imparfait	*Plus-que-parfait*
que je dormisse	que j'eusse dormi
que tu dormisses	que tu eusses dormi
qu'il dormît	qu'il eût dormi
que nous dormissions	que nous eussions dormi
que vous dormissiez	que vous eussiez dormi
qu'ils dormissent	qu'ils eussent dormi

IMPÉRATIF

Présent	*Passé*
dors	aie dormi
dormons	ayons dormi
dormez	ayez dormi

INFINITIF

Présent	*Passé*
dormir	avoir dormi

PARTICIPE

Présent	*Passé*
dormant	dormi
	ayant dormi

GÉRONDIF

Présent	*Passé*
en dormant	en ayant dormi

Se conjuguent sur ce modèle *endormir, rendormir*. Ces deux derniers verbes ont un participe passé variable : *endormi, ie, is, ies…*

34 courir 3e groupe

INDICATIF

Présent	Passé composé
je cours	j'ai couru
tu cours	tu as couru
il court	il a couru
nous courons	nous avons couru
vous courez	vous avez couru
ils courent	ils ont couru

Imparfait	Plus-que-parfait
je courais	j'avais couru
tu courais	tu avais couru
il courait	il avait couru
nous courions	nous avions couru
vous couriez	vous aviez couru
ils couraient	ils avaient couru

Passé simple	Passé antérieur
je courus	j'eus couru
tu courus	tu eus couru
il courut	il eut couru
nous courûmes	nous eûmes couru
vous courûtes	vous eûtes couru
ils coururent	ils eurent couru

Futur simple	Futur antérieur
je courrai	j'aurai couru
tu courras	tu auras couru
il courra	il aura couru
nous courrons	nous aurons couru
vous courrez	vous aurez couru
ils courront	ils auront couru

CONDITIONNEL

Présent	Passé
je courrais	j'aurais couru
tu courrais	tu aurais couru
il courrait	il aurait couru
nous courrions	nous aurions couru
vous courriez	vous auriez couru
ils courraient	ils auraient couru

SUBJONCTIF

Présent	Passé
que je coure	que j'aie couru
que tu coures	que tu aies couru
qu'il coure	qu'il ait couru
que nous courions	que nous ayons couru
que vous couriez	que vous ayez couru
qu'ils courent	qu'ils aient couru

Imparfait	Plus-que-parfait
que je courusse	que j'eusse couru
que tu courusses	que tu eusses couru
qu'il courût	qu'il eût couru
que nous courussions	que nous eussions couru
que vous courussiez	que vous eussiez couru
qu'ils courussent	qu'ils eussent couru

IMPÉRATIF

Présent	Passé
cours	aie couru
courons	ayons couru
courez	ayez couru

INFINITIF

Présent	Passé
courir	avoir couru

PARTICIPE

Présent	Passé
courant	couru
	ayant couru

GÉRONDIF

Présent	Passé
en courant	en ayant couru

- Les composés de *courir* se conjuguent sur ce modèle (→ tableau **22**).
- Remarquer les deux *r* : le premier *r* est celui du radical et le second est l'affixe du futur ou du conditionnel présent : *je courrai, je courrais*.

INDICATIF

Présent
je meurs
tu meurs
il meurt
nous mourons
vous mourez
ils meurent

Passé composé
je suis mort
tu es mort
il est mort
nous sommes morts
vous êtes morts
ils sont morts

Imparfait
je mourais
tu mourais
il mourait
nous mourions
vous mouriez
ils mouraient

Plus-que-parfait
j'étais mort
tu étais mort
il était mort
nous étions morts
vous étiez morts
ils étaient morts

Passé simple
je mourus
tu mourus
il mourut
nous mourûmes
vous mourûtes
ils moururent

Passé antérieur
je fus mort
tu fus mort
il fut mort
nous fûmes morts
vous fûtes morts
ils furent morts

Futur simple
je mourrai
tu mourras
il mourra
nous mourrons
vous mourrez
ils mourront

Futur antérieur
je serai mort
tu seras mort
il sera mort
nous serons morts
vous serez morts
ils seront morts

CONDITIONNEL

Présent
je mourrais
tu mourrais
il mourrait
nous mourrions
vous mourriez
ils mourraient

Passé
je serais mort
tu serais mort
il serait mort
nous serions morts
vous seriez morts
ils seraient morts

SUBJONCTIF

Présent
que je meure
que tu meures
qu'il meure
que nous mourions
que vous mouriez
qu'ils meurent

Passé
que je sois mort
que tu sois mort
qu'il soit mort
que nous soyons morts
que vous soyez morts
qu'ils soient morts

Imparfait
que je mourusse
que tu mourusses
qu'il mourût
que nous mourussions
que vous mourussiez
qu'ils mourussent

Plus-que-parfait
que je fusse mort
que tu fusses mort
qu'il fût mort
que nous fussions morts
que vous fussiez morts
qu'ils fussent morts

IMPÉRATIF

Présent
meurs
mourons
mourez

Passé
sois mort
soyons morts
soyez morts

INFINITIF

Présent
mourir

Passé
être mort

PARTICIPE

Présent
mourant

Passé
mort
étant mort

GÉRONDIF

Présent
en mourant

Passé
en étant mort

- Remarquer le redoublement du *r* au futur et au conditionnel présent : *je mourrai, je mourrais,* et l'emploi de l'auxiliaire *être* dans les temps composés.
- À la forme pronominale, le verbe *se mourir* ne se conjugue qu'au présent, à l'imparfait de l'indicatif et au participe présent.

36 servir 3ᵉ groupe

INDICATIF

Présent
je sers
tu sers
il sert
nous servons
vous servez
ils servent

Passé composé
j'ai servi
tu as servi
il a servi
nous avons servi
vous avez servi
ils ont servi

Imparfait
je servais
tu servais
il servait
nous servions
vous serviez
ils servaient

Plus-que-parfait
j'avais servi
tu avais servi
il avait servi
nous avions servi
vous aviez servi
ils avaient servi

Passé simple
je servis
tu servis
il servit
nous servîmes
vous servîtes
ils servirent

Passé antérieur
j'eus servi
tu eus servi
il eut servi
nous eûmes servi
vous eûtes servi
ils eurent servi

Futur simple
je servirai
tu serviras
il servira
nous servirons
vous servirez
ils serviront

Futur antérieur
j'aurai servi
tu auras servi
il aura servi
nous aurons servi
vous aurez servi
ils auront servi

CONDITIONNEL

Présent
je servirais
tu servirais
il servirait
nous servirions
vous serviriez
ils serviraient

Passé
j'aurais servi
tu aurais servi
il aurait servi
nous aurions servi
vous auriez servi
ils auraient servi

SUBJONCTIF

Présent
que je serve
que tu serves
qu'il serve
que nous servions
que vous serviez
qu'ils servent

Passé
que j'aie servi
que tu aies servi
qu'il ait servi
que nous ayons servi
que vous ayez servi
qu'ils aient servi

Imparfait
que je servisse
que tu servisses
qu'il servît
que nous servissions
que vous servissiez
qu'ils servissent

Plus-que-parfait
que j'eusse servi
que tu eusses servi
qu'il eût servi
que nous eussions servi
que vous eussiez servi
qu'ils eussent servi

IMPÉRATIF

Présent
sers
servons
servez

Passé
aie servi
ayons servi
ayez servi

INFINITIF

Présent
servir

Passé
avoir servi

PARTICIPE

Présent
servant

Passé
servi
ayant servi

GÉRONDIF

Présent
en servant

Passé
en ayant servi

Desservir, resservir se conjuguent sur ce modèle.
Mais *asservir* se conjugue sur *finir* (→ tableau 20).

INDICATIF

Présent
je fuis
tu fuis
il fuit
nous fuyons
vous fuyez
ils fuient

Passé composé
j'ai fui
tu as fui
il a fui
nous avons fui
vous avez fui
ils ont fui

Imparfait
je fuyais
tu fuyais
il fuyait
nous fuyions
vous fuyiez
ils fuyaient

Plus-que-parfait
j'avais fui
tu avais fui
il avait fui
nous avions fui
vous aviez fui
ils avaient fui

Passé simple
je fuis
tu fuis
il fuit
nous fuîmes
vous fuîtes
ils fuirent

Passé antérieur
j'eus fui
tu eus fui
il eut fui
nous eûmes fui
vous eûtes fui
ils eurent fui

Futur simple
je fuirai
tu fuiras
il fuira
nous fuirons
vous fuirez
ils fuiront

Futur antérieur
j'aurai fui
tu auras fui
il aura fui
nous aurons fui
vous aurez fui
ils auront fui

CONDITIONNEL

Présent
je fuirais
tu fuirais
il fuirait
nous fuirions
vous fuiriez
ils fuiraient

Passé
j'aurais fui
tu aurais fui
il aurait fui
nous aurions fui
vous auriez fui
ils auraient fui

SUBJONCTIF

Présent
que je fuie
que tu fuies
qu'il fuie
que nous fuyions
que vous fuyiez
qu'ils fuient

Passé
que j'aie fui
que tu aies fui
qu'il ait fui
que nous ayons fui
que vous ayez fui
qu'ils aient fui

Imparfait
que je fuisse
que tu fuisses
qu'il fuît
que nous fuissions
que vous fuissiez
qu'ils fuissent

Plus-que-parfait
que j'eusse fui
que tu eusses fui
qu'il eût fui
que nous eussions fui
que vous eussiez fui
qu'ils eussent fui

IMPÉRATIF

Présent
fuis
fuyons
fuyez

Passé
aie fui
ayons fui
ayez fui

INFINITIF

Présent
fuir

Passé
avoir fui

PARTICIPE

Présent
fuyant

Passé
fui
ayant fui

GÉRONDIF

Présent
en fuyant

Passé
en ayant fui

S'enfuir se conjugue sur ce modèle.

INDICATIF

Présent	Passé composé
j'**ois**	j'ai ouï
tu ois	tu as ouï
il oit	il a ouï
nous **oyons**	nous avons ouï
vous oyez	vous avez ouï
ils oient	ils ont ouï

Imparfait	Plus-que-parfait
j'**oyais**	j'avais ouï
tu oyais	tu avais ouï
il oyait	il avait ouï
nous **oy**i**ons**	nous avions ouï
vous **oy**i**ez**	vous aviez ouï
ils oyaient	ils avaient ouï

Passé simple	Passé antérieur
j'**ouïs**	j'eus ouï
tu ouïs	tu eus ouï
il ouït	il eut ouï
nous ouïmes	nous eûmes ouï
vous ouïtes	vous eûtes ouï
ils ouïrent	ils eurent ouï

Futur simple	Futur antérieur
j'**ouïrai**/orrai/oirai	j'aurai ouï
tu ouïras/orras	tu auras ouï
il ouïra/orra	il aura ouï
nous ouïrons/orrons	nous aurons ouï
vous ouïrez/orrez	vous aurez ouï
ils ouïront/orront	ils auront ouï

CONDITIONNEL

Présent	Passé
j'**ouïrais**/orrais/oirais	j'aurais ouï
tu ouïrais/orrais	tu aurais ouï
il ouïrait/orrait	il aurait ouï
nous ouïrions/orrions	nous aurions ouï
vous ouïriez/orriez	vous auriez ouï
ils ouïraient/orraient	ils auraient ouï

SUBJONCTIF

Présent	Passé
que j'**oie**	que j'aie ouï
que tu oies	que tu aies ouï
qu'il oie	qu'il ait ouï
que nous **oyions**	que nous ayons ouï
que vous **oy**i**ez**	que vous ayez ouï
qu'ils oient	qu'ils aient ouï

Imparfait	Plus-que-parfait
que j'**ouïsse**	que j'eusse ouï
que tu ouïsses	que tu eusses ouï
qu'il ouït	qu'il eût ouï
que nous ouïssions	que nous eussions ouï
que vous ouïssiez	que vous eussiez ouï
qu'ils ouïssent	qu'ils eussent ouï

IMPÉRATIF

Présent	Passé
ois	aie ouï
oyons	ayons ouï
oyez	ayez ouï

INFINITIF

Présent	Passé
ouïr	avoir ouï

PARTICIPE

Présent	Passé
oyant	ouï
	ayant ouï

GÉRONDIF

Présent	Passé
en oyant	en ayant ouï

Le verbe **ouïr** a définitivement cédé la place à **entendre**. Il n'est plus employé qu'à l'infinitif et dans l'expression **par ouï-dire**. La conjugaison archaïque est donnée ci-dessus en italique. À noter le futur j'**ouïrai**, refait d'après l'infinitif sur le modèle de **sentir (je sentirai)**.

gésir 3e groupe

INDICATIF

Présent	Passé composé
je gis	.
tu gis	.
il gît	.
nous gisons	.
vous gisez	.
ils gisent	.

Imparfait	Plus-que-parfait
je gisais	.
tu gisais	.
il gisait	.
nous gisions	.
vous gisiez	.
ils gisaient	.

Passé simple	Passé antérieur
.	.
.	.
.	.
.	.
.	.
.	.

Futur simple	Futur antérieur
.	.
.	.
.	.
.	.
.	.
.	.

CONDITIONNEL

Présent	Passé
.	.
.	.
.	.
.	.
.	.
.	.

SUBJONCTIF

Présent	Passé
.	.
.	.
.	.
.	.
.	.
.	.

Imparfait	Plus-que-parfait
.	.
.	.
.	.
.	.
.	.
.	.

IMPÉRATIF

Présent	Passé
.	.
.	.
.	.

INFINITIF

Présent	Passé
.	.

PARTICIPE

Présent	Passé
gisant	.
	.

GÉRONDIF

Présent	Passé
en gisant	.

Ce verbe, qui signifie *être couché*, n'est plus d'usage qu'aux formes ci-dessus.
On n'emploie guère le verbe *gésir* qu'en parlant des personnes malades ou mortes, et de choses renversées par le temps ou la destruction : *Nous gisions tous les deux sur le pavé d'un cachot, malades et privés de secours. Son cadavre gît maintenant dans le tombeau.*
Des colonnes gisant éparses (Académie). Cf. l'inscription funéraire : *Ci-gît.*

40 recevoir — 3ᵉ groupe – verbes en -cevoir

INDICATIF

Présent
je reçois
tu reçois
il reçoit
nous recevons
vous recevez
ils reçoivent

Passé composé
j'ai reçu
tu as reçu
il a reçu
nous avons reçu
vous avez reçu
ils ont reçu

Imparfait
je recevais
tu recevais
il recevait
nous recevions
vous receviez
ils recevaient

Plus-que-parfait
j'avais reçu
tu avais reçu
il avait reçu
nous avions reçu
vous aviez reçu
ils avaient reçu

Passé simple
je reçus
tu reçus
il reçut
nous reçûmes
vous reçûtes
ils reçurent

Passé antérieur
j'eus reçu
tu eus reçu
il eut reçu
nous eûmes reçu
vous eûtes reçu
ils eurent reçu

Futur simple
je recevrai
tu recevras
il recevra
nous recevrons
vous recevrez
ils recevront

Futur antérieur
j'aurai reçu
tu auras reçu
il aura reçu
nous aurons reçu
vous aurez reçu
ils auront reçu

CONDITIONNEL

Présent
je recevrais
tu recevrais
il recevrait
nous recevrions
vous recevriez
ils recevraient

Passé
j'aurais reçu
tu aurais reçu
il aurait reçu
nous aurions reçu
vous auriez reçu
ils auraient reçu

SUBJONCTIF

Présent
que je reçoive
que tu reçoives
qu'il reçoive
que nous recevions
que vous receviez
qu'ils reçoivent

Passé
que j'aie reçu
que tu aies reçu
qu'il ait reçu
que nous ayons reçu
que vous ayez reçu
qu'ils aient reçu

Imparfait
que je reçusse
que tu reçusses
qu'il reçût
que nous reçussions
que vous reçussiez
qu'ils reçussent

Plus-que-parfait
que j'eusse reçu
que tu eusses reçu
qu'il eût reçu
que nous eussions reçu
que vous eussiez reçu
qu'ils eussent reçu

IMPÉRATIF

Présent
reçois
recevons
recevez

Passé
aie reçu
ayons reçu
ayez reçu

INFINITIF

Présent
recevoir

Passé
avoir reçu

PARTICIPE

Présent
recevant

Passé
reçu
ayant reçu

GÉRONDIF

Présent
en recevant

Passé
en ayant reçu

- La cédille est placée sous le *c* chaque fois qu'il précède un *o* ou un *u*.
- *Apercevoir, concevoir, décevoir, percevoir* se conjuguent sur ce modèle.

41 voir 3ᵉ groupe

INDICATIF

Présent	Passé composé
je vois	j'ai vu
tu vois	tu as vu
il voit	il a vu
nous voyons	nous avons vu
vous voyez	vous avez vu
ils voient	ils ont vu

Imparfait	Plus-que-parfait
je voyais	j'avais vu
tu voyais	tu avais vu
il voyait	il avait vu
nous voyions	nous avions vu
vous voyiez	vous aviez vu
ils voyaient	ils avaient vu

Passé simple	Passé antérieur
je vis	j'eus vu
tu vis	tu eus vu
il vit	il eut vu
nous vîmes	nous eûmes vu
vous vîtes	vous eûtes vu
ils virent	ils eurent vu

Futur simple	Futur antérieur
je verrai	j'aurai vu
tu verras	tu auras vu
il verra	il aura vu
nous verrons	nous aurons vu
vous verrez	vous aurez vu
ils verront	ils auront vu

CONDITIONNEL

Présent	Passé
je verrais	j'aurais vu
tu verrais	tu aurais vu
il verrait	il aurait vu
nous verrions	nous aurions vu
vous verriez	vous auriez vu
ils verraient	ils auraient vu

SUBJONCTIF

Présent	Passé
que je voie	que j'aie vu
que tu voies	que tu aies vu
qu'il voie	qu'il ait vu
que nous voyions	que nous ayons vu
que vous voyiez	que vous ayez vu
qu'ils voient	qu'ils aient vu

Imparfait	Plus-que-parfait
que je visse	que j'eusse vu
que tu visses	que tu eusses vu
qu'il vît	qu'il eût vu
que nous vissions	que nous eussions vu
que vous vissiez	que vous eussiez vu
qu'ils vissent	qu'ils eussent vu

IMPÉRATIF

Présent	Passé
vois	aie vu
voyons	ayons vu
voyez	ayez vu

INFINITIF

Présent	Passé
voir	avoir vu

PARTICIPE

Présent	Passé
voyant	vu
	ayant vu

GÉRONDIF

Présent	Passé
en voyant	en ayant vu

Entrevoir, revoir, prévoir se conjuguent sur ce modèle. *Prévoir* fait au futur et au conditionnel présent : *je prévoirai… je prévoirais…*

42 pourvoir 3e groupe

INDICATIF

Présent
je pourvois
tu pourvois
il pourvoit
nous pourvoyons
vous pourvoyez
ils pourvoient

Passé composé
j'ai pourvu
tu as pourvu
il a pourvu
nous avons pourvu
vous avez pourvu
ils ont pourvu

Imparfait
je pourvoyais
tu pourvoyais
il pourvoyait
nous pourvoyions
vous pourvoyiez
ils pourvoyaient

Plus-que-parfait
j'avais pourvu
tu avais pourvu
il avait pourvu
nous avions pourvu
vous aviez pourvu
ils avaient pourvu

Passé simple
je pourvus
tu pourvus
il pourvut
nous pourvûmes
vous pourvûtes
ils pourvurent

Passé antérieur
j'eus pourvu
tu eus pourvu
il eut pourvu
nous eûmes pourvu
vous eûtes pourvu
ils eurent pourvu

Futur simple
je pourvoirai
tu pourvoiras
il pourvoira
nous pourvoirons
vous pourvoirez
ils pourvoiront

Futur antérieur
j'aurai pourvu
tu auras pourvu
il aura pourvu
nous aurons pourvu
vous aurez pourvu
ils auront pourvu

CONDITIONNEL

Présent
je pourvoirais
tu pourvoirais
il pourvoirait
nous pourvoirions
vous pourvoiriez
ils pourvoiraient

Passé
j'aurais pourvu
tu aurais pourvu
il aurait pourvu
nous aurions pourvu
vous auriez pourvu
ils auraient pourvu

SUBJONCTIF

Présent
que je pourvoie
que tu pourvoies
qu'il pourvoie
que nous pourvoyions
que vous pourvoyiez
qu'ils pourvoient

Passé
que j'aie pourvu
que tu aies pourvu
qu'il ait pourvu
que nous ayons pourvu
que vous ayez pourvu
qu'ils aient pourvu

Imparfait
que je pourvusse
que tu pourvusses
qu'il pourvût
que nous pourvussions
que vous pourvussiez
qu'ils pourvussent

Plus-que-parfait
que j'eusse pourvu
que tu eusses pourvu
qu'il eût pourvu
que nous eussions pourvu
que vous eussiez pourvu
qu'ils eussent pourvu

IMPÉRATIF

Présent
pourvois
pourvoyons
pourvoyez

Passé
aie pourvu
ayons pourvu
ayez pourvu

INFINITIF

Présent
pourvoir

Passé
avoir pourvu

PARTICIPE

Présent
pourvoyant

Passé
pourvu
ayant pourvu

GÉRONDIF

Présent
en pourvoyant

Passé
en ayant pourvu

- *Pourvoir* se conjugue comme le verbe simple *voir* (→ tableau 41) sauf au futur et au conditionnel présent : *je pourvoirai, je pourvoirais* ; au passé simple et au subjonctif imparfait : *je pourvus, que je pourvusse.*
- *Dépourvoir* s'emploie rarement, et seulement au passé simple, à l'infinitif, au participe passé et aux temps composés. On l'utilise surtout avec une construction pronominale : *Je me suis dépourvu de tout.*

savoir 3e groupe

INDICATIF

Présent	Passé composé
je sais	j'ai su
tu sais	tu as su
il sait	il a su
nous savons	nous avons su
vous savez	vous avez su
ils savent	ils ont su

Imparfait	Plus-que-parfait
je savais	j'avais su
tu savais	tu avais su
il savait	il avait su
nous savions	nous avions su
vous saviez	vous aviez su
ils savaient	ils avaient su

Passé simple	Passé antérieur
je sus	j'eus su
tu sus	tu eus su
il sut	il eut su
nous sûmes	nous eûmes su
vous sûtes	vous eûtes su
ils surent	ils eurent su

Futur simple	Futur antérieur
je saurai	j'aurai su
tu sauras	tu auras su
il saura	il aura su
nous saurons	nous aurons su
vous saurez	vous aurez su
ils sauront	ils auront su

CONDITIONNEL

Présent	Passé
je saurais	j'aurais su
tu saurais	tu aurais su
il saurait	il aurait su
nous saurions	nous aurions su
vous sauriez	vous auriez su
ils sauraient	ils auraient su

SUBJONCTIF

Présent	Passé
que je sache	que j'aie su
que tu saches	que tu aies su
qu'il sache	qu'il ait su
que nous sachions	que nous ayons su
que vous sachiez	que vous ayez su
qu'ils sachent	qu'ils aient su

Imparfait	Plus-que-parfait
que je susse	que j'eusse su
que tu susses	que tu eusses su
qu'il sût	qu'il eût su
que nous sussions	que nous eussions su
que vous sussiez	que vous eussiez su
qu'ils sussent	qu'ils eussent su

IMPÉRATIF

Présent	Passé
sache	aie su
sachons	ayons su
sachez	ayez su

INFINITIF

Présent	Passé
savoir	avoir su

PARTICIPE

Présent	Passé
sachant	su
	ayant su

GÉRONDIF

Présent	Passé
en sachant	en ayant su

À noter l'emploi archaïsant du subjonctif dans les expressions : *Je ne sache pas qu'il soit venu* ; *Il n'est pas venu, que je sache.*

64 devoir 3e groupe

INDICATIF

Présent	Passé composé
je dois	j'ai dû
tu dois	tu as dû
il doit	il a dû
nous devons	nous avons dû
vous devez	vous avez dû
ils doivent	ils ont dû

Imparfait	Plus-que-parfait
je devais	j'avais dû
tu devais	tu avais dû
il devait	il avait dû
nous devions	nous avions dû
vous deviez	vous aviez dû
ils devaient	ils avaient dû

Passé simple	Passé antérieur
je dus	j'eus dû
tu dus	tu eus dû
il dut	il eut dû
nous dûmes	nous eûmes dû
vous dûtes	vous eûtes dû
ils durent	ils eurent dû

Futur simple	Futur antérieur
je devrai	j'aurai dû
tu devras	tu auras dû
il devra	il aura dû
nous devrons	nous aurons dû
vous devrez	vous aurez dû
ils devront	ils auront dû

CONDITIONNEL

Présent	Passé
je devrais	j'aurais dû
tu devrais	tu aurais dû
il devrait	il aurait dû
nous devrions	nous aurions dû
vous devriez	vous auriez dû
ils devraient	ils auraient dû

SUBJONCTIF

Présent	Passé
que je doive	que j'aie dû
que tu doives	que tu aies dû
qu'il doive	qu'il ait dû
que nous devions	que nous ayons dû
que vous deviez	que vous ayez dû
qu'ils doivent	qu'ils aient dû

Imparfait	Plus-que-parfait
que je dusse	que j'eusse dû
que tu dusses	que tu eusses dû
qu'il dût	qu'il eût dû
que nous dussions	que nous eussions dû
que vous dussiez	que vous eussiez dû
qu'ils dussent	qu'ils eussent dû

IMPÉRATIF

Présent	Passé
dois	aie dû
devons	ayons dû
devez	ayez dû

INFINITIF

Présent	Passé
devoir	avoir dû

PARTICIPE

Présent	Passé
devant	dû
	ayant dû

GÉRONDIF

Présent	Passé
en devant	en ayant dû

- *Redevoir* se conjugue sur ce modèle.
- *Devoir* et *redevoir* prennent un accent circonflexe au participe passé masculin singulier seulement : *dû*, *redû*. Mais on écrit sans accent : *due, dus, dues* ; *redue, redus, redues*. L'impératif est peu employé.

INDICATIF

Présent	*Passé composé*
je peux/puis	j'ai pu
tu peux	tu as pu
il peut	il a pu
nous pouvons	nous avons pu
vous pouvez	vous avez pu
ils peuvent	ils ont pu

Imparfait	*Plus-que-parfait*
je pouvais	j'avais pu
tu pouvais	tu avais pu
il pouvait	il avait pu
nous pouvions	nous avions pu
vous pouviez	vous aviez pu
ils pouvaient	ils avaient pu

Passé simple	*Passé antérieur*
je pus	j'eus pu
tu pus	tu eus pu
il put	il eut pu
nous pûmes	nous eûmes pu
vous pûtes	vous eûtes pu
ils purent	ils eurent pu

Futur simple	*Futur antérieur*
je pourrai	j'aurai pu
tu pourras	tu auras pu
il pourra	il aura pu
nous pourrons	nous aurons pu
vous pourrez	vous aurez pu
ils pourront	ils auront pu

CONDITIONNEL

Présent	*Passé*
je pourrais	j'aurais pu
tu pourrais	tu aurais pu
il pourrait	il aurait pu
nous pourrions	nous aurions pu
vous pourriez	vous auriez pu
ils pourraient	ils auraient pu

SUBJONCTIF

Présent	*Passé*
que je puisse	que j'aie pu
que tu puisses	que tu aies pu
qu'il puisse	qu'il ait pu
que nous puissions	que nous ayons pu
que vous puissiez	que vous ayez pu
qu'ils puissent	qu'ils aient pu

Imparfait	*Plus-que-parfait*
que je pusse	que j'eusse pu
que tu pusses	que tu eusses pu
qu'il pût	qu'il eût pu
que nous pussions	que nous eussions pu
que vous pussiez	que vous eussiez pu
qu'ils pussent	qu'ils eussent pu

IMPÉRATIF

Présent	*Passé*
.	.
.	.
.	.

INFINITIF

Présent	*Passé*
pouvoir	avoir pu

PARTICIPE

Présent	*Passé*
pouvant	pu
	ayant pu

GÉRONDIF

Présent	*Passé*
en pouvant	en ayant pu

Le verbe *pouvoir* prend deux *r* au futur et au présent du conditionnel, mais, à la différence de *mourir* et *courir*, on n'en prononce qu'un. *Je puis* semble d'un emploi plus distingué que *je peux*.
On ne dit pas : ○ *peux-je ?* mais *puis-je ? Il se peut que* se dit pour *il peut se faire que* au sens de *il peut arriver que, il est possible que*, et cette formule se construit alors normalement avec le subjonctif.

INDICATIF

Présent	Passé composé
je meus	j'ai mû
tu meus	tu as mû
il meut	il a mû
nous mouvons	nous avons mû
vous mouvez	vous avez mû
ils meuvent	ils ont mû

Imparfait	Plus-que-parfait
je mouvais	j'avais mû
tu mouvais	tu avais mû
il mouvait	il avait mû
nous mouvions	nous avions mû
vous mouviez	vous aviez mû
ils mouvaient	ils avaient mû

Passé simple	Passé antérieur
je mus	j'eus mû
tu mus	tu eus mû
il mut	il eut mû
nous mûmes	nous eûmes mû
vous mûtes	vous eûtes mû
ils murent	ils eurent mû

Futur simple	Futur antérieur
je mouvrai	j'aurai mû
tu mouvras	tu auras mû
il mouvra	il aura mû
nous mouvrons	nous aurons mû
vous mouvrez	vous aurez mû
ils mouvront	ils auront mû

CONDITIONNEL

Présent	Passé
je mouvrais	j'aurais mû
tu mouvrais	tu aurais mû
il mouvrait	il aurait mû
nous mouvrions	nous aurions mû
vous mouvriez	vous auriez mû
ils mouvraient	ils auraient mû

SUBJONCTIF

Présent	Passé
que je meuve	que j'aie mû
que tu meuves	que tu aies mû
qu'il meuve	qu'il ait mû
que nous mouvions	que nous ayons mû
que vous mouviez	que vous ayez mû
qu'ils meuvent	qu'ils aient mû

Imparfait	Plus-que-parfait
que je musse	que j'eusse mû
que tu musses	que tu eusses mû
qu'il mût	qu'il eût mû
que nous mussions	que nous eussions mû
que vous mussiez	que vous eussiez mû
qu'ils mussent	qu'ils eussent mû

IMPÉRATIF

Présent	Passé
meus	aie mû
mouvons	ayons mû
mouvez	ayez mû

INFINITIF

Présent	Passé
mouvoir	avoir mû

PARTICIPE

Présent	Passé
mouvant	mû
	ayant mû

GÉRONDIF

Présent	Passé
en mouvant	en ayant mû

- Les rectifications orthographiques de 1990 acceptent *mu* (sans accent circonflexe).
- *Émouvoir* se conjugue sur *mouvoir*, mais son participe passé *ému* ne prend pas d'accent circonflexe.
- *Promouvoir* se conjugue comme *mouvoir*, mais son participe passé *promu* ne prend pas d'accent circonflexe au masculin singulier.

INDICATIF

Présent	Passé composé
.	.
.	.
il pleut	il a plu
.	.
.	.
.	.

Imparfait	Plus-que-parfait
.	.
.	.
il pleuvait	il avait plu
.	.
.	.

Passé simple	Passé antérieur
.	.
.	.
il plut	il eut plu
.	.
.	.

Futur simple	Futur antérieur
.	.
.	.
il pleuvra	il aura plu
.	.
.	.
.	.

CONDITIONNEL

Présent	Passé
.	.
.	.
il pleuvrait	il aurait plu
.	.
.	.

SUBJONCTIF

Présent	Passé
.	.
.	.
qu'il pleuve	qu'il ait plu
.	.
.	.
.	.

Imparfait	Plus-que-parfait
.	.
.	.
qu'il plût	qu'il eût plu
.	.
.	.

IMPÉRATIF

Présent	Passé
.	.
.	.
.	.

INFINITIF

Présent	Passé
pleuvoir	avoir plu

PARTICIPE

Présent	Passé
pleuvant	plu
	ayant plu

GÉRONDIF

Présent	Passé
.	.

Quoique impersonnel, ce verbe s'emploie au pluriel, mais dans le sens figuré :
Les coups de fusil pleuvent, les sarcasmes pleuvent sur lui, les honneurs pleuvaient sur sa personne.
De même, son participe présent ne s'emploie qu'au sens figuré : *Les coups pleuvant sur lui...*

8 | falloir 3e groupe – verbe impersonnel

INDICATIF

Présent	Passé composé
.	.
il faut	il a fallu
.	.
.	.

Imparfait	Plus-que-parfait
.	.
il fallait	il avait fallu
.	.
.	.

Passé simple	Passé antérieur
.	.
il fallut	il eut fallu
.	.
.	.

Futur simple	Futur antérieur
.	.
.	.
il faudra	il aura fallu
.	.
.	.
.	.

CONDITIONNEL

Présent	Passé
.	.
il faudrait	il aurait fallu
.	.
.	.

SUBJONCTIF

Présent	Passé
.	.
qu'il faille	qu'il ait fallu
.	.
.	.

Imparfait	Plus-que-parfait
.	.
qu'il fallût	qu'il eût fallu
.	.
.	.

IMPÉRATIF

Présent	Passé
.	.
.	.

INFINITIF

Présent	Passé
falloir	.

PARTICIPE

Présent	Passé
.	fallu
	ayant fallu

GÉRONDIF

Présent	Passé
.	.

Dans les expressions : *il s'en faut de beaucoup, tant s'en faut, peu s'en faut*, historiquement la forme *faut* vient non de *falloir*, mais de *faillir*, au sens de *manquer, faire défaut* (→ tableau 31).

INDICATIF

Présent	*Passé composé*
je vaux	j'ai valu
tu vaux	tu as valu
il vaut	il a valu
nous valons	nous avons valu
vous valez	vous avez valu
ils valent	ils ont valu

Imparfait	*Plus-que-parfait*
je valais	j'avais valu
tu valais	tu avais valu
il valait	il avait valu
nous valions	nous avions valu
vous valiez	vous aviez valu
ils valaient	ils avaient valu

Passé simple	*Passé antérieur*
je valus	j'eus valu
tu valus	tu eus valu
il valut	il eut valu
nous valûmes	nous eûmes valu
vous valûtes	vous eûtes valu
ils valurent	ils eurent valu

Futur simple	*Futur antérieur*
je vaudrai	j'aurai valu
tu vaudras	tu auras valu
il vaudra	il aura valu
nous vaudrons	nous aurons valu
vous vaudrez	vous aurez valu
ils vaudront	ils auront valu

CONDITIONNEL

Présent	*Passé*
je vaudrais	j'aurais valu
tu vaudrais	tu aurais valu
il vaudrait	il aurait valu
nous vaudrions	nous aurions valu
vous vaudriez	vous auriez valu
ils vaudraient	ils auraient valu

SUBJONCTIF

Présent	*Passé*
que je vaille	que j'aie valu
que tu vailles	que tu aies valu
qu'il vaille	qu'il ait valu
que nous valions	que nous ayons valu
que vous valiez	que vous ayez valu
qu'ils vaillent	qu'ils aient valu

Imparfait	*Plus-que-parfait*
que je valusse	que j'eusse valu
que tu valusses	que tu eusses valu
qu'il valût	qu'il eût valu
que nous valussions	que nous eussions valu
que vous valussiez	que vous eussiez valu
qu'ils valussent	qu'ils eussent valu

IMPÉRATIF

Présent	*Passé*
vaux	aie valu
valons	ayons valu
valez	ayez valu

INFINITIF

Présent	*Passé*
valoir	avoir valu

PARTICIPE

Présent	*Passé*
valant	valu
	ayant valu

GÉRONDIF

Présent	*Passé*
en valant	en ayant valu

Se conjuguent sur ce modèle *équivaloir, prévaloir, revaloir*, mais au subjonctif présent, *prévaloir* fait :
que je prévale... que nous prévalions... Il ne faut pas que la coutume prévale sur la raison (Ac.).
À la forme pronominale, le participe passé s'accorde : *Elle s'est prévalue de ses droits*.

vouloir   3ᵉ groupe

INDICATIF

Présent	Passé composé
je veux	j'ai voulu
tu veux	tu as voulu
il veut	il a voulu
nous voulons	nous avons voulu
vous voulez	vous avez voulu
ils veulent	ils ont voulu

Imparfait	Plus-que-parfait
je voulais	j'avais voulu
tu voulais	tu avais voulu
il voulait	il avait voulu
nous voulions	nous avions voulu
vous vouliez	vous aviez voulu
ils voulaient	ils avaient voulu

Passé simple	Passé antérieur
je voulus	j'eus voulu
tu voulus	tu eus voulu
il voulut	il eut voulu
nous voulûmes	nous eûmes voulu
vous voulûtes	vous eûtes voulu
ils voulurent	ils eurent voulu

Futur simple	Futur antérieur
je voudrai	j'aurai voulu
tu voudras	tu auras voulu
il voudra	il aura voulu
nous voudrons	nous aurons voulu
vous voudrez	vous aurez voulu
ils voudront	ils auront voulu

CONDITIONNEL

Présent	Passé
je voudrais	j'aurais voulu
tu voudrais	tu aurais voulu
il voudrait	il aurait voulu
nous voudrions	nous aurions voulu
vous voudriez	vous auriez voulu
ils voudraient	ils auraient voulu

SUBJONCTIF

Présent	Passé
que je veuille	que j'aie voulu
que tu veuilles	que tu aies voulu
qu'il veuille	qu'il ait voulu
que nous voulions	que nous ayons voulu
que vous vouliez	que vous ayez voulu
qu'ils veuillent	qu'ils aient voulu

Imparfait	Plus-que-parfait
que je voulusse	que j'eusse voulu
que tu voulusses	que tu eusses voulu
qu'il voulût	qu'il eût voulu
que nous voulussions	que nous eussions voulu
que vous voulussiez	que vous eussiez voulu
qu'ils voulussent	qu'ils eussent voulu

IMPÉRATIF

Présent	Passé
veux (veuille)	aie voulu
voulons	ayons voulu
voulez (veuillez)	ayez voulu

INFINITIF

Présent	Passé
vouloir	avoir voulu

PARTICIPE

Présent	Passé
voulant	voulu
	ayant voulu

GÉRONDIF

Présent	Passé
en voulant	en ayant voulu

L'impératif *veux, voulons, voulez* n'est d'usage que pour engager quelqu'un à s'armer de volonté. Mais, pour inviter poliment, on dit : *veuille, veuillez*, au sens de : *aie, ayez la bonté de : Veuillez agréer mes respectueuses salutations*. Au subjonctif présent, les formes primitives : *que nous voulions, que vous vouliez*, reprennent le pas sur : *que nous veuillions, que vous veuilliez*. Avec le pronom adverbial *en* qui donne à ce verbe le sens de : *avoir du ressentiment*, on trouve couramment : *ne m'en veux pas, ne m'en voulez pas*, alors que la langue littéraire préfère : *ne m'en veuille pas, ne m'en veuillez pas*.

INDICATIF

Présent	Passé composé
j'assieds	j'ai assis
tu assieds	tu as assis
il assied	il a assis
nous asseyons	nous avons assis
vous asseyez	vous avez assis
ils asseyent	ils ont assis

Imparfait	Plus-que-parfait
j'asseyais	j'avais assis
tu asseyais	tu avais assis
il asseyait	il avait assis
nous asseyions	nous avions assis
vous asseyiez	vous aviez assis
ils asseyaient	ils avaient assis

Passé simple	Passé antérieur
j'assis	j'eus assis
tu assis	tu eus assis
il assit	il eut assis
nous assîmes	nous eûmes assis
vous assîtes	vous eûtes assis
ils assirent	ils eurent assis

Futur simple	Futur antérieur
j'assiérai	j'aurai assis
tu assiéras	tu auras assis
il assiéra	il aura assis
nous assiérons	nous aurons assis
vous assiérez	vous aurez assis
ils assiéront	ils auront assis

CONDITIONNEL

Présent	Passé
j'assiérais	j'aurais assis
tu assiérais	tu aurais assis
il assiérait	il aurait assis
nous assiérions	nous aurions assis
vous assiériez	vous auriez assis
ils assiéraient	ils auraient assis

SUBJONCTIF

Présent	Passé
que j'asseye	que j'aie assis
que tu asseyes	que tu aies assis
qu'il asseye	qu'il ait assis
que nous asseyions	que nous ayons assis
que vous asseyiez	que vous ayez assis
qu'ils asseyent	qu'ils aient assis

Imparfait	Plus-que-parfait
que j'assisse	que j'eusse assis
que tu assisses	que tu eusses assis
qu'il assît	qu'il eût assis
que nous assissions	que nous eussions assis
que vous assissiez	que vous eussiez assis
qu'ils assissent	qu'ils eussent assis

IMPÉRATIF

Présent	Passé
assieds	aie assis
asseyons	ayons assis
asseyez	ayez assis

INFINITIF

Présent	Passé
asseoir	avoir assis

PARTICIPE

Présent	Passé
asseyant	assis
	ayant assis

GÉRONDIF

Présent	Passé
en asseyant	en ayant assis

- Ce verbe se conjugue surtout à la forme pronominale : *s'asseoir.*
- Les formes en *ie* et en *ey* sont préférables aux formes en *oi* (→ page suivante).
  Le futur et le conditionnel : *j'asseyerai..., j'asseyerais...* sont actuellement sortis de l'usage.

asseoir 3e groupe – forme en oi

INDICATIF

Présent	Passé composé
j'assois	j'ai assis
tu assois	tu as assis
il assoit	il a assis
nous assoyons	nous avons assis
vous assoyez	vous avez assis
ils assoient	ils ont assis

Imparfait	Plus-que-parfait
j'assoyais	j'avais assis
tu assoyais	tu avais assis
il assoyait	il avait assis
nous assoyions	nous avions assis
vous assoyiez	vous aviez assis
ils assoyaient	ils avaient assis

Passé simple	Passé antérieur
j'assis	j'eus assis
tu assis	tu eus assis
il assit	il eut assis
nous assîmes	nous eûmes assis
vous assîtes	vous eûtes assis
ils assirent	ils eurent assis

Futur simple	Futur antérieur
j'assoirai	j'aurai assis
tu assoiras	tu auras assis
il assoira	il aura assis
nous assoirons	nous aurons assis
vous assoirez	vous aurez assis
ils assoiront	ils auront assis

CONDITIONNEL

Présent	Passé
j'assoirais	j'aurais assis
tu assoirais	tu aurais assis
il assoirait	il aurait assis
nous assoirions	nous aurions assis
vous assoiriez	vous auriez assis
ils assoiraient	ils auraient assis

SUBJONCTIF

Présent	Passé
que j'assoie	que j'aie assis
que tu assoies	que tu aies assis
qu'il assoie	qu'il ait assis
que nous assoyions	que nous ayons assis
que vous assoyiez	que vous ayez assis
qu'ils assoient	qu'ils aient assis

Imparfait	Plus-que-parfait
que j'assisse	que j'eusse assis
que tu assisses	que tu eusses assis
qu'il assît	qu'il eût assis
que nous assissions	que nous eussions assis
que vous assissiez	que vous eussiez assis
qu'ils assissent	qu'ils eussent assis

IMPÉRATIF

Présent	Passé
assois	aie assis
assoyons	ayons assis
assoyez	ayez assis

INFINITIF

Présent	Passé
asseoir	avoir assis

PARTICIPE

Présent	Passé
assoyant	assis
	ayant assis

GÉRONDIF

Présent	Passé
en assoyant	en ayant assis

L'infinitif *asseoir* s'orthographie avec un *e* étymologique, à la différence de l'indicatif présent : *j'assois*, et futur : *j'assoirai*. Depuis les rectifications orthographiques de 1990, il est possible d'écrire *assoir* (sans *e*) au lieu d'*asseoir*.

INDICATIF		SUBJONCTIF	
Présent	*Passé composé*	*Présent*	*Passé*
.	.	.	.
il sied	.	qu'il siée	.
.	.	.	.
ils siéent	.	qu'ils siéent	.

Imparfait	*Plus-que-parfait*	*Imparfait*	*Plus-que-parfait*
.	.	.	.
il seyait	.	.	.
.	.	.	.
ils seyaient	.	.	.

Passé simple	*Passé antérieur*
.	.

IMPÉRATIF

Présent	*Passé*
.	.
.	.
.	.

Futur simple	*Futur antérieur*
.	.
il siéra	.
.	.
ils siéront	.

INFINITIF

Présent	*Passé*
seoir	.

PARTICIPE

Présent	*Passé*
séant (seyant)	sis
	.

CONDITIONNEL

Présent	*Passé*
.	.
il siérait	.
.	.
ils siéraient	.

GÉRONDIF

Présent	*Passé*
en séant (en seyant)	.

- Ce verbe n'a pas de temps composés.
- Le verbe *seoir*, dans le sens d'*être assis, prendre séance*, n'existe guère qu'aux formes suivantes :
  – participe présent : *séant* (employé parfois comme nom : *sur son séant*);
  – participe passé : *sis, sise*, qui ne s'emploie plus guère qu'adjectivement en style juridique au lieu de *situé, située* : *hôtel sis à Paris*. On trouve parfois les formes d'impératif pronominal : *sieds-toi, seyez-vous*.

messeoir   3e groupe (ne pas être convenable)

INDICATIF		SUBJONCTIF	
Présent	*Passé composé*	*Présent*	*Passé*
.	.	.	.
il messied	.	qu'il messiée	.
.	.	.	.
ils messiéent	.	qu'ils messiéent	.
Imparfait	*Plus-que-parfait*	*Imparfait*	*Plus-que-parfait*
.	.	.	.
il messeyait	.	.	.
.	.	.	.
ils messeyaient	.	.	.

Passé simple	*Passé antérieur*
.	.
.	.
.	.
.	.
.	.

IMPÉRATIF

Présent	*Passé*
.	.
.	.
.	.

Futur simple	*Futur antérieur*
.	.
.	.
il messiéra	.
.	.
ils messiéront	.

INFINITIF

Présent	*Passé*
messeoir	.

CONDITIONNEL

PARTICIPE

Présent	*Passé*
messéant	.
	.

Présent	*Passé*
.	.
il messiérait	.
.	.
ils messiéraient	.

GÉRONDIF

Présent	*Passé*
.	.

Ce verbe n'a pas de temps composés.

INDICATIF

Présent
je sursois
tu sursois
il sursoit
nous sursoyons
vous sursoyez
ils sursoient

Passé composé
j'ai sursis
tu as sursis
il a sursis
nous avons sursis
vous avez sursis
ils ont sursis

Imparfait
je sursoyais
tu sursoyais
il sursoyait
nous sursoyions
vous sursoyiez
ils sursoyaient

Plus-que-parfait
j'avais sursis
tu avais sursis
il avait sursis
nous avions sursis
vous aviez sursis
ils avaient sursis

Passé simple
je sursis
tu sursis
il sursit
nous sursîmes
vous sursîtes
ils sursirent

Passé antérieur
j'eus sursis
tu eus sursis
il eut sursis
nous eûmes sursis
vous eûtes sursis
ils eurent sursis

Futur simple
je surseoirai
tu surseoiras
il surseoira
nous surseoirons
vous surseoirez
ils surseoiront

Futur antérieur
j'aurai sursis
tu auras sursis
il aura sursis
nous aurons sursis
vous aurez sursis
ils auront sursis

CONDITIONNEL

Présent
je surseoirais
tu surseoirais
il surseoirait
nous surseoirions
vous surseoiriez
ils surseoiraient

Passé
j'aurais sursis
tu aurais sursis
il aurait sursis
nous aurions sursis
vous auriez sursis
ils auraient sursis

SUBJONCTIF

Présent
que je sursoie
que tu sursoies
qu'il sursoie
que nous sursoyions
que vous sursoyiez
qu'ils sursoient

Passé
que j'aie sursis
que tu aies sursis
qu'il ait sursis
que nous ayons sursis
que vous ayez sursis
qu'ils aient sursis

Imparfait
que je sursisse
que tu sursisses
qu'il sursît
que nous sursissions
que vous sursissiez
qu'ils sursissent

Plus-que-parfait
que j'eusse sursis
que tu eusses sursis
qu'il eût sursis
que nous eussions sursis
que vous eussiez sursis
qu'ils eussent sursis

IMPÉRATIF

Présent
sursois
sursoyons
sursoyez

Passé
aie sursis
ayons sursis
ayez sursis

INFINITIF

Présent
surseoir

Passé
avoir sursis

PARTICIPE

Présent
sursoyant

Passé
sursis
ayant sursis

GÉRONDIF

Présent
en sursoyant

Passé
en ayant sursis

Surseoir a généralisé les formes en *oi* du verbe *asseoir*, avec cette particularité que l'*e* de l'infinitif se retrouve au futur et au conditionnel : *je surseoirai..., je surseoirais...*

55 choir 3e groupe

INDICATIF

Présent	Passé composé
je **chois**	j'ai chu
tu **chois**	tu as chu
il **choit**	il a chu
nous **choyons**	nous avons chu
vous **choyez**	vous avez chu
ils **choient**	ils ont chu

Imparfait	Plus-que-parfait
.	j'avais chu
.	tu avais chu
.	il avait chu
.	nous avions chu
.	vous aviez chu
.	ils avaient chu

Passé simple	Passé antérieur
je **chus**	j'eus chu
tu **chus**	tu eus chu
il **chut**	il eut chu
nous **chûmes**	nous eûmes chu
vous **chûtes**	vous eûtes chu
ils **churent**	ils eurent chu

Futur simple	Futur antérieur
je **choirai/cherrai**	j'aurai chu
tu **choiras/cherras**	tu auras chu
il **choira/cherra**	il aura chu
n. **choirons/cherrons**	nous aurons chu
vous **choirez/cherrez**	vous aurez chu
ils **choiront/cherront**	ils auront chu

CONDITIONNEL

Présent	Passé
je **choirais/cherrais**	j'aurais chu
tu **choirais/cherrais**	tu aurais chu
il **choirait/cherrait**	il aurait chu
n. **choirions/cherrions**	nous aurions chu
vous **choiriez/cherriez**	vous auriez chu
ils **choiraient/cherraient**	ils auraient chu

SUBJONCTIF

Présent	Passé
.	*que j'aie chu*
.	*que tu aies chu*
.	*qu'il ait chu*
.	*que nous ayons chu*
.	*que vous ayez chu*
.	*qu'ils aient chu*

Imparfait	Plus-que-parfait
.	*que j'eusse chu*
.	*que tu eusses chu*
qu'il **chût**	*qu'il eût chu*
.	*que nous eussions chu*
.	*que vous eussiez chu*
.	*qu'ils eussent chu*

IMPÉRATIF

Présent	Passé
.	*aie chu*
.	*ayons chu*
.	*ayez chu*

INFINITIF

Présent	Passé
choir	avoir chu

PARTICIPE

Présent	Passé
.	chu
	ayant chu

GÉRONDIF

Présent	Passé
.	en ayant chu

- Le verbe **choir** peut aussi se conjuguer avec l'auxiliaire **être**, bien que l'emploi de l'auxiliaire **avoir** soit aujourd'hui plus fréquent.
- Les formes en italique sont tout à fait désuètes.

INDICATIF

Présent	Passé composé
.	.
il échoit/*échet*	il est échu
.	.
ils échoient/*échéent*	ils sont échus

Imparfait	Plus-que-parfait
.	.
il échoyait	il était échu
.	.
ils échoyaient	ils étaient échus

Passé simple	Passé antérieur
.	.
il échut	il fut échu
.	.
ils échurent	ils furent échus

Futur simple	Futur antérieur
.	.
il échoira/*écherra*	il sera échu
.	.
ils échoiront/*écherront*	ils seront échus

CONDITIONNEL

Présent	Passé
.	.
il échoirait/*écherrait*	il serait échu
.	.
ils échoiraient/*écherraient*	ils seraient échus

SUBJONCTIF

Présent	Passé
.	.
qu'il échoie	qu'il soit échu
.	.
qu'ils échoient	qu'ils soient échus

Imparfait	Plus-que-parfait
.	.
qu'il échût	qu'il fût échu
.	.
qu'ils échussent	qu'ils fussent échus

IMPÉRATIF

Présent	Passé
.	.
.	.
.	.

INFINITIF

Présent	Passé
échoir	être échu

PARTICIPE

Présent	Passé
échéant	échu
	étant échu

GÉRONDIF

Présent	Passé
en échéant	en étant échu

- *Échoir* est parfois employé avec l'auxiliaire *avoir*, souvent par archaïsme.
- Les formes en italique sont tout à fait désuètes.

INDICATIF

SUBJONCTIF

Présent	*Passé composé*	*Présent*	*Passé*
je déchois	j'ai déchu	que je déchoie	que j'aie déchu
tu déchois	tu as déchu	que tu déchoies	que tu aies déchu
il déchoit/*déchet*	il a déchu	qu'il déchoie	qu'il ait déchu
nous déchoyons	nous avons déchu	que nous déchoyions	que nous ayons déchu
vous déchoyez	vous avez déchu	que vous déchoyiez	que vous ayez déchu
ils déchoient	ils ont déchu	qu'ils déchoient	qu'ils aient déchu

Imparfait	*Plus-que-parfait*	*Imparfait*	*Plus-que-parfait*
.	j'avais déchu	que je déchusse	que j'eusse déchu
.	tu avais déchu	que tu déchusses	que tu eusses déchu
.	il avait déchu	qu'il déchût	qu'il eût déchu
.	nous avions déchu	que nous déchussions	que nous eussions déchu
.	vous aviez déchu	que vous déchussiez	que vous eussiez déchu
.	ils avaient déchu	qu'ils déchussent	qu'ils eussent déchu

Passé simple	*Passé antérieur*
je déchus	j'eus déchu
tu déchus	tu eus déchu
il déchut	il eut déchu
nous déchûmes	n. eûmes déchu
vous déchûtes	v. eûtes déchu
ils déchurent	ils eurent déchu

IMPÉRATIF

Présent	*Passé*
.	.
.	.
.	.

Futur simple	*Futur antérieur*
je déchoirai/*décherrai*	j'aurai déchu
tu déchoiras/*décherras*	tu auras déchu
il déchoira/*décherra*	il aura déchu
n. déchoirons/*décherrons*	n. aurons déchu
v. déchoirez/*décherrez*	v. aurez déchu
ils déchoiront/*décherront*	ils auront déchu

INFINITIF

Présent	*Passé*
déchoir	avoir déchu

PARTICIPE

Présent	*Passé*
.	déchu
	ayant déchu

CONDITIONNEL

Présent	*Passé*
je déchoirais/*décherrais*	j'aurais déchu
tu déchoirais/*décherrais*	tu aurais déchu
il déchoirait/*décherrait*	il aurait déchu
n. déchoirions/*décherrions*	n. aurions déchu
v. déchoiriez/*décherriez*	vous auriez déchu
ils déchoiraient/*décherraient*	ils auraient déchu

GÉRONDIF

Présent	*Passé*
.	en ayant déchu

- *Déchoir* utilise tantôt *être*, tantôt *avoir*, selon que l'on veut insister sur l'action ou sur son résultat : *Il a déchu rapidement. Il est définitivement déchu.*
- Les formes en italique sont tout à fait désuètes.

INDICATIF

Présent	*Passé composé*
je rends	j'ai rendu
tu rends	tu as rendu
il rend	il a rendu
nous rendons	nous avons rendu
vous rendez	vous avez rendu
ils rendent	ils ont rendu

Imparfait	*Plus-que-parfait*
je rendais	j'avais rendu
tu rendais	tu avais rendu
il rendait	il avait rendu
nous rendions	nous avions rendu
vous rendiez	vous aviez rendu
ils rendaient	ils avaient rendu

Passé simple	*Passé antérieur*
je rendis	j'eus rendu
tu rendis	tu eus rendu
il rendit	il eut rendu
nous rendîmes	nous eûmes rendu
vous rendîtes	vous eûtes rendu
ils rendirent	ils eurent rendu

Futur simple	*Futur antérieur*
je rendrai	j'aurai rendu
tu rendras	tu auras rendu
il rendra	il aura rendu
nous rendrons	nous aurons rendu
vous rendrez	vous aurez rendu
ils rendront	ils auront rendu

CONDITIONNEL

Présent	*Passé*
je rendrais	j'aurais rendu
tu rendrais	tu aurais rendu
il rendrait	il aurait rendu
nous rendrions	nous aurions rendu
vous rendriez	vous auriez rendu
ils rendraient	ils auraient rendu

SUBJONCTIF

Présent	*Passé*
que je rende	que j'aie rendu
que tu rendes	que tu aies rendu
qu'il rende	qu'il ait rendu
que nous rendions	que nous ayons rendu
que vous rendiez	que vous ayez rendu
qu'ils rendent	qu'ils aient rendu

Imparfait	*Plus-que-parfait*
que je rendisse	que j'eusse rendu
que tu rendisses	que tu eusses rendu
qu'il rendît	qu'il eût rendu
que nous rendissions	que nous eussions rendu
que vous rendissiez	que vous eussiez rendu
qu'ils rendissent	qu'ils eussent rendu

IMPÉRATIF

Présent	*Passé*
rends	aie rendu
rendons	ayons rendu
rendez	ayez rendu

INFINITIF

Présent	*Passé*
rendre	avoir rendu

PARTICIPE

Présent	*Passé*
rendant	rendu
	ayant rendu

GÉRONDIF

Présent	*Passé*
en rendant	en ayant rendu

Voir → tableau **22** la liste des nombreux verbes en -*dre* qui se conjuguent comme *rendre* (sauf *prendre* et ses composés → tableau **59**). Ainsi se conjuguent en outre les verbes *rompre*, *corrompre* et *interrompre*, dont la seule particularité est de prendre un *t* à la suite du *p* à la 3ᵉ personne du singulier de l'indicatif présent : *il rompt*.

59 | **prendre** 3ᵉ groupe

INDICATIF

Présent	Passé composé
je prends	j'ai pris
tu prends	tu as pris
il prend	il a pris
nous prenons	nous avons pris
vous prenez	vous avez pris
ils prennent	ils ont pris

Imparfait	Plus-que-parfait
je prenais	j'avais pris
tu prenais	tu avais pris
il prenait	il avait pris
nous prenions	nous avions pris
vous preniez	vous aviez pris
ils prenaient	ils avaient pris

Passé simple	Passé antérieur
je pris	j'eus pris
tu pris	tu eus pris
il prit	il eut pris
nous prîmes	nous eûmes pris
vous prîtes	vous eûtes pris
ils prirent	ils eurent pris

Futur simple	Futur antérieur
je prendrai	j'aurai pris
tu prendras	tu auras pris
il prendra	il aura pris
nous prendrons	nous aurons pris
vous prendrez	vous aurez pris
ils prendront	ils auront pris

CONDITIONNEL

Présent	Passé
je prendrais	j'aurais pris
tu prendrais	tu aurais pris
il prendrait	il aurait pris
nous prendrions	nous aurions pris
vous prendriez	vous auriez pris
ils prendraient	ils auraient pris

SUBJONCTIF

Présent	Passé
que je prenne	que j'aie pris
que tu prennes	que tu aies pris
qu'il prenne	qu'il ait pris
que nous prenions	que nous ayons pris
que vous preniez	que vous ayez pris
qu'ils prennent	qu'ils aient pris

Imparfait	Plus-que-parfait
que je prisse	que j'eusse pris
que tu prisses	que tu eusses pris
qu'il prît	qu'il eût pris
que nous prissions	que nous eussions pris
que vous prissiez	que vous eussiez pris
qu'ils prissent	qu'ils eussent pris

IMPÉRATIF

Présent	Passé
prends	aie pris
prenons	ayons pris
prenez	ayez pris

INFINITIF

Présent	Passé
prendre	avoir pris

PARTICIPE

Présent	Passé
prenant	pris
	ayant pris

GÉRONDIF

Présent	Passé
en prenant	en ayant pris

Les composés de *prendre* (→ tableau 22) se conjuguent sur ce modèle.

INDICATIF

Présent
je bats
tu bats
il bat
nous battons
vous battez
ils battent

Passé composé
j'ai battu
tu as battu
il a battu
nous avons battu
vous avez battu
ils ont battu

Imparfait
je battais
tu battais
il battait
nous battions
vous battiez
ils battaient

Plus-que-parfait
j'avais battu
tu avais battu
il avait battu
nous avions battu
vous aviez battu
ils avaient battu

Passé simple
je battis
tu battis
il battit
nous battîmes
vous battîtes
ils battirent

Passé antérieur
j'eus battu
tu eus battu
il eut battu
nous eûmes battu
vous eûtes battu
ils eurent battu

Futur simple
je battrai
tu battras
il battra
nous battrons
vous battrez
ils battront

Futur antérieur
j'aurai battu
tu auras battu
il aura battu
nous aurons battu
vous aurez battu
ils auront battu

CONDITIONNEL

Présent
je battrais
tu battrais
il battrait
nous battrions
vous battriez
ils battraient

Passé
j'aurais battu
tu aurais battu
il aurait battu
nous aurions battu
vous auriez battu
ils auraient battu

SUBJONCTIF

Présent
que je batte
que tu battes
qu'il batte
que nous battions
que vous battiez
qu'ils battent

Passé
que j'aie battu
que tu aies battu
qu'il ait battu
que nous ayons battu
que vous ayez battu
qu'ils aient battu

Imparfait
que je battisse
que tu battisses
qu'il battît
que nous battissions
que vous battissiez
qu'ils battissent

Plus-que-parfait
que j'eusse battu
que tu eusses battu
qu'il eût battu
que nous eussions battu
que vous eussiez battu
qu'ils eussent battu

IMPÉRATIF

Présent
bats
battons
battez

Passé
aie battu
ayons battu
ayez battu

INFINITIF

Présent
battre

Passé
avoir battu

PARTICIPE

Présent
battant

Passé
battu
ayant battu

GÉRONDIF

Présent
en battant

Passé
en ayant battu

Les composés de *battre* (→ tableau 22) se conjuguent sur ce modèle.

1 | mettre 3e groupe

INDICATIF

Présent	Passé composé
je mets	j'ai mis
tu mets	tu as mis
il met	il a mis
nous mettons	nous avons mis
vous mettez	vous avez mis
ils mettent	ils ont mis

Imparfait	Plus-que-parfait
je mettais	j'avais mis
tu mettais	tu avais mis
il mettait	il avait mis
nous mettions	nous avions mis
vous mettiez	vous aviez mis
ils mettaient	ils avaient mis

Passé simple	Passé antérieur
je mis	j'eus mis
tu mis	tu eus mis
il mit	il eut mis
nous mîmes	nous eûmes mis
vous mîtes	vous eûtes mis
ils mirent	ils eurent mis

Futur simple	Futur antérieur
je mettrai	j'aurai mis
tu mettras	tu auras mis
il mettra	il aura mis
nous mettrons	nous aurons mis
vous mettrez	vous aurez mis
ils mettront	ils auront mis

CONDITIONNEL

Présent	Passé
je mettrais	j'aurais mis
tu mettrais	tu aurais mis
il mettrait	il aurait mis
nous mettrions	nous aurions mis
vous mettriez	vous auriez mis
ils mettraient	ils auraient mis

SUBJONCTIF

Présent	Passé
que je mette	que j'aie mis
que tu mettes	que tu aies mis
qu'il mette	qu'il ait mis
que nous mettions	que nous ayons mis
que vous mettiez	que vous ayez mis
qu'ils mettent	qu'ils aient mis

Imparfait	Plus-que-parfait
que je misse	que j'eusse mis
que tu misses	que tu eusses mis
qu'il mît	qu'il eût mis
que nous missions	que nous eussions mis
que vous missiez	que vous eussiez mis
qu'ils missent	qu'ils eussent mis

IMPÉRATIF

Présent	Passé
mets	aie mis
mettons	ayons mis
mettez	ayez mis

INFINITIF

Présent	Passé
mettre	avoir mis

PARTICIPE

Présent	Passé
mettant	mis
	ayant mis

GÉRONDIF

Présent	Passé
en mettant	en ayant mis

Les composés de *mettre* (→ tableau 22) se conjuguent sur ce modèle.

INDICATIF

Présent
je peins
tu peins
il peint
nous peignons
vous peignez
ils peignent

Passé composé
j'ai peint
tu as peint
il a peint
nous avons peint
vous avez peint
ils ont peint

Imparfait
je peignais
tu peignais
il peignait
nous peignions
vous peigniez
ils peignaient

Plus-que-parfait
j'avais peint
tu avais peint
il avait peint
nous avions peint
vous aviez peint
ils avaient peint

Passé simple
je peignis
tu peignis
il peignit
nous peignîmes
vous peignîtes
ils peignirent

Passé antérieur
j'eus peint
tu eus peint
il eut peint
nous eûmes peint
vous eûtes peint
ils eurent peint

Futur simple
je peindrai
tu peindras
il peindra
nous peindrons
vous peindrez
ils peindront

Futur antérieur
j'aurai peint
tu auras peint
il aura peint
nous aurons peint
vous aurez peint
ils auront peint

CONDITIONNEL

Présent
je peindrais
tu peindrais
il peindrait
nous peindrions
vous peindriez
ils peindraient

Passé
j'aurais peint
tu aurais peint
il aurait peint
nous aurions peint
vous auriez peint
ils auraient peint

SUBJONCTIF

Présent
que je peigne
que tu peignes
qu'il peigne
que nous peignions
que vous peigniez
qu'ils peignent

Passé
que j'aie peint
que tu aies peint
qu'il ait peint
que nous ayons peint
que vous ayez peint
qu'ils aient peint

Imparfait
que je peignisse
que tu peignisses
qu'il peignît
que nous peignissions
que vous peignissiez
qu'ils peignissent

Plus-que-parfait
que j'eusse peint
que tu eusses peint
qu'il eût peint
que nous eussions peint
que vous eussiez peint
qu'ils eussent peint

IMPÉRATIF

Présent
peins
peignons
peignez

Passé
aie peint
ayons peint
ayez peint

INFINITIF

Présent
peindre

Passé
avoir peint

PARTICIPE

Présent
peignant

Passé
peint
ayant peint

GÉRONDIF

Présent
en peignant

Passé
en ayant peint

Astreindre, atteindre, ceindre, feindre, enfreindre, empreindre, geindre, teindre
et leurs composés (→ tableau 22) se conjuguent sur ce modèle.

3 joindre 3ᵉ groupe – verbes en -oindre

INDICATIF

Présent
je joins
tu joins
il joint
nous joignons
vous joignez
ils joignent

Passé composé
j'ai joint
tu as joint
il a joint
nous avons joint
vous avez joint
ils ont joint

Imparfait
je joignais
tu joignais
il joignait
nous joignions
vous joigniez
ils joignaient

Plus-que-parfait
j'avais joint
tu avais joint
il avait joint
nous avions joint
vous aviez joint
ils avaient joint

Passé simple
je joignis
tu joignis
il joignit
nous joignîmes
vous joignîtes
ils joignirent

Passé antérieur
j'eus joint
tu eus joint
il eut joint
nous eûmes joint
vous eûtes joint
ils eurent joint

Futur simple
je joindrai
tu joindras
il joindra
nous joindrons
vous joindrez
ils joindront

Futur antérieur
j'aurai joint
tu auras joint
il aura joint
nous aurons joint
vous aurez joint
ils auront joint

CONDITIONNEL

Présent
je joindrais
tu joindrais
il joindrait
nous joindrions
vous joindriez
ils joindraient

Passé
j'aurais joint
tu aurais joint
il aurait joint
nous aurions joint
vous auriez joint
ils auraient joint

SUBJONCTIF

Présent
que je joigne
que tu joignes
qu'il joigne
que nous joignions
que vous joigniez
qu'ils joignent

Passé
que j'aie joint
que tu aies joint
qu'il ait joint
que nous ayons joint
que vous ayez joint
qu'ils aient joint

Imparfait
que je joignisse
que tu joignisses
qu'il joignît
que nous joignissions
que vous joignissiez
qu'ils joignissent

Plus-que-parfait
que j'eusse joint
que tu eusses joint
qu'il eût joint
que nous eussions joint
que vous eussiez joint
qu'ils eussent joint

IMPÉRATIF

Présent
joins
joignons
joignez

Passé
aie joint
ayons joint
ayez joint

INFINITIF

Présent
joindre

Passé
avoir joint

PARTICIPE

Présent
joignant

Passé
joint
ayant joint

GÉRONDIF

Présent
en joignant

Passé
en ayant joint

- Les composés de *joindre* (→ tableau **22**) et les verbes archaïques *poindre* et *oindre* se conjuguent sur ce modèle.
- Au sens intransitif de *commencer à paraître*, *poindre* ne s'emploie qu'aux formes : *il point, il poindra, il poindrait, il a point…* On a tendance à lui substituer le verbe régulier *pointer* au sens *d'étreindre*.
- *Oindre* est sorti de l'usage, sauf à l'infinitif et au participe passé : *oint, oints, ointe, ointes.*

INDICATIF

Présent
je crains
tu crains
il craint
nous craignons
vous craignez
ils craignent

Passé composé
j'ai craint
tu as craint
il a craint
nous avons craint
vous avez craint
ils ont craint

Imparfait
je craignais
tu craignais
il craignait
nous craignions
vous craigniez
ils craignaient

Plus-que-parfait
j'avais craint
tu avais craint
il avait craint
nous avions craint
vous aviez craint
ils avaient craint

Passé simple
je craignis
tu craignis
il craignit
nous craignîmes
vous craignîtes
ils craignirent

Passé antérieur
j'eus craint
tu eus craint
il eut craint
nous eûmes craint
vous eûtes craint
ils eurent craint

Futur simple
je craindrai
tu craindras
il craindra
nous craindrons
vous craindrez
ils craindront

Futur antérieur
j'aurai craint
tu auras craint
il aura craint
nous aurons craint
vous aurez craint
ils auront craint

CONDITIONNEL

Présent
je craindrais
tu craindrais
il craindrait
nous craindrions
vous craindriez
ils craindraient

Passé
j'aurais craint
tu aurais craint
il aurait craint
nous aurions craint
vous auriez craint
ils auraient craint

SUBJONCTIF

Présent
que je craigne
que tu craignes
qu'il craigne
que nous craignions
que vous craigniez
qu'ils craignent

Passé
que j'aie craint
que tu aies craint
qu'il ait craint
que nous ayons craint
que vous ayez craint
qu'ils aient craint

Imparfait
que je craignisse
que tu craignisses
qu'il craignît
que nous craignissions
que vous craignissiez
qu'ils craignissent

Plus-que-parfait
que j'eusse craint
que tu eusses craint
qu'il eût craint
que nous eussions craint
que vous eussiez craint
qu'ils eussent craint

IMPÉRATIF

Présent
crains
craignons
craignez

Passé
aie craint
ayons craint
ayez craint

INFINITIF

Présent
craindre

Passé
avoir craint

PARTICIPE

Présent
craignant

Passé
craint
ayant craint

GÉRONDIF

Présent
en craignant

Passé
en ayant craint

Contraindre et *plaindre* se conjuguent sur ce modèle.

INDICATIF

Présent
je vaincs
tu vaincs
il vainc
nous vainquons
vous vainquez
ils vainquent

Passé composé
j'ai vaincu
tu as vaincu
il a vaincu
nous avons vaincu
vous avez vaincu
ils ont vaincu

Imparfait
je vainquais
tu vainquais
il vainquait
nous vainquions
vous vainquiez
ils vainquaient

Plus-que-parfait
j'avais vaincu
tu avais vaincu
il avait vaincu
nous avions vaincu
vous aviez vaincu
ils avaient vaincu

Passé simple
je vainquis
tu vainquis
il vainquit
nous vainquîmes
vous vainquîtes
ils vainquirent

Passé antérieur
j'eus vaincu
tu eus vaincu
il eut vaincu
nous eûmes vaincu
vous eûtes vaincu
ils eurent vaincu

Futur simple
je vaincrai
tu vaincras
il vaincra
nous vaincrons
vous vaincrez
ils vaincront

Futur antérieur
j'aurai vaincu
tu auras vaincu
il aura vaincu
nous aurons vaincu
vous aurez vaincu
ils auront vaincu

CONDITIONNEL

Présent
je vaincrais
tu vaincrais
il vaincrait
nous vaincrions
vous vaincriez
ils vaincraient

Passé
j'aurais vaincu
tu aurais vaincu
il aurait vaincu
nous aurions vaincu
vous auriez vaincu
ils auraient vaincu

SUBJONCTIF

Présent
que je vainque
que tu vainques
qu'il vainque
que nous vainquions
que vous vainquiez
qu'ils vainquent

Passé
que j'aie vaincu
que tu aies vaincu
qu'il ait vaincu
que nous ayons vaincu
que vous ayez vaincu
qu'ils aient vaincu

Imparfait
que je vainquisse
que tu vainquisses
qu'il vainquît
que nous vainquissions
que vous vainquissiez
qu'ils vainquissent

Plus-que-parfait
que j'eusse vaincu
que tu eusses vaincu
qu'il eût vaincu
que nous eussions vaincu
que vous eussiez vaincu
qu'ils eussent vaincu

IMPÉRATIF

Présent
vaincs
vainquons
vainquez

Passé
aie vaincu
ayons vaincu
ayez vaincu

INFINITIF

Présent
vaincre

Passé
avoir vaincu

PARTICIPE

Présent
vainquant

Passé
vaincu
ayant vaincu

GÉRONDIF

Présent
en vainquant

Passé
en ayant vaincu

- Seule irrégularité du verbe *vaincre* : il ne prend pas de *t* final à la troisième personne du singulier du présent de l'indicatif : *il vainc*.
  D'autre part, devant une voyelle (sauf *u*), le *c* se change en *qu : nous vainquons*.
- *Convaincre* se conjugue sur ce modèle.

INDICATIF

Présent
je trais
tu trais
il trait
nous trayons
vous trayez
ils traient

Passé composé
j'ai trait
tu as trait
il a trait
nous avons trait
vous avez trait
ils ont trait

Imparfait
je trayais
tu trayais
il trayait
nous trayions
vous trayiez
ils trayaient

Plus-que-parfait
j'avais trait
tu avais trait
il avait trait
nous avions trait
vous aviez trait
ils avaient trait

Passé simple
.
.
.
.
.
.

Passé antérieur
j'eus trait
tu eus trait
il eut trait
nous eûmes trait
vous eûtes trait
ils eurent trait

Futur simple
je trairai
tu trairas
il traira
nous trairons
vous trairez
ils trairont

Futur antérieur
j'aurai trait
tu auras trait
il aura trait
nous aurons trait
vous aurez trait
ils auront trait

CONDITIONNEL

Présent
je trairais
tu trairais
il trairait
nous trairions
vous trairiez
ils trairaient

Passé
j'aurais trait
tu aurais trait
il aurait trait
nous aurions trait
vous auriez trait
ils auraient trait

SUBJONCTIF

Présent
que je traie
que tu traies
qu'il traie
que nous trayions
que vous trayiez
qu'ils traient

Passé
que j'aie trait
que tu aies trait
qu'il ait trait
que nous ayons trait
que vous ayez trait
qu'ils aient trait

Imparfait
.
.
.
.
.
.

Plus-que-parfait
que j'eusse trait
que tu eusses trait
qu'il eût trait
que nous eussions trait
que vous eussiez trait
qu'ils eussent trait

IMPÉRATIF

Présent
trais
trayons
trayez

Passé
aie trait
ayons trait
ayez trait

INFINITIF

Présent
traire

Passé
avoir trait

PARTICIPE

Présent
trayant

Passé
trait
ayant trait

GÉRONDIF

Présent
en trayant

Passé
en ayant trait

Se conjuguent sur ce modèle les composés de *traire* (au sens de *tirer*) comme *extraire*, *distraire*, etc. (→ tableau **22**), de même que le verbe *braire*, qui ne s'emploie qu'aux 3ᵉˢ personnes de l'indicatif présent, du futur et du conditionnel.

INDICATIF

Présent	Passé composé
je fais	j'ai fait
tu fais	tu as fait
il fait	il a fait
nous faisons	nous avons fait
vous faites	vous avez fait
ils font	ils ont fait

Imparfait	Plus-que-parfait
je faisais	j'avais fait
tu faisais	tu avais fait
il faisait	il avait fait
nous faisions	nous avions fait
vous faisiez	vous aviez fait
ils faisaient	ils avaient fait

Passé simple	Passé antérieur
je fis	j'eus fait
tu fis	tu eus fait
il fit	il eut fait
nous fîmes	nous eûmes fait
vous fîtes	vous eûtes fait
ils firent	ils eurent fait

Futur simple	Futur antérieur
je ferai	j'aurai fait
tu feras	tu auras fait
il fera	il aura fait
nous ferons	nous aurons fait
vous ferez	vous aurez fait
ils feront	ils auront fait

CONDITIONNEL

Présent	Passé
je ferais	j'aurais fait
tu ferais	tu aurais fait
il ferait	il aurait fait
nous ferions	nous aurions fait
vous feriez	vous auriez fait
ils feraient	ils auraient fait

SUBJONCTIF

Présent	Passé
que je fasse	que j'aie fait
que tu fasses	que tu aies fait
qu'il fasse	qu'il ait fait
que nous fassions	que nous ayons fait
que vous fassiez	que vous ayez fait
qu'ils fassent	qu'ils aient fait

Imparfait	Plus-que-parfait
que je fisse	que j'eusse fait
que tu fisses	que tu eusses fait
qu'il fît	qu'il eût fait
que nous fissions	que nous eussions fait
que vous fissiez	que vous eussiez fait
qu'ils fissent	qu'ils eussent fait

IMPÉRATIF

Présent	Passé
fais	aie fait
faisons	ayons fait
faites	ayez fait

INFINITIF

Présent	Passé
faire	avoir fait

PARTICIPE

Présent	Passé
faisant	fait
	ayant fait

GÉRONDIF

Présent	Passé
en faisant	en ayant fait

- Tout en écrivant *fai*, on prononce nous *fesons* [fəzɔ̃], je *fesais* [fəzɛ], nous *fesions* [fəzjɔ̃], *fesant* [fəzɑ̃]. En revanche, on a aligné sur la prononciation l'orthographe de *je ferai...*, *je ferais...*, écrits avec un *e*.
- Noter les 2ᵉˢ personnes du pluriel, présent : *vous faites* ; impératif : *faites*.
  ● *Vous faisez*, ● *faisez* sont de grossiers barbarismes.
- Les composés de *faire* se conjuguent sur ce modèle (→ tableau **22**).

INDICATIF

Présent	*Passé composé*
je plais	j'ai plu
tu plais	tu as plu
il plaît	il a plu
nous plaisons	nous avons plu
vous plaisez	vous avez plu
ils plaisent	ils ont plu

Imparfait	*Plus-que-parfait*
je plaisais	j'avais plu
tu plaisais	tu avais plu
il plaisait	il avait plu
nous plaisions	nous avions plu
vous plaisiez	vous aviez plu
ils plaisaient	ils avaient plu

Passé simple	*Passé antérieur*
je plus	j'eus plu
tu plus	tu eus plu
il plut	il eut plu
nous plûmes	nous eûmes plu
vous plûtes	vous eûtes plu
ils plurent	ils eurent plu

Futur simple	*Futur antérieur*
je plairai	j'aurai plu
tu plairas	tu auras plu
il plaira	il aura plu
nous plairons	nous aurons plu
vous plairez	vous aurez plu
ils plairont	ils auront plu

CONDITIONNEL

Présent	*Passé*
je plairais	j'aurais plu
tu plairais	tu aurais plu
il plairait	il aurait plu
nous plairions	nous aurions plu
vous plairiez	vous auriez plu
ils plairaient	ils auraient plu

SUBJONCTIF

Présent	*Passé*
que je plaise	que j'aie plu
que tu plaises	que tu aies plu
qu'il plaise	qu'il ait plu
que nous plaisions	que nous ayons plu
que vous plaisiez	que vous ayez plu
qu'ils plaisent	qu'ils aient plu

Imparfait	*Plus-que-parfait*
que je plusse	que j'eusse plu
que tu plusses	que tu eusses plu
qu'il plût	qu'il eût plu
que nous plussions	que nous eussions plu
que vous plussiez	que vous eussiez plu
qu'ils plussent	qu'ils eussent plu

IMPÉRATIF

Présent	*Passé*
plais	aie plu
plaisons	ayons plu
plaisez	ayez plu

INFINITIF

Présent	*Passé*
plaire	avoir plu

PARTICIPE

Présent	*Passé*
plaisant	plu
	ayant plu

GÉRONDIF

Présent	*Passé*
en plaisant	en ayant plu

- *Complaire* et *déplaire* se conjuguent sur ce modèle, de même que *taire*, qui, lui, ne prend pas d'accent circonflexe au présent de l'indicatif : *il tait*, et qui a un participe passé variable : *Les plaintes se sont tues.*
- Les rectifications orthographiques de 1990 autorisent l'orthographe : *il plait* (sans accent circonflexe), sur le modèle de *fait, tait.*

59 | connaître   3ᵉ groupe – verbes en -aître

INDICATIF

Présent	Passé composé
je connais	j'ai connu
tu connais	tu as connu
il connaît	il a connu
nous connaissons	nous avons connu
vous connaissez	vous avez connu
ils connaissent	ils ont connu

Imparfait	Plus-que-parfait
je connaissais	j'avais connu
tu connaissais	tu avais connu
il connaissait	il avait connu
nous connaissions	nous avions connu
vous connaissiez	vous aviez connu
ils connaissaient	ils avaient connu

Passé simple	Passé antérieur
je connus	j'eus connu
tu connus	tu eus connu
il connut	il eut connu
nous connûmes	nous eûmes connu
vous connûtes	vous eûtes connu
ils connurent	ils eurent connu

Futur simple	Futur antérieur
je connaîtrai	j'aurai connu
tu connaîtras	tu auras connu
il connaîtra	il aura connu
nous connaîtrons	nous aurons connu
vous connaîtrez	vous aurez connu
ils connaîtront	ils auront connu

CONDITIONNEL

Présent	Passé
je connaîtrais	j'aurais connu
tu connaîtrais	tu aurais connu
il connaîtrait	il aurait connu
nous connaîtrions	nous aurions connu
vous connaîtriez	vous auriez connu
ils connaîtraient	ils auraient connu

SUBJONCTIF

Présent	Passé
que je connaisse	que j'aie connu
que tu connaisses	que tu aies connu
qu'il connaisse	qu'il ait connu
que nous connaissions	que nous ayons connu
que vous connaissiez	que vous ayez connu
qu'ils connaissent	qu'ils aient connu

Imparfait	Plus-que-parfait
que je connusse	que j'eusse connu
que tu connusses	que tu eusses connu
qu'il connût	qu'il eût connu
que nous connussions	que nous eussions connu
que vous connussiez	que vous eussiez connu
qu'ils connussent	qu'ils eussent connu

IMPÉRATIF

Présent	Passé
connais	aie connu
connaissons	ayons connu
connaissez	ayez connu

INFINITIF

Présent	Passé
connaître	avoir connu

PARTICIPE

Présent	Passé
connaissant	connu
	ayant connu

GÉRONDIF

Présent	Passé
en connaissant	en ayant connu

- *Connaître*, *paraître* et tous leurs composés se conjuguent sur ce modèle (→ tableau 22).
- Tous les verbes en -*aître* prennent un accent circonflexe sur l'*i* qui précède le *t*, de même que tous les verbes en -*oître*. Toutefois, les rectifications orthographiques autorisent une orthographe sans accent circonflexe pour les verbes en -*aître* et en -*oître* (*paraitre, il parait, il paraitra*), exception faite du verbe *croître* (→ tableau 73).

INDICATIF

Présent	Passé composé
je nais	je suis né
tu nais	tu es né
il naît	il est né
nous naissons	nous sommes nés
vous naissez	vous êtes nés
ils naissent	ils sont nés

Imparfait	Plus-que-parfait
je naissais	j'étais né
tu naissais	tu étais né
il naissait	il était né
nous naissions	nous étions nés
vous naissiez	vous étiez nés
ils naissaient	ils étaient nés

Passé simple	Passé antérieur
je naquis	je fus né
tu naquis	tu fus né
il naquit	il fut né
nous naquîmes	nous fûmes nés
vous naquîtes	vous fûtes nés
ils naquirent	ils furent nés

Futur simple	Futur antérieur
je naîtrai	je serai né
tu naîtras	tu seras né
il naîtra	il sera né
nous naîtrons	nous serons nés
vous naîtrez	vous serez nés
ils naîtront	ils seront nés

CONDITIONNEL

Présent	Passé
je naîtrais	je serais né
tu naîtrais	tu serais né
il naîtrait	il serait né
nous naîtrions	nous serions nés
vous naîtriez	vous seriez nés
ils naîtraient	ils seraient nés

SUBJONCTIF

Présent	Passé
que je naisse	que je sois né
que tu naisses	que tu sois né
qu'il naisse	qu'il soit né
que nous naissions	que nous soyons nés
que vous naissiez	que vous soyez nés
qu'ils naissent	qu'ils soient nés

Imparfait	Plus-que-parfait
que je naquisse	que je fusse né
que tu naquisses	que tu fusses né
qu'il naquît	qu'il fût né
que nous naquissions	que nous fussions nés
que vous naquissiez	que vous fussiez nés
qu'ils naquissent	qu'ils fussent nés

IMPÉRATIF

Présent	Passé
nais	sois né
naissons	soyons nés
naissez	soyez nés

INFINITIF

Présent	Passé
naître	être né

PARTICIPE

Présent	Passé
naissant	né
	étant né

GÉRONDIF

Présent	Passé
en naissant	en étant né

→ note du tableau **69**

paître 3ᵉ groupe

INDICATIF

Présent	*Passé composé*
je pais	.
tu pais	.
il paît	.
pous paissons	.
vous paissez	.
ils paissent	.

Imparfait	*Plus-que-parfait*
je paissais	.
tu paissais	.
il paissait	.
nous paissions	.
vous paissiez	.
ils paissaient	.

Passé simple	*Passé antérieur*
.	.
.	.
.	.
.	.
.	.

Futur simple	*Futur antérieur*
je paîtrai	.
tu paîtras	.
il paîtra	.
nous paîtrons	.
vous paîtrez	.
ils paîtront	.

CONDITIONNEL

Présent	*Passé*
je paîtrais	.
tu paîtrais	.
il paîtrait	.
nous paîtrions	.
vous paîtriez	.
ils paîtraient	.

SUBJONCTIF

Présent	*Passé*
que je paisse	.
que tu paisses	.
qu'il paisse	.
que nous paissions	.
que vous paissiez	.
qu'ils paissent	.

Imparfait	*Plus-que-parfait*
.	.
.	.
.	.
.	.
.	.
.	.

IMPÉRATIF

Présent	*Passé*
pais	.
paissons	.
paissez	.

INFINITIF

Présent	*Passé*
paître	.

PARTICIPE

Présent	*Passé*
paissant	.
	.

GÉRONDIF

Présent	*Passé*
en paissant	.

- Le verbe *paître* n'a pas de temps composés ; il n'est employé qu'aux temps simples ci-dessus.
- Le participe passé *pu*, invariable, n'est utilisé qu'en termes de fauconnerie.
→ note du tableau **69**

repaître 3e groupe

INDICATIF

Présent	*Passé composé*
je repais	j'ai repu
tu repais	tu as repu
il repaît	il a repu
nous repaissons	nous avons repu
vous repaissez	vous avez repu
ils repaissent	ils ont repu

Imparfait	*Plus-que-parfait*
je repaissais	j'avais repu
tu repaissais	tu avais repu
il repaissait	il avait repu
nous repaissions	nous avions repu
vous repaissiez	vous aviez repu
ils repaissaient	ils avaient repu

Passé simple	*Passé antérieur*
je repus	j'eus repu
tu repus	tu eus repu
il reput	il eut repu
nous repûmes	nous eûmes repu
vous repûtes	vous eûtes repu
ils repurent	ils eurent repu

Futur simple	*Futur antérieur*
je repaîtrai	j'aurai repu
tu repaîtras	tu auras repu
il repaîtra	il aura repu
nous repaîtrons	nous aurons repu
vous repaîtrez	vous aurez repu
ils repaîtront	ils auront repu

CONDITIONNEL

Présent	*Passé*
je repaîtrais	j'aurais repu
tu repaîtrais	tu aurais repu
il repaîtrait	il aurait repu
nous repaîtrions	nous aurions repu
vous repaîtriez	vous auriez repu
ils repaîtraient	ils auraient repu

→ note du tableau **69**

SUBJONCTIF

Présent	*Passé*
que je repaisse	que j'aie repu
que tu repaisses	que tu aies repu
qu'il repaisse	qu'il ait repu
que nous repaissions	que nous ayons repu
que vous repaissiez	que vous ayez repu
qu'ils repaissent	qu'ils aient repu

Imparfait	*Plus-que-parfait*
que je repusse	que j'eusse repu
que tu repusses	que tu eusses repu
qu'il repût	qu'il eût repu
que nous repussions	que nous eussions repu
que vous repussiez	que vous eussiez repu
qu'ils repussent	qu'ils eussent repu

IMPÉRATIF

Présent	*Passé*
repais	aie repu
repaissons	ayons repu
repaissez	ayez repu

INFINITIF

Présent	*Passé*
repaître	avoir repu

PARTICIPE

Présent	*Passé*
repaissant	repu
	.

GÉRONDIF

Présent	*Passé*
en repaissant	en ayant repu

INDICATIF

Présent	Passé composé
je croîs	j'ai crû
tu croîs	tu as crû
il croît	il a crû
nous croissons	nous avons crû
vous croissez	vous avez crû
ils croissent	ils ont crû

Imparfait	Plus-que-parfait
je croissais	j'avais crû
tu croissais	tu avais crû
il croissait	il avait crû
nous croissions	nous avions crû
vous croissiez	vous aviez crû
ils croissaient	ils avaient crû

Passé simple	Passé antérieur
je crûs	j'eus crû
tu crûs	tu eus crû
il crût	il eut crû
nous crûmes	nous eûmes crû
vous crûtes	vous eûtes crû
ils crûrent	ils eurent crû

Futur simple	Futur antérieur
je croîtrai	j'aurai crû
tu croîtras	tu auras crû
il croîtra	il aura crû
nous croîtrons	nous aurons crû
vous croîtrez	vous aurez crû
ils croîtront	ils auront crû

CONDITIONNEL

Présent	Passé
je croîtrais	j'aurais crû
tu croîtrais	tu aurais crû
il croîtrait	il aurait crû
nous croîtrions	nous aurions crû
vous croîtriez	vous auriez crû
ils croîtraient	ils auraient crû

SUBJONCTIF

Présent	Passé
que je croisse	que j'aie crû
que tu croisses	que tu aies crû
qu'il croisse	qu'il ait crû
que nous croissions	que nous ayons crû
que vous croissiez	que vous ayez crû
qu'ils croissent	qu'ils aient crû

Imparfait	Plus-que-parfait
que je crûsse	que j'eusse crû
que tu crûsses	que tu eusses crû
qu'il crût	qu'il eût crû
que nous crûssions	que nous eussions crû
que vous crûssiez	que vous eussiez crû
qu'ils crûssent	qu'ils eussent crû

IMPÉRATIF

Présent	Passé
croîs	aie crû
croissons	ayons crû
croissez	ayez crû

INFINITIF

Présent	Passé
croître	avoir crû

PARTICIPE

Présent	Passé
croissant	crû
	ayant crû

GÉRONDIF

Présent	Passé
en croissant	en ayant crû

Accroître, décroître, recroître se conjuguent sur ce modèle. S'ils prennent tous un accent circonflexe sur l'*i* suivi d'un *t*, *croître* est le seul qui ait l'accent circonflexe aux formes suivantes : *je croîs, tu croîs, je crûs, tu crûs, il crût, ils crûrent, que je crûsse..., crû, crûe, crûs, crûes*, pour le distinguer des formes correspondantes du verbe *croire*. Noter cependant le participe passé *recrû*.

INDICATIF

Présent	*Passé composé*
je crois	j'ai cru
tu crois	tu as cru
il croit	il a cru
nous croyons	nous avons cru
vous croyez	vous avez cru
ils croient	ils ont cru

Imparfait	*Plus-que-parfait*
je croyais	j'avais cru
tu croyais	tu avais cru
il croyait	il avait cru
nous croyions	nous avions cru
vous croyiez	vous aviez cru
ils croyaient	ils avaient cru

Passé simple	*Passé antérieur*
je crus	j'eus cru
tu crus	tu eus cru
il crut	il eut cru
nous crûmes	nous eûmes cru
vous crûtes	vous eûtes cru
ils crurent	ils eurent cru

Futur simple	*Futur antérieur*
je croirai	j'aurai cru
tu croiras	tu auras cru
il croira	il aura cru
nous croirons	nous aurons cru
vous croirez	vous aurez cru
ils croiront	ils auront cru

CONDITIONNEL

Présent	*Passé*
je croirais	j'aurais cru
tu croirais	tu aurais cru
il croirait	il aurait cru
nous croirions	nous aurions cru
vous croiriez	vous auriez cru
ils croiraient	ils auraient cru

SUBJONCTIF

Présent	*Passé*
que je croie	que j'aie cru
que tu croies	que tu aies cru
qu'il croie	qu'il ait cru
que nous croyions	que nous ayons cru
que vous croyiez	que vous ayez cru
qu'ils croient	qu'ils aient cru

Imparfait	*Plus-que-parfait*
que je crusse	que j'eusse cru
que tu crusses	que tu eusses cru
qu'il crût	qu'il eût cru
que nous crussions	que nous eussions cru
que vous crussiez	que vous eussiez cru
qu'ils crussent	qu'ils eussent cru

IMPÉRATIF

Présent	*Passé*
crois	aie cru
croyons	ayons cru
croyez	ayez cru

INFINITIF

Présent	*Passé*
croire	avoir cru

PARTICIPE

Présent	*Passé*
croyant	cru
	ayant cru

GÉRONDIF

Présent	*Passé*
en croyant	en ayant cru

INDICATIF

Présent
je bois
tu bois
il boit
nous buvons
vous buvez
ils boivent

Passé composé
j'ai bu
tu as bu
il a bu
nous avons bu
vous avez bu
ils ont bu

Imparfait
je buvais
tu buvais
il buvait
nous buvions
vous buviez
ils buvaient

Plus-que-parfait
j'avais bu
tu avais bu
il avait bu
nous avions bu
vous aviez bu
ils avaient bu

Passé simple
je bus
tu bus
il but
nous bûmes
vous bûtes
ils burent

Passé antérieur
j'eus bu
tu eus bu
il eut bu
nous eûmes bu
vous eûtes bu
ils eurent bu

Futur simple
je boirai
tu boiras
il boira
nous boirons
vous boirez
ils boiront

Futur antérieur
j'aurai bu
tu auras bu
il aura bu
nous aurons bu
vous aurez bu
ils auront bu

CONDITIONNEL

Présent
je boirais
tu boirais
il boirait
nous boirions
vous boiriez
ils boiraient

Passé
j'aurais bu
tu aurais bu
il aurait bu
nous aurions bu
vous auriez bu
ils auraient bu

SUBJONCTIF

Présent
que je boive
que tu boives
qu'il boive
que nous buvions
que vous buviez
qu'ils boivent

Passé
que j'aie bu
que tu aies bu
qu'il ait bu
que nous ayons bu
que vous ayez bu
qu'ils aient bu

Imparfait
que je busse
que tu busses
qu'il bût
que nous bussions
que vous bussiez
qu'ils bussent

Plus-que-parfait
que j'eusse bu
que tu eusses bu
qu'il eût bu
que nous eussions bu
que vous eussiez bu
qu'ils eussent bu

IMPÉRATIF

Présent
bois
buvons
buvez

Passé
aie bu
ayons bu
ayez bu

INFINITIF

Présent
boire

Passé
avoir bu

PARTICIPE

Présent
buvant

Passé
bu
ayant bu

GÉRONDIF

Présent
en buvant

Passé
en ayant bu

INDICATIF

Présent	Passé composé
je clos	j'ai clos
tu clos	tu as clos
il clôt	il a clos
.	nous avons clos
.	vous avez clos
ils closent	ils ont clos

Imparfait	Plus-que-parfait
.	j'avais clos
.	tu avais clos
.	il avait clos
.	nous avions clos
.	vous aviez clos
.	ils avaient clos

Passé simple	Passé antérieur
.	j'eus clos
.	tu eus clos
.	il eut clos
.	nous eûmes clos
.	vous eûtes clos
.	ils eurent clos

Futur simple	Futur antérieur
je clorai	j'aurai clos
tu cloras	tu auras clos
il clora	il aura clos
nous clorons	nous aurons clos
vous clorez	vous aurez clos
ils cloront	ils auront clos

CONDITIONNEL

Présent	Passé
je clorais	j'aurais clos
tu clorais	tu aurais clos
il clorait	il aurait clos
nous clorions	nous aurions clos
vous cloriez	vous auriez clos
ils cloraient	ils auraient clos

SUBJONCTIF

Présent	Passé
que je close	que j'aie clos
que tu closes	que tu aies clos
qu'il close	qu'il ait clos
que nous closions	que nous ayons clos
que vous closiez	que vous ayez clos
qu'ils closent	qu'ils aient clos

Imparfait	Plus-que-parfait
.	que j'eusse clos
.	que tu eusses clos
.	qu'il eût clos
.	que nous eussions clos
.	que vous eussiez clos
.	qu'ils eussent clos

IMPÉRATIF

Présent	Passé
clos	aie clos
.	ayons clos
.	ayez clos

INFINITIF

Présent	Passé
clore	avoir clos

PARTICIPE

Présent	Passé
closant	clos
	ayant clos

GÉRONDIF

Présent	Passé
en closant	en ayant clos

Éclore ne s'emploie guère qu'à la 3ᵉ personne.
Enclore possède les formes *nous enclosons, vous enclosez* ; impératif : *enclosons, enclosez*.
Déclore n'est guère utilisé qu'à l'infinitif et au participe passé (*déclos, déclose*).

INDICATIF

Présent	*Passé composé*
je conclus	j'ai conclu
tu conclus	tu as conclu
il conclut	il a conclu
nous concluons	nous avons conclu
vous concluez	vous avez conclu
ils concluent	ils ont conclu

Imparfait	*Plus-que-parfait*
je concluais	j'avais conclu
tu concluais	tu avais conclu
il concluait	il avait conclu
nous concluions	nous avions conclu
vous concluiez	vous aviez conclu
ils concluaient	ils avaient conclu

Passé simple	*Passé antérieur*
je conclus	j'eus conclu
tu conclus	tu eus conclu
il conclut	il eut conclu
nous conclûmes	nous eûmes conclu
vous conclûtes	vous eûtes conclu
ils conclurent	ils eurent conclu

Futur simple	*Futur antérieur*
je conclurai	j'aurai conclu
tu concluras	tu auras conclu
il conclura	il aura conclu
nous conclurons	nous aurons conclu
vous conclurez	vous aurez conclu
ils concluront	ils auront conclu

CONDITIONNEL

Présent	*Passé*
je conclurais	j'aurais conclu
tu conclurais	tu aurais conclu
il conclurait	il aurait conclu
nous conclurions	nous aurions conclu
vous concluriez	vous auriez conclu
ils concluraient	ils auraient conclu

SUBJONCTIF

Présent	*Passé*
que je conclue	que j'aie conclu
que tu conclues	que tu aies conclu
qu'il conclue	qu'il ait conclu
que nous concluions	que nous ayons conclu
que vous concluiez	que vous ayez conclu
qu'ils concluent	qu'ils aient conclu

Imparfait	*Plus-que-parfait*
que je conclusse	que j'eusse conclu
que tu conclusses	que tu eusses conclu
qu'il conclût	qu'il eût conclu
que nous conclussions	que nous eussions conclu
que vous conclussiez	que vous eussiez conclu
qu'ils conclussent	qu'ils eussent conclu

IMPÉRATIF

Présent	*Passé*
conclus	aie conclu
concluons	ayons conclu
concluez	ayez conclu

INFINITIF

Présent	*Passé*
conclure	avoir conclu

PARTICIPE

Présent	*Passé*
concluant	conclu
	ayant conclu

GÉRONDIF

Présent	*Passé*
en concluant	en ayant conclu

- *Inclure* fait au participe passé *inclus, incluse, incluses*. Noter l'opposition *exclu(e) / inclus(e)*.
- *Occlure* fait au participe passé *occlus, occluse, occluses*.

INDICATIF

Présent	*Passé composé*
j'absous	j'ai absous
tu absous	tu as absous
il absout	il a absous
nous absolvons	nous avons absous
vous absolvez	vous avez absous
ils absolvent	ils ont absous

Imparfait	*Plus-que-parfait*
j'absolvais	j'avais absous
tu absolvais	tu avais absous
il absolvait	il avait absous
nous absolvions	nous avions absous
vous absolviez	vous aviez absous
ils absolvaient	ils avaient absous

Passé simple	*Passé antérieur*
.	j'eus absous
.	tu eus absous
.	il eut absous
.	nous eûmes absous
.	vous eûtes absous
.	ils eurent absous

Futur simple	*Futur antérieur*
j'absoudrai	j'aurai absous
tu absoudras	tu auras absous
il absoudra	il aura absous
nous absoudrons	nous aurons absous
vous absoudrez	vous aurez absous
ils absoudront	ils auront absous

CONDITIONNEL

Présent	*Passé*
j'absoudrais	j'aurais absous
tu absoudrais	tu aurais absous
il absoudrait	il aurait absous
nous absoudrions	nous aurions absous
vous absoudriez	vous auriez absous
ils absoudraient	ils auraient absous

SUBJONCTIF

Présent	*Passé*
que j'absolve	que j'aie absous
que tu absolves	que tu aies absous
qu'il absolve	qu'il ait absous
que nous absolvions	que nous ayons absous
que vous absolviez	que vous ayez absous
qu'ils absolvent	qu'ils aient absous

Imparfait	*Plus-que-parfait*
.	que j'eusse absous
.	que tu eusses absous
.	qu'il eût absous
.	que nous eussions absous
.	que vous eussiez absous
.	qu'ils eussent absous

IMPÉRATIF

Présent	*Passé*
absous	aie absous
absolvons	ayons absous
absolvez	ayez absous

INFINITIF

Présent	*Passé*
absoudre	avoir absous

PARTICIPE

Présent	*Passé*
absolvant	absous
	ayant absous

GÉRONDIF

Présent	*Passé*
en absolvant	en ayant absous

- *Absous, absoute* a éliminé un ancien participe passé *absolu* qui s'est conservé comme adjectif au sens de : *complet, sans restriction.*
- *Dissoudre* se conjugue comme *absoudre*, y compris le participe passé *dissous, dissoute*, distinct de l'ancien participe *dissolu, ue*, qui a subsisté comme adjectif au sens de *corrompu, débauché.*
- *Résoudre* possède un passé simple : *je résolus*, et un subjonctif imparfait : que je *résolusse*. Le participe passé est *résolu*.

INDICATIF

Présent
je couds
tu couds
il coud
nous cousons
vous cousez
ils cousent

Passé composé
j'ai cousu
tu as cousu
il a cousu
nous avons cousu
vous avez cousu
ils ont cousu

Imparfait
je cousais
tu cousais
il cousait
nous cousions
vous cousiez
ils cousaient

Plus-que-parfait
j'avais cousu
tu avais cousu
il avait cousu
nous avions cousu
vous aviez cousu
ils avaient cousu

Passé simple
je cousis
tu cousis
il cousit
nous cousîmes
vous cousîtes
ils cousirent

Passé antérieur
j'eus cousu
tu eus cousu
il eut cousu
nous eûmes cousu
vous eûtes cousu
ils eurent cousu

Futur simple
je coudrai
tu coudras
il coudra
nous coudrons
vous coudrez
ils coudront

Futur antérieur
j'aurai cousu
tu auras cousu
il aura cousu
nous aurons cousu
vous aurez cousu
ils auront cousu

CONDITIONNEL

Présent
je coudrais
tu coudrais
il coudrait
nous coudrions
vous coudriez
ils coudraient

Passé
j'aurais cousu
tu aurais cousu
il aurait cousu
nous aurions cousu
vous auriez cousu
ils auraient cousu

SUBJONCTIF

Présent
que je couse
que tu couses
qu'il couse
que nous cousions
que vous cousiez
qu'ils cousent

Passé
que j'aie cousu
que tu aies cousu
qu'il ait cousu
que nous ayons cousu
que vous ayez cousu
qu'ils aient cousu

Imparfait
que je cousisse
que tu cousisses
qu'il cousît
que nous cousissions
que vous cousissiez
qu'ils cousissent

Plus-que-parfait
que j'eusse cousu
que tu eusses cousu
qu'il eût cousu
que nous eussions cousu
que vous eussiez cousu
qu'ils eussent cousu

IMPÉRATIF

Présent
couds
cousons
cousez

Passé
aie cousu
ayons cousu
ayez cousu

INFINITIF

Présent
coudre

Passé
avoir cousu

PARTICIPE

Présent
cousant

Passé
cousu
ayant cousu

GÉRONDIF

Présent
en cousant

Passé
en ayant cousu

Découdre, recoudre se conjuguent sur ce modèle.

INDICATIF

SUBJONCTIF

Présent	*Passé composé*	*Présent*	*Passé*
je mouds	j'ai moulu	que je moule	que j'aie moulu
tu mouds	tu as moulu	que tu moules	que tu aies moulu
il moud	il a moulu	qu'il moule	qu'il ait moulu
nous moulons	nous avons moulu	que nous moulions	que nous ayons moulu
vous moulez	vous avez moulu	que vous mouliez	que vous ayez moulu
ils moulent	ils ont moulu	qu'ils moulent	qu'ils aient moulu

Imparfait	*Plus-que-parfait*	*Imparfait*	*Plus-que-parfait*
je moulais	j'avais moulu	que je moulusse	que j'eusse moulu
tu moulais	tu avais moulu	que tu moulusses	que tu eusses moulu
il moulait	il avait moulu	qu'il moulût	qu'il eût moulu
nous moulions	nous avions moulu	que nous moulussions	que nous eussions moulu
vous mouliez	vous aviez moulu	que vous moulussiez	que vous eussiez moulu
ils moulaient	ils avaient moulu	qu'ils moulussent	qu'ils eussent moulu

Passé simple	*Passé antérieur*
je moulus	j'eus moulu
tu moulus	tu eus moulu
il moulut	il eut moulu
nous moulûmes	nous eûmes moulu
vous moulûtes	vous eûtes moulu
ils moulurent	ils eurent moulu

IMPÉRATIF

Présent	*Passé*
mouds	aie moulu
moulons	ayons moulu
moulez	ayez moulu

Futur simple	*Futur antérieur*
je moudrai	j'aurai moulu
tu moudras	tu auras moulu
il moudra	il aura moulu
nous moudrons	nous aurons moulu
vous moudrez	vous aurez moulu
ils moudront	ils auront moulu

INFINITIF

Présent	*Passé*
moudre	avoir moulu

CONDITIONNEL

PARTICIPE

Présent	*Passé*
moulant	moulu
	ayant moulu

Présent	*Passé*
je moudrais	j'aurais moulu
tu moudrais	tu aurais moulu
il moudrait	il aurait moulu
nous moudrions	nous aurions moulu
vous moudriez	vous auriez moulu
ils moudraient	ils auraient moulu

GÉRONDIF

Présent	*Passé*
en moulant	en ayant moulu

Émoudre, remoudre se conjuguent sur ce modèle.

81 | suivre | 3e groupe

INDICATIF

Présent
je suis
tu suis
il suit
nous suivons
vous suivez
ils suivent

Passé composé
j'ai suivi
tu as suivi
il a suivi
nous avons suivi
vous avez suivi
ils ont suivi

Imparfait
je suivais
tu suivais
il suivait
nous suivions
vous suiviez
ils suivaient

Plus-que-parfait
j'avais suivi
tu avais suivi
il avait suivi
nous avions suivi
vous aviez suivi
ils avaient suivi

Passé simple
je suivis
tu suivis
il suivit
nous suivîmes
vous suivîtes
ils suivirent

Passé antérieur
j'eus suivi
tu eus suivi
il eut suivi
nous eûmes suivi
vous eûtes suivi
ils eurent suivi

Futur simple
je suivrai
tu suivras
il suivra
nous suivrons
vous suivrez
ils suivront

Futur antérieur
j'aurai suivi
tu auras suivi
il aura suivi
nous aurons suivi
vous aurez suivi
ils auront suivi

CONDITIONNEL

Présent
je suivrais
tu suivrais
il suivrait
nous suivrions
vous suivriez
ils suivraient

Passé
j'aurais suivi
tu aurais suivi
il aurait suivi
nous aurions suivi
vous auriez suivi
ils auraient suivi

SUBJONCTIF

Présent
que je suive
que tu suives
qu'il suive
que nous suivions
que vous suiviez
qu'ils suivent

Passé
que j'aie suivi
que tu aies suivi
qu'il ait suivi
que nous ayons suivi
que vous ayez suivi
qu'ils aient suivi

Imparfait
que je suivisse
que tu suivisses
qu'il suivît
que nous suivissions
que vous suivissiez
qu'ils suivissent

Plus-que-parfait
que j'eusse suivi
que tu eusses suivi
qu'il eût suivi
que nous eussions suivi
que vous eussiez suivi
qu'ils eussent suivi

IMPÉRATIF

Présent
suis
suivons
suivez

Passé
aie suivi
ayons suivi
ayez suivi

INFINITIF

Présent
suivre

Passé
avoir suivi

PARTICIPE

Présent
suivant

Passé
suivi
ayant suivi

GÉRONDIF

Présent
en suivant

Passé
en ayant suivi

S'ensuivre (auxiliaire *être*) et *poursuivre* se conjuguent sur ce modèle.

INDICATIF

Présent
je vis
tu vis
il vit
nous vivons
vous vivez
ils vivent

Passé composé
j'ai vécu
tu as vécu
il a vécu
nous avons vécu
vous avez vécu
ils ont vécu

Imparfait
je vivais
tu vivais
il vivait
nous vivions
vous viviez
ils vivaient

Plus-que-parfait
j'avais vécu
tu avais vécu
il avait vécu
nous avions vécu
vous aviez vécu
ils avaient vécu

Passé simple
je vécus
tu vécus
il vécut
nous vécûmes
vous vécûtes
ils vécurent

Passé antérieur
j'eus vécu
tu eus vécu
il eut vécu
nous eûmes vécu
vous eûtes vécu
ils eurent vécu

Futur simple
je vivrai
tu vivras
il vivra
nous vivrons
vous vivrez
ils vivront

Futur antérieur
j'aurai vécu
tu auras vécu
il aura vécu
nous aurons vécu
vous aurez vécu
ils auront vécu

CONDITIONNEL

Présent
je vivrais
tu vivrais
il vivrait
nous vivrions
vous vivriez
ils vivraient

Passé
j'aurais vécu
tu aurais vécu
il aurait vécu
nous aurions vécu
vous auriez vécu
ils auraient vécu

SUBJONCTIF

Présent
que je vive
que tu vives
qu'il vive
que nous vivions
que vous viviez
qu'ils vivent

Passé
que j'aie vécu
que tu aies vécu
qu'il ait vécu
que nous ayons vécu
que vous ayez vécu
qu'ils aient vécu

Imparfait
que je vécusse
que tu vécusses
qu'il vécût
que nous vécussions
que vous vécussiez
qu'ils vécussent

Plus-que-parfait
que j'eusse vécu
que tu eusses vécu
qu'il eût vécu
que nous eussions vécu
que vous eussiez vécu
qu'ils eussent vécu

IMPÉRATIF

Présent
vis
vivons
vivez

Passé
aie vécu
ayons vécu
ayez vécu

INFINITIF

Présent
vivre

Passé
avoir vécu

PARTICIPE

Présent
vivant

Passé
vécu
ayant vécu

GÉRONDIF

Présent
en vivant

Passé
en ayant vécu

Revivre et survivre se conjuguent sur ce modèle ; le participe passé de survivre est invariable.

INDICATIF

Présent	Passé composé
je lis	j'ai lu
tu lis	tu as lu
il lit	il a lu
nous lisons	nous avons lu
vous lisez	vous avez lu
ils lisent	ils ont lu

Imparfait	Plus-que-parfait
je lisais	j'avais lu
tu lisais	tu avais lu
il lisait	il avait lu
nous lisions	nous avions lu
vous lisiez	vous aviez lu
ils lisaient	ils avaient lu

Passé simple	Passé antérieur
je lus	j'eus lu
tu lus	tu eus lu
il lut	il eut lu
nous lûmes	nous eûmes lu
vous lûtes	vous eûtes lu
ils lurent	ils eurent lu

Futur simple	Futur antérieur
je lirai	j'aurai lu
tu liras	tu auras lu
il lira	il aura lu
nous lirons	nous aurons lu
vous lirez	vous aurez lu
ils liront	ils auront lu

CONDITIONNEL

Présent	Passé
je lirais	j'aurais lu
tu lirais	tu aurais lu
il lirait	il aurait lu
nous lirions	nous aurions lu
vous liriez	vous auriez lu
ils liraient	ils auraient lu

SUBJONCTIF

Présent	Passé
que je lise	que j'aie lu
que tu lises	que tu aies lu
qu'il lise	qu'il ait lu
que nous lisions	que nous ayons lu
que vous lisiez	que vous ayez lu
qu'ils lisent	qu'ils aient lu

Imparfait	Plus-que-parfait
que je lusse	que j'eusse lu
que tu lusses	que tu eusses lu
qu'il lût	qu'il eût lu
que nous lussions	que nous eussions lu
que vous lussiez	que vous eussiez lu
qu'ils lussent	qu'ils eussent lu

IMPÉRATIF

Présent	Passé
lis	aie lu
lisons	ayons lu
lisez	ayez lu

INFINITIF

Présent	Passé
lire	avoir lu

PARTICIPE

Présent	Passé
lisant	lu
	ayant lu

GÉRONDIF

Présent	Passé
en lisant	en ayant lu

Élire, réélire, relire se conjuguent sur ce modèle.

INDICATIF

SUBJONCTIF

Présent	*Passé composé*
je dis	j'ai dit
tu dis	tu as dit
il dit	il a dit
nous disons	nous avons dit
vous dites	vous avez dit
ils disent	ils ont dit

Présent	*Passé*
que je dise	que j'aie dit
que tu dises	que tu aies dit
qu'il dise	qu'il ait dit
que nous disions	que nous ayons dit
que vous disiez	que vous ayez dit
qu'ils disent	qu'ils aient dit

Imparfait	*Plus-que-parfait*
je disais	j'avais dit
tu disais	tu avais dit
il disait	il avait dit
nous disions	nous avions dit
vous disiez	vous aviez dit
ils disaient	ils avaient dit

Imparfait	*Plus-que-parfait*
que je disse	que j'eusse dit
que tu disses	que tu eusses dit
qu'il dît	qu'il eût dit
que nous dissions	que nous eussions dit
que vous dissiez	que vous eussiez dit
qu'ils dissent	qu'ils eussent dit

Passé simple	*Passé antérieur*
je dis	j'eus dit
tu dis	tu eus dit
il dit	il eut dit
nous dîmes	nous eûmes dit
vous dîtes	vous eûtes dit
ils dirent	ils eurent dit

IMPÉRATIF

Présent	*Passé*
dis	aie dit
disons	ayons dit
dites	ayez dit

Futur simple	*Futur antérieur*
je dirai	j'aurai dit
tu diras	tu auras dit
il dira	il aura dit
nous dirons	nous aurons dit
vous direz	vous aurez dit
ils diront	ils auront dit

INFINITIF

Présent	*Passé*
dire	avoir dit

PARTICIPE

Présent	*Passé*
disant	dit
	ayant dit

CONDITIONNEL

Présent	*Passé*
je dirais	j'aurais dit
tu dirais	tu aurais dit
il dirait	il aurait dit
nous dirions	nous aurions dit
vous diriez	vous auriez dit
ils diraient	ils auraient dit

GÉRONDIF

Présent	*Passé*
en disant	en ayant dit

- *Redire* se conjugue sur ce modèle.
- *Contredire, dédire, interdire, médire* et *prédire* ont au présent de l'indicatif et de l'impératif les formes : (vous) *contredisez, dédisez, interdisez, médisez, prédisez.*
- Quant à *maudire*, il se conjugue sur *finir* : *nous maudissons, vous maudissez, ils maudissent, je maudissais*, etc., *maudissant*, sauf au participe passé : *maudit, maudite.*

85 rire 3ᵉ groupe

INDICATIF

Présent
je ris
tu ris
il rit
nous rions
vous riez
ils rient

Passé composé
j'ai ri
tu as ri
il a ri
nous avons ri
vous avez ri
ils ont ri

Imparfait
je riais
tu riais
il riait
nous riions
vous riiez
ils riaient

Plus-que-parfait
j'avais ri
tu avais ri
il avait ri
nous avions ri
vous aviez ri
ils avaient ri

Passé simple
je ris
tu ris
il rit
nous rîmes
vous rîtes
ils rirent

Passé antérieur
j'eus ri
tu eus ri
il eut ri
nous eûmes ri
vous eûtes ri
ils eurent ri

Futur simple
je rirai
tu riras
il rira
nous rirons
vous rirez
ils riront

Futur antérieur
j'aurai ri
tu auras ri
il aura ri
nous aurons ri
vous aurez ri
ils auront ri

CONDITIONNEL

Présent
je rirais
tu rirais
il rirait
nous ririons
vous ririez
ils riraient

Passé
j'aurais ri
tu aurais ri
il aurait ri
nous aurions ri
vous auriez ri
ils auraient ri

SUBJONCTIF

Présent
que je rie
que tu ries
qu'il rie
que nous riions
que vous riiez
qu'ils rient

Passé
que j'aie ri
que tu aies ri
qu'il ait ri
que nous ayons ri
que vous ayez ri
qu'ils aient ri

Imparfait
que je risse
que tu risses
qu'il rît
que nous rissions
que vous rissiez
qu'ils rissent

Plus-que-parfait
que j'eusse ri
que tu eusses ri
qu'il eût ri
que nous eussions ri
que vous eussiez ri
qu'ils eussent ri

IMPÉRATIF

Présent
ris
rions
riez

Passé
aie ri
ayons ri
ayez ri

INFINITIF

Présent
rire

Passé
avoir ri

PARTICIPE

Présent
riant

Passé
ri
ayant ri

GÉRONDIF

Présent
en riant

Passé
en ayant ri

- Remarquer les deux *i* consécutifs aux deux 1ʳᵉˢ personnes du pluriel de l'imparfait de l'indicatif et du présent du subjonctif.
- *Sourire* se conjugue sur ce modèle ; son participe passé est invariable, même à la forme pronominale.

INDICATIF

Présent	**Passé composé**
j'écris	j'ai écrit
tu écris	tu as écrit
il écrit	il a écrit
nous écrivons	nous avons écrit
vous écrivez	vous avez écrit
ils écrivent	ils ont écrit

Imparfait	**Plus-que-parfait**
j'écrivais	j'avais écrit
tu écrivais	tu avais écrit
il écrivait	il avait écrit
nous écrivions	nous avions écrit
vous écriviez	vous aviez écrit
ils écrivaient	ils avaient écrit

Passé simple	**Passé antérieur**
j'écrivis	j'eus écrit
tu écrivis	tu eus écrit
il écrivit	il eut écrit
nous écrivîmes	nous eûmes écrit
vous écrivîtes	vous eûtes écrit
ils écrivirent	ils eurent écrit

Futur simple	**Futur antérieur**
j'écrirai	j'aurai écrit
tu écriras	tu auras écrit
il écrira	il aura écrit
nous écrirons	nous aurons écrit
vous écrirez	vous aurez écrit
ils écriront	ils auront écrit

CONDITIONNEL

Présent	**Passé**
j'écrirais	j'aurais écrit
tu écrirais	tu aurais écrit
il écrirait	il aurait écrit
nous écririons	nous aurions écrit
vous écririez	vous auriez écrit
ils écriraient	ils auraient écrit

SUBJONCTIF

Présent	**Passé**
que j'écrive	que j'aie écrit
que tu écrives	que tu aies écrit
qu'il écrive	qu'il ait écrit
que nous écrivions	que nous ayons écrit
que vous écriviez	que vous ayez écrit
qu'ils écrivent	qu'ils aient écrit

Imparfait	**Plus-que-parfait**
que j'écrivisse	que j'eusse écrit
que tu écrivisses	que tu eusses écrit
qu'il écrivît	qu'il eût écrit
que nous écrivissions	que nous eussions écrit
que vous écrivissiez	que vous eussiez écrit
qu'ils écrivissent	qu'ils eussent écrit

IMPÉRATIF

Présent	**Passé**
écris	aie écrit
écrivons	ayons écrit
écrivez	ayez écrit

INFINITIF

Présent	**Passé**
écrire	avoir écrit

PARTICIPE

Présent	**Passé**
écrivant	écrit
	ayant écrit

GÉRONDIF

Présent	**Passé**
en écrivant	en ayant écrit

Récrire, *décrire* et tous les composés en *-scrire* (→ tableau 22) se conjuguent sur ce modèle.

87 confire 3e groupe

INDICATIF

Présent	Passé composé
je confis	j'ai confit
tu confis	tu as confit
il confit	il a confit
nous confisons	nous avons confit
vous confisez	vous avez confit
ils confisent	ils ont confit

Imparfait	Plus-que-parfait
je confisais	j'avais confit
tu confisais	tu avais confit
il confisait	il avait confit
nous confisions	nous avions confit
vous confisiez	vous aviez confit
ils confisaient	ils avaient confit

Passé simple	Passé antérieur
je confis	j'eus confit
tu confis	tu eus confit
il confit	il eut confit
nous confîmes	nous eûmes confit
vous confîtes	vous eûtes confit
ils confirent	ils eurent confit

Futur simple	Futur antérieur
je confirai	j'aurai confit
tu confiras	tu auras confit
il confira	il aura confit
nous confirons	nous aurons confit
vous confirez	vous aurez confit
ils confiront	ils auront confit

CONDITIONNEL

Présent	Passé
je confirais	j'aurais confit
tu confirais	tu aurais confit
il confirait	il aurait confit
nous confirions	nous aurions confit
vous confiriez	vous auriez confit
ils confiraient	ils auraient confit

SUBJONCTIF

Présent	Passé
que je confise	que j'aie confit
que tu confises	que tu aies confit
qu'il confise	qu'il ait confit
que nous confisions	que nous ayons confit
que vous confisiez	que vous ayez confit
qu'ils confisent	qu'ils aient confit

Imparfait	Plus-que-parfait
que je confisse	que j'eusse confit
que tu confisses	que tu eusses confit
qu'il confît	qu'il eût confit
que nous confissions	que nous eussions confit
que vous confissiez	que vous eussiez confit
qu'ils confissent	qu'ils eussent confit

IMPÉRATIF

Présent	Passé
confis	aie confit
confisons	ayons confit
confisez	ayez confit

INFINITIF

Présent	Passé
confire	avoir confit

PARTICIPE

Présent	Passé
confisant	confit
	ayant confit

GÉRONDIF

Présent	Passé
en confisant	en ayant confit

- *Circoncire*, tout en se conjuguant sur *confire*, fait au participe passé *circoncis, ise*.
- *Frire* n'est employé qu'au singulier du présent de l'indicatif et de l'impératif : *je fris, tu fris, il frit, fris*; et au participe passé : *frit, frite*. Aux temps et aux personnes où *frire* est défectif, on lui substitue la tournure *faire frire : Ils font frire du poisson*.
- *Suffire* se conjugue sur *confire*. Le participe passé *suffi* (sans *t*) est invariable, même à la forme pronominale.

INDICATIF

Présent
je cuis
tu cuis
il cuit
nous cuisons
vous cuisez
ils cuisent

Passé composé
j'ai cuit
tu as cuit
il a cuit
nous avons cuit
vous avez cuit
ils ont cuit

Imparfait
je cuisais
tu cuisais
il cuisait
nous cuisions
vous cuisiez
ils cuisaient

Plus-que-parfait
j'avais cuit
tu avais cuit
il avait cuit
nous avions cuit
vous aviez cuit
ils avaient cuit

Passé simple
je cuisis
tu cuisis
il cuisit
nous cuisîmes
vous cuisîtes
ils cuisirent

Passé antérieur
j'eus cuit
tu eus cuit
il eut cuit
nous eûmes cuit
vous eûtes cuit
ils eurent cuit

Futur simple
je cuirai
tu cuiras
il cuira
nous cuirons
vous cuirez
ils cuiront

Futur antérieur
j'aurai cuit
tu auras cuit
il aura cuit
nous aurons cuit
vous aurez cuit
ils auront cuit

CONDITIONNEL

Présent
je cuirais
tu cuirais
il cuirait
nous cuirions
vous cuiriez
ils cuiraient

Passé
j'aurais cuit
tu aurais cuit
il aurait cuit
nous aurions cuit
vous auriez cuit
ils auraient cuit

SUBJONCTIF

Présent
que je cuise
que tu cuises
qu'il cuise
que nous cuisions
que vous cuisiez
qu'ils cuisent

Passé
que j'aie cuit
que tu aies cuit
qu'il ait cuit
que nous ayons cuit
que vous ayez cuit
qu'ils aient cuit

Imparfait
que je cuisisse
que tu cuisisses
qu'il cuisît
que nous cuisissions
que vous cuisissiez
qu'ils cuisissent

Plus-que-parfait
que j'eusse cuit
que tu eusses cuit
qu'il eût cuit
que nous eussions cuit
que vous eussiez cuit
qu'ils eussent cuit

IMPÉRATIF

Présent
cuis
cuisons
cuisez

Passé
aie cuit
ayons cuit
ayez cuit

INFINITIF

Présent
cuire

Passé
avoir cuit

PARTICIPE

Présent
cuisant

Passé
cuit
ayant cuit

GÉRONDIF

Présent
en cuisant

Passé
en ayant cuit

Se conjuguent sur ce modèle *conduire, construire, luire, nuire* et leurs composés (→ tableau 22).
Noter les participes passés invariables : *lui, nui*. Pour *reluire* comme pour *luire*,
le passé simple *je (re)luisis* est supplanté par *je (re)luis... ils (re)luirent*.

Grammaire du verbe

*Les numéros renvoient
aux numéros des paragraphes.*

Qu'est-ce qu'un verbe ?

DÉFINITION DU VERBE

En français, comme dans les autres langues, les mots se répartissent entre plusieurs classes : à côté du verbe, on trouve le nom, l'adjectif, l'adverbe, la préposition, etc. Le verbe français, qui se distingue de façon particulièrement nette du nom, présente différents caractères.

89 La conjugaison

Le verbe comporte un grand nombre de formes différentes, qui sont énumérées par la *conjugaison*. Ces différences de formes servent à donner des indications relatives à la personne, au nombre, au temps et à l'aspect, au mode et à la voix.

Différentes à l'oral et à l'écrit, les formes *il travaille, nous travaillions, ils travaillèrent, travaillez!, qu'il travaillât* sont également différentes par les informations qu'elles donnent.

90 La fonction verbale

Dans une phrase, il est à peu près indispensable d'employer un verbe. Si on le supprime, les autres mots sont privés de lien entre eux, et il devient difficile d'attribuer un sens à l'ensemble qu'ils constituent :

> Le professeur <u>enseigne</u> la grammaire aux élèves.

Cette phrase devient incompréhensible si on supprime le verbe *enseigne*.
La fonction verbale peut, dans certains cas, se trouver réalisée sans la présence d'un verbe. Les phrases sans verbe sont appelées *phrases nominales* :

> Mon ami Paul, quel champion !

91 **Verbe et temporalité**

Les réalités désignées par le verbe ont la propriété de se dérouler dans le temps :

> Le sapin _pousse_ plus vite que le chêne.

Les objets désignés par les noms **sapin** et **chêne** sont considérés comme stables dans le temps. Au contraire, le processus désigné par le verbe **pousser** se déroule dans le temps. Il est par exemple possible, en utilisant la conjugaison, de le présenter comme non accompli, dans l'exemple choisi, où le verbe est au présent. Mais on peut le présenter comme accompli dans la phrase ci-dessous, où le verbe est au passé composé :

> Le sapin _a poussé_ plus vite que le chêne.

LES DIFFÉRENTS TYPES DE VERBES

Le classement qui est présenté ici tient compte du sens et de la fonction du verbe. Pour un autre classement → **107 à 109**.

92 **Les verbes auxiliaires :** _être_ **et** _avoir_

Les deux verbes **être** et **avoir** présentent une particularité qui les distingue des autres verbes de la langue. On peut les utiliser de deux façons différentes.

● _**Être**_ **et** _avoir_ **: des verbes comme les autres**

Les verbes **être** et **avoir** peuvent d'une part s'employer comme tous les autres verbes, avec le sens et la construction qui leur est propre.

Être s'utilise parfois avec le sens d'exister :

> Et la lumière _fut_.

Être sert le plus souvent à introduire un attribut :

> La conjugaison est _amusante_.   Alfred est _médecin_.
> adjectif attribut   nom attribut
>
> Mon meilleur ami est le _président de la République_.
> GN attribut

Avoir s'emploie avec un complément d'objet, et indique que le sujet « possède » ce « complément d'objet » :

> J'ai _sept cents livres de grammaire française_.
> complément d'objet

● **Être et *avoir* utilisés comme auxiliaires**

Indépendamment de cet emploi ordinaire, être et *avoir* s'utilisent comme verbes auxiliaires. Ils servent à constituer certaines formes de la conjugaison des autres verbes, dans les conditions suivantes :

– Les formes de passif sont constituées, pour les verbes qui peuvent les recevoir, à l'aide de l'auxiliaire *être* et de leur forme simple de participe passé :

> Le café <u>est cultivé</u> dans plusieurs pays d'Afrique.
>   voix passive

– Les formes composées de tous les verbes sont constituées à l'aide d'un des deux auxiliaires *être* et *avoir* et de la forme simple du participe passé :

> Paul <u>est parti</u> pour Nouakchott, mais <u>est arrivé</u> à Conakry.
>   passé composé   passé composé
>
> Jacques <u>avait mangé</u>, mais n'<u>avait</u> rien <u>bu</u>.
>   plus-que-parfait   plus-que-parfait

– Les formes composées passives utilisent les deux auxiliaires : *être* pour le passif, *avoir* pour la forme composée :

> Paul <u>a été reçu</u> à son examen.
>   passé composé passif

– Les formes surcomposées utilisent un auxiliaire lui-même composé à l'aide d'un auxiliaire :

> Dès que Paul <u>a eu fini</u> son travail, il est parti.

– Les formes surcomposées passives – à vrai dire d'emploi très rare – utilisent l'auxiliaire *être* pour le passif et l'auxiliaire *avoir* lui-même composé, en sorte qu'il y a trois auxiliaires successifs, dont deux au participe passé :

> Dès que le président <u>a eu été opéré</u>, il a repris ses responsabilités.

● **Emploi de l'auxiliaire *être* pour les formes composées**

– *Être* est l'auxiliaire des verbes intransitifs (→ 95) qui marquent un déplacement ou un changement d'état aboutissant à son terme. Ainsi, *aller, arriver, devenir, entrer, mourir*, etc. se construisent avec *être* :

> Il <u>est arrivé</u> à Paris et il <u>est devenu</u> célèbre.

– *Être* est également l'auxiliaire des verbes construits de façon pronominale (→ 101 et 135) :

> Elle *s'est soignée*, puis elle *s'est lavé* les mains.

Pour l'accord du participe → 131 à 141.

● **Emploi de l'auxiliaire *avoir* pour les formes composées**

Avoir est l'auxiliaire de tous les verbes qui n'utilisent pas l'auxiliaire *être*, notamment les verbes transitifs (→ 95).
Le verbe *être* utilise l'auxiliaire *avoir* :

> L'accident *a été* très grave.
>   passé composé du verbe *être*

Le verbe *avoir* s'utilise lui-même comme auxiliaire :

> Le livre *a eu* beaucoup de succès.
>   passé composé du verbe *avoir*

Pour les verbes qui font alterner les deux auxiliaires, → tableau 3.

● **Le verbe *être* : le verbe le plus fréquemment employé**

Comme auxiliaire, le verbe *avoir* est plus fréquent que le verbe *être*. Cependant, les emplois du verbe *être* comme verbe ordinaire (non auxiliaire) sont nettement plus fréquents que ceux du verbe *avoir*, en sorte que tout compte fait, c'est le verbe *être* qui est, juste avant *avoir*, le verbe le plus fréquent de la langue française. C'est pourquoi le tableau de sa conjugaison apparaît en première place.

93 Les semi-auxiliaires

Il est commode de considérer comme semi-auxiliaires les sept verbes suivants : *aller* et *venir ; devoir, pouvoir, savoir* et *vouloir ; faire*.

● **Emplois de *aller* et *venir***

Aller et *venir* suivis de l'infinitif d'un verbe servent à former les périphrases verbales temporelles marquant le futur proche et le passé récent :

> Je *vais partir*.
>   futur proche

> Je *viens d'arriver*.
>   passé récent

● **Emplois de *devoir, pouvoir, savoir* et *pouvoir***

Certains verbes servent à « modaliser » le verbe à l'infinitif qui les suit. Il s'agit de ***devoir***, qui marque la nécessité, et parfois la probabilité, de ***pouvoir***, qui marque la possibilité, de ***savoir***, marque de la compétence, enfin de ***vouloir***, marque de la volonté. On parle dans ce cas de périphrases verbales modales :

>   Il <u>doit travailler</u>, mais il <u>veut se reposer</u>.

>   Elle <u>sait lire</u>, mais elle ne <u>peut pas écrire</u>.

● **Emplois de *faire***

Faire sert à constituer, avec l'infinitif qui le suit, la ***périphrase verbale factitive***, par laquelle le sujet n'exécute pas lui-même l'action, mais la fait exécuter par quelqu'un d'autre :

>   A. Dumas <u>faisait</u> parfois <u>écrire</u> ses livres par d'autres auteurs.

Employé avec un pronom personnel réfléchi, ***faire*** constitue, avec le verbe à l'infinitif qui le suit, une ***périphrase verbale passive*** :

>   Mon ami <u>s'est fait renvoyer</u> du lycée.

Faire a en outre la propriété de remplacer un autre verbe, comme un pronom remplace un nom :

>   Il travaille plus qu'il ne l'<u>a jamais fait</u>.
>   <small>(fait = travaillé)</small>

94 Les verbes d'action et les verbes d'état

Un très grand nombre de verbes désignent une action effectuée par un sujet : *travailler, manger, marcher, aller, monter*... sont des verbes d'action. Beaucoup moins nombreux, d'autres verbes indiquent l'état dans lequel se trouve le sujet. Dans la plupart des cas, les verbes d'état servent à introduire un attribut : ce sont des verbes ***attributifs*** (→ 95).

Cependant, le verbe ***exister*** est un verbe d'état, mais ne peut pas introduire un attribut. Le verbe ***être*** est parfois utilisé, sans attribut, avec le sens d'*exister*, notamment dans l'expression impersonnelle *il était une fois* :

>   Il <u>était une fois</u> un roi très puissant.

95 Les verbes intransitifs, transitifs et attributifs

● **Les verbes intransitifs**

Certains verbes d'action désignent des processus qui ne s'exercent pas sur un objet : *aller, dormir, marcher, mugir*... Ces verbes sont dits intransitifs : ils ne peuvent pas avoir de complément d'objet – ce qui ne les empêche pas d'avoir des compléments circonstanciels :

> *Ils marchent <u>vers Paris</u>.*
> CC de lieu

● **Les verbes transitifs**

D'autres verbes d'action sont généralement pourvus d'un complément qui désigne l'objet sur lequel s'exerce l'action verbale, quelle que soit la nature de cette action. Ces verbes sont dits *transitifs* :

> *Paul construit <u>sa maison</u>.*
> complément d'objet

● **Les verbes transitifs directs**

Pour certains de ces verbes, le complément d'objet est construit « directement », c'est-à-dire sans préposition :

> *Les abeilles produisent <u>le miel</u>, les termites détruisent <u>les maisons</u>.*
> COD du verbe *produire*   COD du verbe *détruire*

Si on met le verbe à la voix passive, le complément d'objet en devient le sujet :

> *<u>Le miel</u> est produit par les abeilles.*
> sujet

REMARQUE

– On prendra spécialement garde à ne pas confondre le complément d'objet direct avec les compléments circonstanciels construits directement :

> *Il boit <u>la nuit</u>, il mange <u>le jour</u>.*
> CC de temps   CC de temps

– Toutefois, ces compléments circonstanciels se distinguent des compléments d'objet par la propriété qu'ils ont de pouvoir se placer devant le groupe constitué par le verbe et son sujet :

> *<u>La nuit</u> il boit, <u>le jour</u> il mange.*

– En outre, ils n'ont pas la possibilité de devenir sujets du verbe passif :

> ● *La nuit est bue par lui.*

C'est une phrase impossible.

● Les verbes transitifs indirects

Pour d'autres verbes, le complément d'objet est introduit par une préposition, généralement *à* ou *de* : ces verbes sont appelés *transitifs indirects*.

> *Elle ressemble à sa mère, elle parle de linguistique.*
> COI du verbe *ressembler*   COI du verbe *parler*

● Les verbes attributifs

La plupart des verbes d'état introduisent un nom ou un adjectif qui indiquent une caractéristique du sujet :

> *Pierre est content : il deviendra pilote de ligne.*
> adjectif   nom

Ces verbes sont dits *attributifs*, car ils introduisent un attribut du sujet. Les verbes attributifs sont le verbe *être* et ses différentes variantes modalisées : *sembler, paraître, devenir, rester*...

96 Les verbes perfectifs et imperfectifs

Les verbes perfectifs désignent une action qui ne peut pas continuer à se dérouler au-delà d'une limite impliquée par le sens même du verbe : on ne peut pas continuer à *arriver* ou à *trouver* quand on *est arrivé* à son but ou qu'on *a trouvé* ce qu'on cherchait.

Inversement, l'action des verbes imperfectifs peut se dérouler sans limitation : quelqu'un qui a déjà longtemps *marché* ou *cherché* peut toujours continuer à *marcher* ou *chercher*.

REMARQUE

– Comme le montrent les exemples cités, les verbes perfectifs et imperfectifs peuvent être selon le cas transitifs ou intransitifs. Les perfectifs intransitifs utilisent normalement l'auxiliaire *être*.

Certains verbes peuvent passer de la classe des imperfectifs à celle des perfectifs quand ils sont employés de façon transitive : *écrire* ou *construire* sont imperfectifs quand ils n'ont pas de complément d'objet, mais deviennent perfectifs quand ils en ont un. On peut *écrire* ou *construire* indéfiniment, mais *écrire une lettre* ou *construire une maison* sont des actions perfectives, qui trouvent nécessairement leur achèvement.

– Les verbes attributifs sont le plus souvent imperfectifs. Toutefois, *devenir* est perfectif.

– On se gardera de confondre l'opposition *perfectif/imperfectif* avec l'opposition *accompli/non accompli* (→ **99**).

LES SIX CATÉGORIES VERBALES

La conjugaison permet de donner des indications sur différentes notions : la personne, le nombre, le temps et l'aspect, le mode, la voix. Ces notions reçoivent le nom de *catégories verbales*. Elles se combinent entre elles pour chaque forme verbale :

> *Ils (elles) soignèrent.*

Cet exemple relève simultanément de la personne (la 3ᵉ), du nombre (le pluriel), du temps et de l'aspect (le passé simple), du mode (l'indicatif) et de la voix (l'actif).

97 La personne

Les variations selon la personne sont spécifiques au verbe et au pronom personnel. C'est l'accord avec le sujet qui confère au verbe les marques de l'accord (→ 115 et 116). Elles servent à indiquer la personne (ou, d'une façon plus générale, l'être) qui effectue l'action désignée par le verbe :

> *Je travaille. Nous travaillons.*

La première personne *je* n'est autre que celle qui parle : c'est elle qui est le sujet du verbe. Le mot *je* a donc la propriété d'indiquer à la fois la personne qui parle et le sujet du verbe.

La deuxième personne *tu* est celle à laquelle on s'adresse. Le mot *tu* désigne donc à la fois la personne à qui l'on parle et le sujet du verbe.
Dans ces deux premiers cas, le sujet est toujours un pronom personnel, même si on peut, si c'est nécessaire, lui apposer un nom, commun ou propre :

> *Toi, Paul,*   *tu*   *connais beaucoup de pays.*
> nom apposé   pronom personnel sujet

La troisième personne *il* indique que le sujet du verbe ne participe pas à la communication qui s'établit entre les deux premières personnes : elle est en quelque sorte absente, et on lui donne parfois le nom de *non-personne*.
À la différence des deux premières personnes, qui sont des êtres humains (ou humanisés, par exemple quand on fait parler un animal ou qu'on s'adresse à un objet), la troisième personne peut indifféremment désigner un être animé ou un objet non animé. Le sujet du verbe à la 3ᵉ personne est selon le cas un pronom personnel de la 3ᵉ personne, un nom ou un pronom d'une autre classe que celle des personnels :

> *Il (elle) sourit.*   *Le lac est agité.*   *Tout est fini.*
> pronom personnel   nom commun   pronom indéfini

● **Les verbes impersonnels**

C'est aussi à la troisième personne qu'on emploie les verbes impersonnels conjugués. À proprement parler, ils n'ont pas de sujet : est-il vraiment possible de repérer le véritable sujet de *il pleut* ? Mais la conjugaison française exige la présence d'un pronom devant tout verbe conjugué (sauf à l'impératif et, naturellement, aux modes non personnels → **100 et 164-166**). Dans certains cas, l'élément qui suit le verbe impersonnel peut être interprété comme son « sujet réel » :

> *Il m'arrive une étrange aventure.*
>
> pronom personnel   sujet réel

98   Le nombre

La catégorie du nombre est commune au verbe, au nom comme à ses différents adjectifs et à la plupart des pronoms. Dans le cas du verbe, le nombre est associé à la personne. C'est donc également le sujet qui détermine le nombre, par le phénomène de l'accord (→ **116 et 128**).

Les variations en nombre renseignent sur la quantité des personnes ou des êtres exerçant la fonction de sujet ; en français, une seule personne pour le singulier, au moins deux pour le pluriel :

> *Je travaille. Nous travaillons.*

● **La spécificité de *nous***

Il faut remarquer la spécificité du pluriel de la première personne : *nous* ne désigne pas plusieurs *je* – puisque *je* est par définition unique – mais ajoute à *je* un (ou plusieurs) *tu* ainsi que, éventuellement, un ou plusieurs *il*.

● **Le *vous* de politesse et le *nous* de modestie ou d'emphase**

En français, c'est la 2e personne du pluriel qu'on utilise comme « forme de politesse » :

> *Que faites-vous, Madame ?*

La première personne du pluriel est parfois utilisée par une personne unique dans un souci de modestie, par exemple dans certains ouvrages :

> *Nous ne parlerons pas de ces problèmes.*

On utilise parfois le *nous* d'emphase :

> *Nous, préfet de Haute-Corse, prenons l'arrêté suivant.*

Le *vous* de politesse et le *nous* de modestie ou d'emphase entraînent l'accord du verbe au pluriel.

99 Le temps et l'aspect

Le verbe donne des indications temporelles sur les réalités qu'il désigne. Ces indications sont de deux types : le temps et l'aspect.

● Le temps

L'action est située dans le temps par rapport au moment où l'on parle. Ce moment, qui correspond au présent, sépare avec rigueur ce qui lui est antérieur *(le passé)* de ce qui lui est ultérieur *(le futur)*.

L'ensemble des distinctions entre les différents moments où l'action peut se réaliser reçoit en grammaire française le nom de *temps*, nom qui est également utilisé pour désigner chacune des séries de formes telles que le présent, l'imparfait, le futur.

● L'aspect

Le déroulement de l'action est envisagé en lui-même, indépendamment de sa place par rapport au présent. Ces indications sur la façon dont l'action se déroule constituent la catégorie de l'*aspect*.

On indique par exemple si les limites temporelles de l'action sont prises en compte ou ne le sont pas :

> Alfred <u>travailla</u>.   Alfred <u>travaillait</u>.
> passé simple   imparfait

Dans ces deux phrases, l'action est située dans le passé. Cependant, les deux phrases ont un sens différent. Dans la première, l'action de *travailler* est envisagée comme limitée : on pourrait préciser le moment où elle a commencé et celui où elle a fini. La seconde phrase au contraire ne s'intéresse pas aux limites temporelles de l'action. On parle dans ce cas de valeur aspectuelle *limitative* (pour le passé simple) et *non limitative* (pour l'imparfait).

On peut aussi indiquer si l'action est en cours d'accomplissement, c'està-dire *non accomplie*, ou si elle est totalement *accomplie*. Dans les phrases suivantes, le verbe au présent indique que l'action est en cours d'accomplissement :

> Quand on est seul, on <u>déjeune</u> vite.

> En ce moment, les élèves <u>terminent</u> leur travail.

Au contraire, dans les phrases :

> Quand on est seul, on <u>a</u> vite <u>déjeuné</u>.

> En ce moment, les élèves <u>ont terminé</u> leur travail.

le passé composé ne situe pas l'action dans le passé, mais indique qu'au moment où on parle, l'action est accomplie.

REMARQUE L'une des particularités – et, incontestablement, des difficultés – de la conjugaison française est que, contrairement à ce qui s'observe dans d'autres langues, les indications de temps et d'aspect y sont fréquemment données par les mêmes formes, dans des conditions particulièrement complexes. Ainsi, le passé composé a tantôt une valeur aspectuelle d'accompli de présent, tantôt une valeur temporelle de passé. C'est cette particularité qui explique que la catégorie de l'aspect a pu longtemps passer à peu près ou complètement inaperçue, par exemple dans les grammaires scolaires.

100 Le mode

La catégorie du *mode* regroupe les *modes personnels*, qui comportent la catégorie de la *personne* (→ 97) et les *modes impersonnels*, qui ne la comportent pas.

● **Les modes personnels : indicatif, subjonctif, impératif**

En français, les modes personnels sont au nombre de trois : l'indicatif, le subjonctif et l'impératif. Ils comportent une flexion en personnes, complète pour les deux premiers, incomplète pour l'impératif, qui n'a pas de 3e personne, et ne connaît la première personne qu'au pluriel.

Le conditionnel, longtemps considéré comme un mode spécifique, est aujourd'hui rattaché à l'indicatif, pour des raisons de forme et de sens (→ 147 à 149).

REMARQUE Les tableaux de conjugaison du *Bescherelle* placent le conditionnel du côté de l'indicatif, mais, pour des raisons de tradition, lui conservent son nom et l'isolent de l'indicatif.

Pour les valeurs des trois modes personnels → 157 à 163.

● **Les modes impersonnels**

Les modes impersonnels sont au nombre de trois : l'infinitif, le participe et le gérondif. Ils permettent notamment de conférer au verbe des emplois généralement réservés à d'autres classes.

Pour l'analyse détaillée de ces trois modes → 164 à 166.

101 La voix : voix active, voix passive et construction pronominale

● **Définition**

La catégorie de la *voix* – on dit parfois, avec le même sens, *diathèse* – permet d'indiquer de quelle façon le sujet prend part à l'action désignée par le verbe.

● **La voix active**

Quand le verbe est à la *voix active*, le sujet est l'*agent* de l'action, c'est-à-dire qu'il l'effectue :

> *Le gros chat dévore les petites souris.*

● **La voix passive**

La *voix passive* indique que le sujet est le *patient* de l'action, c'est-à-dire qu'il la subit :

> *Les petites souris sont dévorées par le gros chat.*

Le complément d'objet d'un verbe à la voix active *(les petites souris)* en devient le sujet quand on fait passer le verbe à la voix passive. De son côté, le sujet du verbe actif *(le gros chat)* devient le complément d'agent du verbe passif *(par le gros chat)*.

● **Quels sont les verbes qui peuvent être à la voix passive ?**

La catégorie de la voix passive ne concerne que les verbes transitifs directs. Les autres verbes (transitifs indirects, intransitifs, attributifs → 95) n'ont pas de forme passive.

Toutefois, quelques rares verbes transitifs indirects (notamment *obéir*, *désobéir* et *pardonner*) peuvent s'employer au passif : *vous serez pardonnés*.

REMARQUE *Voix et aspect*

Le passage de la voix active à la voix passive (on dit parfois la *transformation passive* ou la *passivation*) a des effets différents sur la valeur aspectuelle (accompli, non accompli) des verbes. La phrase :

> *Les vieillards sont respectés.*
> voix passive

conserve la valeur de non accompli de :

> *On respecte les vieillards.*
> voix active

Au contraire :

> *La maison de la culture est construite.*
> voix passive

prend la valeur d'accompli, en contraste avec la forme active correspondante :

> *On construit la maison de la culture.*
> voix active

qui relève du non accompli.

Toutefois, l'adjonction d'un complément d'agent permet à la phrase passive de retrouver la valeur de non accompli. La phrase :

> *La maison de la culture est construite par des ouvriers étrangers.*
> voix passive   complément d'agent

a la même valeur de non accompli que la phrase active correspondante :

> *Des ouvriers étrangers construisent la maison de la culture.*
> voix active

Cette différence de traitement est en relation avec la répartition des verbes entre verbes perfectifs et imperfectifs (→ 96).

● Valeur passive de la construction pronominale
Contrairement à d'autres langues, le français ne connaît que les deux voix active et passive.
La construction pronominale consiste à donner au verbe un complément sous la forme du pronom personnel réfléchi :

> *Elle se promène dans le parc.*

Toutefois, cette construction permet dans certains cas d'obtenir des valeurs très voisines de la voix :

> *Ce livre se vend bien.*
> construction pronominale

Le verbe employé de façon pronominale prend une valeur passive, sans toutefois pouvoir recevoir un complément d'agent. C'est l'existence de cette valeur passive qui a incité certains grammairiens à parler de *voix pronominale*.

● Les autres valeurs de la construction pronominale :
valeur réfléchie
Le sujet exerce l'action sur lui-même. Il peut selon le cas être l'objet de l'action :

> *L'étudiant se prépare à l'examen.*
> (= il prépare lui-même)

ou en être le bénéficiaire :

> *Il se prépare un avenir radieux.*
> (= il prépare un avenir radieux pour lui)

● **Les autres valeurs de la construction pronominale : valeur réciproque**
Elle s'observe dans le cas d'un sujet au pluriel. Les agents exercent l'action les uns sur les autres, en qualité soit d'objets :

> *Deux pigeons s'aimaient d'amour tendre.*

soit de bénéficiaires :

> *Les étudiants s'échangent leurs informations.*

● **Verbes essentiellement pronominaux**
Certains verbes s'emploient exclusivement avec la construction pronominale. Ce sont les verbes essentiellement pronominaux, tels que *s'absenter, s'abstenir, s'arroger, se désister, s'évanouir, se repentir, se souvenir*...

REMARQUE *Valeur lexicale de la construction pronominale.*
Elle consiste à modifier la construction ou la valeur du verbe. Par exemple, *s'éveiller* et *se promener* sont les intransitifs correspondant à *éveiller* et *promener* ; *se mourir* est l'imperfectif correspondant à *mourir*, etc.

La morphologie du verbe

COMMENT SEGMENTER LES FORMES VERBALES ?

Faire la morphologie du verbe, c'est décrire la façon dont sont constituées les formes verbales.

102 Radical et affixes : analyse d'un exemple

Nous procéderons à l'identification des différents éléments d'une forme verbale à partir de l'exemple : *nous aimerons*. Dans cette forme verbale, on distingue successivement les éléments suivants :

- **Le pronom personnel *nous***

Nous est le pronom personnel de première personne du pluriel. Il est d'emblée identifiable, car il alterne avec d'autres pronoms – *vous, ils, elles* – qu'on peut lui substituer, à condition de modifier la forme du verbe. Il fournit déjà deux indications capitales : la personne et le nombre.

Ce pronom personnel fait partie de la forme verbale : il est impossible, en français (contrairement à ce qui s'observe dans d'autres langues), d'utiliser un verbe à la première ou à la deuxième personne sans pronom personnel : ⊖ *aimerons*, tout seul, est absolument impossible.

REMARQUE L'impératif fait exception : *aimons !*

- **La forme verbale *aimerons***

Comment segmenter (c'est le mot des linguistes pour *découper*) cette forme ? Il suffit de comparer *aimerons* à *amuserons* ou à *déciderons*. L'élément *-erons* est commun à ces trois formes : c'est donc qu'une frontière passe dans chacune d'elles immédiatement avant *-erons*. D'ailleurs, *-erons* peut se voir substituer – au prix, naturellement, d'une différence de valeur – d'autres éléments :

-ions (nous amus-*ions*), *-èrent* (ils décid-*èrent*), etc. Cette substitution confirme l'existence de la frontière avant *-erons*.

● **Le radical *aim-***

On a identifié les éléments *aim-*, *amus-* et *décid-*, qui précèdent les éléments tels que *-erons*, *-ions* ou *-èrent*. Les éléments *aim-*, *amus-* et *décid-* sont porteurs de « sens » différents, spécifiques à chacun des trois verbes, comme on peut le vérifier en consultant le dictionnaire. Cet élément porteur du « sens » du verbe reçoit le nom de *radical*.

● **L'élément *-erons***

On lui donnait autrefois les noms traditionnels de *désinence* ou de *terminaison*. Mais ces mots indiquent seulement que l'élément est à la fin de la forme verbale, ce qui est à la fois évident et peu utile. Il faut donc parvenir à une analyse et à une dénomination plus précises. Est-il possible de « segmenter » *-erons* ?

● **L'élément *-ons***

Pour segmenter l'élément *-erons*, il faut comparer *nous aimerons* à *nous aimions*. L'élément *-ons* est commun aux deux formes. Associé au pronom personnel *nous*, il marque comme lui la personne (la première) et le nombre (le pluriel). En effet, *-ons* peut être remplacé par *-ez (vous aimer-ez)*, qui change la personne ou par *-ai* qui change le nombre. Il est donc possible, dans l'élément *-erons*, de faire passer une frontière entre *-er-* et *-ons*.

● **L'élément *-er-***

Placés entre le radical d'un côté et les éléments variables tels que *-ons*, *-ez* ou *-ai*, il reste pour *aimerons* (comme pour *aimerez*) l'élément *-er-*, et pour *aimions* (comme pour *aimiez*) l'élément *-i-*. Pour comprendre la fonction de ces éléments, il suffit de comparer la valeur des deux formes : *aimerons* situe l'action dans le futur, *aimions* la situe dans le passé. Les deux formes étant pour le reste parfaitement identiques, c'est donc l'élément *-er-* qui marque le futur, l'élément *-i-* qui marque l'imparfait.

● **Conclusion de l'analyse de l'exemple**

On voit finalement que les deux formes verbales *nous aimerons* et *nous aimions* se « segmentent » de la façon suivante :

– Le pronom personnel *nous*, chargé d'indiquer la personne (ici la première, en opposition à la seconde et à la troisième) et le nombre (ici le pluriel, en opposition au singulier).

– Le radical *aim-*, porteur du sens spécifique du verbe. Les linguistes parlent de « sens lexical ».

– Les éléments *-er-* pour *aimerons*, *-i-* pour *aimions*. Le premier est la marque du futur, le second celle de l'imparfait.

– L'élément *-ons*, qui marque à la fois la première personne et le pluriel, répétant ainsi ce qui a déjà été indiqué par le pronom *nous*.

Il ne reste plus qu'à donner un nom aux éléments *-er-*, *-i-* et *-ons*. On utilisera ici le terme *affixe*.

C'est l'affixe qui marque, dans la conjugaison de chaque verbe, les catégories de temps, de personne, de nombre... (→ **97** à **101**).

Souvent, l'affixe est réalisé à l'oral : on entend le *-er-*, le *-i-* et le *-ons* de *aimerons, aimions* et *aimerions*. Mais il arrive très fréquemment que l'affixe n'apparaisse qu'à l'écrit, sans se faire entendre à l'oral : c'est le cas du *-es* ou du *-ent* de *tu aim-es* et de *ils (elles) aim-ent*. Cette importance des affixes écrits est un caractère spécifique de la grammaire française.

Enfin, l'affixe peut être marqué par l'absence de toute marque écrite ou orale. On parle alors d'*affixe zéro*. Mais il faut, pour qu'on puisse utiliser cette notion, que l'affixe zéro s'oppose à des affixes réalisés. Ainsi, la forme *il défend* comporte, pour la 3e personne du singulier, l'affixe zéro, qui la distingue de la première et de la deuxième personne du singulier ainsi que de la première personne du pluriel :

> *je (ou tu) défend-s :*
> affixe écrit *-s*
>
> *nous défend-ons :*
> affixe oral *-ons*
>
> *il (elle) défend :*
> affixe zéro

● **Un, deux ou trois affixes pour une forme verbale**

Une forme verbale conjuguée comporte donc nécessairement un radical et un ou plusieurs affixes porteurs des marques des différentes catégories verbales (→ **97** à **101**). Le présent de l'indicatif se caractérise par rapport à la plupart des autres formes par le fait qu'il enchaîne directement le radical et l'affixe de personne et de nombre : *nous aim-ons*, sans rien entre *aim-* et *-ons*, à la différence de *nous aim-er-ons* et de *nous aim-i-ons*, qui enchaînent deux affixes. La forme dite de « conditionnel » *nous aim-er-i-ons* en enchaîne trois, ce qui est un maximum pour le français (mais non pour d'autres langues).

104 Formes simples et formes composées

Les verbes français présentent deux séries de formes.

● **Formes simples**

Dans les formes simples, du type *nous aimerons*, c'est le radical du verbe qui reçoit les différents affixes :

      nous <u>aim-er-ons</u>
         radical affixes

● **Formes composées**

Dans les formes composées, le verbe se présente sous la forme du participe passé. Ce participe passé ne se conjugue pas. La forme qui reçoit les affixes est celle d'un des deux verbes auxiliaires, *être* et *avoir* (→ 92).

Dans la forme *nous aurons aimé*, qui est la forme composée correspondant à *nous aimerons*, le verbe *aimer*, sous la forme de son participe passé *aimé*, ne se conjugue pas. C'est l'auxiliaire *avoir* qui reçoit les affixes de temps, de personne et de nombre (ici le *-r-* du futur et le *-ons* de la première personne du pluriel) :

      nous <u>au-r-ons</u> aimé
           affixes

REMARQUE Pour les problèmes d'accord en genre et en nombre → 131 à 141.

● **Correspondance entre formes simples et formes composées**

Une propriété évidente du verbe français est de mettre en relation deux séries de formes, les unes *simples*, les autres *composées*. Chaque forme simple a en face d'elle une forme composée, sur le modèle suivant (pour le mode indicatif) :

INDICATIF

FORMES SIMPLES		FORMES COMPOSÉES	
présent	*il écrit*	passé composé	*il a écrit*
imparfait	*elle écrivait*	plus-que-parfait	*elle avait écrit*
passé simple	*il écrivit*	passé antérieur	*il eut écrit*
futur simple	*elle écrira*	futur antérieur	*elle aura écrit*
conditionnel présent	*il écrirait*	conditionnel passé	*il aurait écrit*

On voit que l'auxiliaire des formes *il a écrit, il avait écrit, il eut écrit, il aura écrit, il aurait écrit* est au même temps que le verbe de la forme simple correspondante. C'est ainsi qu'au présent correspond le passé composé, à l'imparfait le plus-que-parfait, au passé simple le passé antérieur, au futur le futur antérieur et au conditionnel présent le conditionnel passé.

Le parallélisme des formes simples et composées caractérise tous les modes : en face du présent et de l'imparfait du subjonctif, on trouve le passé et le plus-que-parfait du subjonctif, sur le modèle suivant :

SUBJONCTIF

FORMES SIMPLES		FORMES COMPOSÉES	
présent	qu'il écrive	passé	qu'il ait écrit
imparfait	qu'elle écrivît	plus-que-parfait	qu'elle eût écrit

Il en va de même à l'impératif :

IMPÉRATIF

FORME SIMPLE		FORME COMPOSÉE	
présent	écris	passé	aie écrit

On retrouve enfin la même correspondance aux modes impersonnels :

INFINITIF, PARTICIPE, GÉRONDIF

FORMES SIMPLES		FORMES COMPOSÉES	
présent	écrire	passé	avoir écrit
présent	écrivant	passé	ayant écrit
présent	en écrivant	passé	en ayant écrit

La force du système est même telle que des formes surcomposées, construites à l'aide d'un auxiliaire lui-même composé, se sont constituées : il a eu écrit, il avait eu écrit... → 150 à 154

105 Formes actives et formes passives

Le verbe français comporte, pour les verbes transitifs, deux voix : la voix active et la voix passive.

<u>nous aimerons</u> nous <u>serons aimé(e)s</u>
forme active forme passive

Comme les formes composées, les formes passives présentent le verbe sous la forme du participe passé. Au passif, le participe passé varie en genre et en nombre selon son sujet, comme le montre l'exemple utilisé, où le participe passé **aimé(e)s** porte la marque du pluriel de **nous** et, éventuellement, la marque du féminin.

La forme conjuguée est celle de l'auxiliaire *être*. Il se conjugue au temps de la forme active correspondante. Il existe donc, pour les verbes transitifs, autant de formes passives que de formes actives, même si elles sont beaucoup moins utilisées.

Parmi ces formes, on trouve naturellement les formes passives composées, par exemple le passé composé passif *nous avons été aimé(e)s*, et même les formes passives surcomposées, par exemple *nous avons eu été aimé(e)s*.

REMARQUE Les formes composées et surcomposées et les formes passives, éventuellement composées et surcomposées, sont, paradoxalement, d'une grande simplicité morphologique : les seuls éléments conjugués (à la réserve des faits d'accord du participe) sont les verbes auxiliaires, qui sont connus de tous. Ces formes ne présentent donc aucune difficulté de conjugaison. C'est pourquoi il n'en sera plus question dans ce chapitre de morphologie.

LES RADICAUX

La méthode qui a été exposée sur l'exemple de *nous aimerons* (→ 102) est d'une grande facilité d'emploi. Elle permet de décrire immédiatement la morphologie d'un très grand nombre de formes verbales simples, au sens qui vient d'être expliqué de non composées. Cependant, elle rencontre parfois quelques difficultés apparentes. Ces difficultés sont relatives tantôt au radical, tantôt aux affixes.

106 Radical fixe, radical variable selon les trois groupes de verbes

Dans le cas du verbe *aimer*, le radical *aim-* reste identique pour toutes les formes de la conjugaison. Cette invariabilité du radical est un cas extrêmement fréquent. En effet, en dehors des verbes du 3e groupe, la plupart des verbes ont un radical fixe.

107 Le premier groupe

Le premier groupe réunit les verbes dont l'infinitif est marqué par l'affixe *-er* et la première personne du singulier du présent de l'indicatif par l'affixe *-e*.

REMARQUE *Aller* ne fait donc pas partie de ce groupe, en dépit de son infinitif en *-er*, puisque son présent, à la première personne, est *je vais*.

Tous les verbes du premier groupe (par exemple *aimer* et *travailler*) ont un radical fixe, à quelques rares exceptions près, dans lesquelles le radical reste généralement très facile à reconnaître. Ainsi, *achever* présente son radical tantôt sous la forme *achèv-* (dans *j'achèv-e*), tantôt sous la forme *achev-* (dans *nous achev-ons*).

Envoyer et *renvoyer* sont un peu plus complexes : ils font alterner les trois radicaux *envoi-* [ãvwa] de *j'envoi-e*, *envoy-* [ãvwaj] de *nous envoyons* et *enver-*[ãvɛʀ] de *il enverra* (→ tableau **19**).

Il se trouve que les verbes du premier groupe sont de très loin les plus nombreux. C'est sur le modèle de ce groupe que sont formés la quasi-totalité des verbes nouveaux (ou verbes néologiques).

108 Le deuxième groupe

Le deuxième groupe réunit les verbes dont l'infinitif est marqué par l'affixe *-r* suivant immédiatement un radical terminé par *-i-*. Leur modèle traditionnel est *finir*. Le radical de ces verbes reste intact à toutes les formes de la conjugaison, mais reçoit à certaines formes un « élargissement » de forme *-ss-* : *je fini-s, il fini-t, il fini-r-a, ils fini-rent,* mais *nous fini-ss-ons, ils fini-ss-aient, fini-ss-ant*. Dès qu'on a enregistré les formes caractérisées par l'élargissement *-ss-* (présent à partir de la 1ʳᵉ personne du pluriel, imparfait, participe présent), l'identification du radical ne pose aucun problème (→ tableau **20**).

Les verbes du 2ᵉ groupe sont au nombre de plus de 300. Certaines formations néologiques se sont faites sur leur modèle, il est vrai à date déjà assez ancienne : l'onomatopée *vrombir*, la brève série *atterrir, amerrir, alunir*.

109 Le troisième groupe

Le troisième groupe réunit tous les autres verbes (environ 370) :
– Le verbe *aller*, avec son infinitif en *-er*. → tableau **23**
– Les verbes à infinitif en *-ir* sans élargissement : *courir, nous cour-ons, ils cour-aient, ils cour-r-ont* (ou le deuxième *-r-* ne fait pas partie du radical, mais est l'affixe du futur), *cour-ant*, etc. → tableaux **24 à 37**
– Les verbes à infinitif en *-oir* : *devoir, pouvoir*, l'auxiliaire *avoir*, etc.
→ tableaux **40 à 57**
– Les verbes à infinitif en *-re* : *conclure, coudre, paraître, vaincre*, l'auxiliaire *être*, etc. → tableaux **58 à 68**

● **Verbes du troisième groupe à radical unique**
Certains de ces verbes du 3e groupe, par exemple *courir* et *conclure*, ont un radical qui reste intact dans toutes les formes de la conjugaison.

● **Verbes comportant un radical sous deux formes différentes**
Ouvrir présente en alternance son radical sous la forme *ouvr- (il ouvr-e, il ouvr-ait)* et sous la forme *ouvri- (il ouvri-r-a)*. *Écrire, lire, croire, vivre...* présentent également leur radical sous deux formes.

● **Verbes comportant un radical sous trois formes différentes**
Devoir présente en alternance les formes de radical *doi- (il doi-t), doiv- (ils doiv-ent)* et *dev- (il dev-ait, dev-oir)*. Sont dans le même cas, par exemple, *voir (voi-* dans *il voi-t, voy-* dans *nous voy-ons, ver-* dans *il ver-ra), dormir, boire...*

● **Verbes comportant quatre formes différentes de leur radical**
Tenir fait apparaître son radical sous les formes *tien- (il tien-t), ten- (nous ten-ons), tienn- (qu'il tienn-e), tiend- (je tiend-rai)*. Sont dans le même cas, par exemple, *prendre* et *savoir*.
Le verbe *aller* appartient en principe à cette classe : on observe l'alternance des radicaux *v- (je v-ais, tu v-as), all- (nous all-ons), i- (nous i-r-ons)* et *aill- (que j'aill-e)*. Mais à la différence des autres verbes, les radicaux qui alternent dans sa conjugaison sont totalement différents les uns des autres. On parle dans ce cas de *radicaux supplétifs*. Cette différence complète des radicaux ainsi que la spécificité des affixes du présent incitent à classer *aller* parmi les verbes irréguliers (→ voir ci-dessous).

● **Verbes comportant cinq formes différentes de leur radical**
Il s'agit de *vouloir (veu-* dans *il veu-t, voul-* dans *nous voul-ons, veul-* dans *ils veul-ent, voud-* dans *je voud-r-ai, veuill-* dans *veuill-ez)* et de *pouvoir (peu-* dans *il peu-t, pouv-* dans *nous pouv-ons, peuv-* dans *ils peuv-ent, pour-* dans *je pour-r-ai, puiss-* dans *qu'il puiss-e)*.

● **Verbes « irréguliers »**
On considère généralement comme « irréguliers » le verbe *aller* ainsi que les deux verbes *faire* et *dire* et les deux auxiliaires *être* et *avoir*. Le classement de ces verbes comme « irréguliers » s'explique par les traits suivants :
– Le nombre des formes du radical est élevé (jusqu'à huit, selon certaines analyses, pour le verbe *être*), et ces formes sont parfois très différentes les unes des autres. Pour l'auxiliaire *être*, on identifie notamment les radicaux

s- (ils s-ont), ê- (vous ê-tes), ét- (il ét-ait), f- (il f-ut), se- (il se-r-a), soy- (soy-ez)...

– Il est parfois impossible de distinguer le radical de l'affixe : où passe la frontière qui les sépare dans *il a* ou dans *ils ont*? *a* est identique au *-a* de *v-a*, qui est visiblement un affixe; *ont* est identique au *-ont* de *f-ont, s-ont* et *v-ont*, qui est lui aussi un affixe. Comme il est impossible de poser que dans *il a* et *ils ont* la forme verbale se réduit à un affixe, on considère que le verbe *avoir* « amalgame » dans ces deux formes radical et affixe.

– Les affixes ont eux-mêmes des formes parfois insolites, voire uniques : le *-ommes* de *s-ommes* est unique, le *-tes* de *vous ê-tes, vous fai-tes* et *vous di-tes* est spécifique à ces trois verbes.

REMARQUE Pour le dénombrement des formes du radical de chaque verbe, on n'a pas tenu compte des formes de passé simple ni de participe passé, qui, pour plusieurs verbes du 3ᵉ groupe, auraient encore augmenté le nombre des radicaux : ainsi pour *vivre*, il aurait fallu ajouter le radical *vec-* de *il vécut* et de *vécu*; pour *devoir*, il aurait fallu tenir compte du radical *du-* de *il dut* et de *dû*, pour *naître* des radicaux *naqu-* de *naqu-is* et *n-* de *n-é*, etc.

CLASSEMENT DES AFFIXES → tableau 6

Les affixes se placent à la suite du radical. On les répartit en deux classes selon leur ordre d'apparition après le radical.

110 Affixes n'apparaissant jamais en position finale

Ce sont les deux affixes *-(e)r-* (pour le futur et le « conditionnel ») et *-ai-/-i-* (pour l'imparfait et le « conditionnel »). Ils ont une valeur temporelle. Toutefois le second intervient aussi dans la formation du subjonctif.

- **L'affixe du futur et du « conditionnel » *-(e)r-***

Il apparaît toujours immédiatement après le radical. Ses deux variantes *-er-* et *-r-* alternent selon les sons (ou les lettres) qui les précèdent : *il travaill-er-a, il fini-r-a, il coud-r-a.*

Il est directement suivi, pour le futur, d'un des affixes de la deuxième classe : *nous travaill-er-ons.*

Pour le conditionnel, l'affixe *-ai-/-i-* s'intercale entre lui et l'affixe terminal : *nous travaill-er-i-ons.*

- **L'affixe de l'imparfait et du conditionnel** *-ai-* [ɛ] / *-i-* [j]

Cet affixe apparaît immédiatement après le radical pour l'imparfait. Pour le conditionnel, il est précédé de l'affixe *-(e)r-*. La forme *-ai-* caractérise les trois personnes du singulier et la troisième du pluriel : *je travaill-ai-s, ils décid-er-ai-ent*. La forme *-i-* [j] caractérise les premières et deuxième personnes du pluriel de l'imparfait et du conditionnel (*nous travaill-i-ons, vous amus-er-i-ez*), ainsi que, aux mêmes personnes, les formes du subjonctif présent ([que] *nous travaill-i-ons*) et imparfait ([que] *vous travaill-ass-i-ez*).

111 ## Affixes apparaissant toujours en position finale

Ces affixes concernent toutes les formes verbales. Toujours à la finale absolue du verbe, ils sont, selon le cas, placés immédiatement après le radical, ou séparés de lui par l'un et/ou l'autre des deux affixes *-(e)r-* et *-ai-/-i-*.

- **Les affixes du présent de l'indicatif**

Sauf pour les cinq verbes irréguliers *être, avoir, faire, dire* et *aller* (voir leurs tableaux), les affixes du présent de l'indicatif sont décrits par le tableau **6**.

- **Les affixes personnels de l'imparfait de l'indicatif et du « conditionnel »**

Ces affixes sont identiques à ceux du présent pour les trois personnes du pluriel : *nous travaill-i-ons, vous fini-r-i-ez, ils* ou *elles se-r-ai-ent*.

Au singulier, on a les affixes *-s* (pour les première et deuxième personnes) et *-t* (pour la troisième) : *je cous-ai-s, tu i-r-ai-s, il* ou *elle fe-r-ai-t*.

Pour l'imparfait, ils apparaissent après l'affixe *-ai-/-i-*, lui-même précédé, pour le conditionnel, de l'affixe *-er-/-r-*.

- **Les affixes personnels du futur**

Ces affixes sont identiques pour tous les verbes. → tableau **6**

- **Les affixes du passé simple** → tableau **6**

- **Les affixes du subjonctif présent**

Ils ont les formes *-e, -es, -e, -ons, -ez, -ent*.

Aux trois personnes du singulier et à la troisième du pluriel, ils suivent directement le radical. Aux deux premières personnes du pluriel, ils suivent l'affixe *-i-*.

REMARQUE Pour les verbes *être* et *avoir*, voir les tableaux correspondants.

● **Les affixes du subjonctif imparfait**

Le subjonctif imparfait utilise le radical du passé simple, suivi de l'élément temporel de son affixe, soit, selon le cas, *-a-* et *-â-*, *-i-* et *-î-*, *-u-* et *-û-*, *-in-* et *-în-* (avec l'accent circonflexe à la troisième personne du singulier). La base ainsi formée est traitée de la façon suivante :

– À la 3ᵉ personne du singulier, elle est suivie de l'affixe *-t*, qui ne se prononce pas : *(qu')il travaill-â-t, (qu')il pr-î-t, (qu')il mour-û-t, (qu')il v-în-t.*

– Aux deux premières personnes du singulier et à la troisième du pluriel, elle est suivie par l'élargissement *-ss-*, lui-même suivi par les affixes *-e*, *-es* et *-ent* : *(que) je travaill-a-ss-e, (que) tu pr-i-ss-es, (qu')ils v-in-ss-ent.*

– Les deux premières personnes du pluriel insèrent entre l'élargissement *-ss-* et les affixes personnels *-ons* et *-ez* l'affixe *-i-* : *(que) nous travaill-a-ss-i-ons, (que) vous fini-ss-i-ez, (que) vous v-in-ss-i-ez.*

● **Les affixes de l'impératif**

– Les trois formes de l'impératif présent (deuxième personne au singulier et au pluriel, première personne seulement au pluriel) se confondent avec les formes d'indicatif présent, utilisées sans pronom personnel sujet. Toutefois, pour les verbes à l'infinitif en *-er*, l'*-s* final disparaît à la deuxième personne du singulier : *tu travailles, tu vas,* mais *travaille, va.* L'*-s* réapparaît, dans l'écriture et dans la prononciation, sous la forme de [z], devant *en* et *y* : *manges-en, vas-y.*

– *Être, avoir, savoir* et *vouloir* empruntent leurs formes d'impératif présent au subjonctif correspondant, en effaçant l'*-s* final de la deuxième personne du singulier quand il suit *-e-* : *aie, sache, veuille* (mais *sois*). *Sachons* et *sachez* effacent l'*-i-* du subjonctif.

● **Les affixes de l'infinitif**

L'infinitif est caractérisé par l'élément *-r*, souvent suivi dans l'orthographe d'un *-e*. Toujours présent dans l'écriture, il n'est prononcé qu'après une consonne ou une voyelle autre que [e] : *atterrir, courir, suffire, pleuvoir* [pløvwaʀ], *croire, taire, faire, clore, plaindre, peindre,* mais *aimer, aller,* etc.

● **Les affixes du participe présent et du gérondif**

Pour ces deux modes impersonnels, on utilise l'affixe *-ant*. En cas de radical variable, la forme de la 1ʳᵉ personne du pluriel du présent de l'indicatif est utilisée. Font exception *ét-ant*, formé sur le radical de l'imparfait, *ay-ant* et *sach-ant*, formés sur le radical du subjonctif.

Le participe présent reste toujours invariable, sauf quand il passe dans la classe de l'adjectif (→ 165). Le gérondif utilise la forme du participe présent précédée par la préposition en : *(Tout) en travaillant, il poursuit ses études.*

● **Les affixes du participe « passé »**

Le participe passé présente des phénomènes complexes, tant pour les radicaux que pour les affixes.

– Quelques participes passés sont terminés au masculin par une consonne prononcée. Leur féminin se marque par la consonne [t] suivie dans l'orthographe d'un -*e* muet (*mort* [mɔʀ], *morte* [mɔʀt], *offert, offerte*, etc.).

– Pour certains verbes, le participe passé se termine à l'écrit par une consonne qui n'apparaît à l'oral qu'au féminin : *assis, assise, clos, close, dit, dite*, etc.

REMARQUE *Absoudre* et *dissoudre* ont un participe passé terminé au masculin par -*s* et au féminin par -*te : absous, absoute*.

– Les participes passés des autres verbes ont pour affixes la voyelle -*é* (pour le premier groupe et pour *aller*), la voyelle -*i* (pour le deuxième groupe et certains verbes du troisième : *servi, fui*, etc.), enfin la voyelle -*u* (pour d'autres verbes du troisième groupe : *chu, couru, tenu, venu*, etc.).

LES VERBES DÉFECTIFS

112 Définition des verbes défectifs

Un certain nombre de verbes comportent des lacunes dans leur conjugaison qui est, à des degrés divers, incomplète. On les appelle défectifs, c'est-à-dire « comportant un manque ».

113 Classement des verbes défectifs

● **Les verbes exclusivement impersonnels**

Ces verbes ne sont pour l'essentiel défectifs que pour la personne, dont ils ne possèdent que la troisième, au singulier. Mais cette lacune en entraîne d'autres. Ils ne possèdent nécessairement pas d'impératif, puisque celui-ci n'a pas de 3ᵉ personne. Leur participe présent et leur gérondif sont d'emploi rarissime, puisqu'ils exigent en principe l'identité du sujet avec celui d'un verbe à un mode personnel. Parmi eux, on distingue les verbes météorologiques tels que *neiger, pleuvoir*, etc. et une brève série de verbes généralement suivis d'un complément (nominal ou propositionnel) tels *falloir (il faut), s'agir (il s'agit de)* et l'expression impersonnelle *il y a*.

● **Autres verbes défectifs**

→ tableaux **31, 38, 39, 45, 52, 53, 55, 56, 57, 66, 71, 76, 78**

La syntaxe
du verbe

GÉNÉRALITÉS

114 **Qu'est-ce que la syntaxe ?**

Étudier la *syntaxe* du verbe, c'est décrire les relations que le verbe entretient, dans le discours et spécifiquement dans la phrase, avec les différents éléments de son entourage. La morphologie, comme on l'a vu dans le chapitre précédent, étudie les formes verbales *isolément*. La syntaxe, au contraire, s'intéresse non seulement au verbe lui-même, mais aussi à tous les éléments qui entrent en relation avec lui.

Dans ces conditions, le champ de la syntaxe du verbe est très étendu : il comprend par exemple l'étude des différents *compléments* du verbe, quelle que soit la nature de ces compléments : noms, adverbes, propositions, etc. Compte tenu des visées spécifiques de cet ouvrage et de ses limites, on n'a retenu de la syntaxe du verbe que les problèmes qui entraînent pour les formes verbales des variations, notamment orthographiques. Il s'agit des phénomènes d'*accord*.

115 **Qu'est-ce que l'accord ? Analyse d'un exemple**

> *Le petit garçon promène son chien.*

Dans cette phrase, le nom *garçon* comporte plusieurs catégories morphologiques. Il possède par lui-même le *genre masculin*. Il est utilisé au *singulier, nombre* qu'on emploie quand la personne ou l'objet dont on parle est unique. Il relève enfin de la *3ᵉ personne* : on pourrait le remplacer par le pronom personnel de 3ᵉ personne *il*.

Ces trois catégories morphologiques possédées par le nom *garçon* se communiquent aux éléments de la phrase qui entrent en relation avec lui. L'article *le* et l'adjectif *petit* prennent les marques des deux catégories du *genre masculin* et du *nombre singulier,* mais non celle de la *3ᵉ personne,* parce qu'ils ne peuvent pas marquer cette catégorie. De son côté, le verbe prend les marques de la *3ᵉ personne* et du *nombre singulier,* mais non celle du *genre masculin,* parce qu'il ne peut pas marquer cette catégorie.

L'ACCORD DU VERBE

116 Accord du verbe avec son sujet

Les formes personnelles du verbe s'accordent en personne et en nombre avec leur sujet :

> <u>Les élèves travaillent</u> ;   <u>nous, nous ne faisons</u> rien.
> 3ᵉ pers. pl.   3ᵉ pers. pl.   1ʳᵉ pers. pl.   1ʳᵉ pers. pl.

● **Accord en personne**

Le verbe ne s'accorde à la première et à la deuxième personnes que lorsque le sujet est un pronom personnel de l'une de ces deux personnes (*je* et *tu* pour le singulier, *nous* et *vous* pour le pluriel) :

> <u>Je</u>   <u>suis</u>   grammairien.
> 1ʳᵉ pers. sing. 1ʳᵉ pers. sing.
>
> <u>Tu</u>   <u>as</u>   de bonnes notions de conjugaison.
> 2ᵉ pers. sing. 2ᵉ pers. sing.
>
> <u>Nous</u>   adorons   la syntaxe.
> 1ʳᵉ pers. pl.   1ʳᵉ pers. pl.

Tous les autres types de sujet (nom commun introduit par un déterminant, nom propre, pronom autre que *je, tu, nous* ou *vous,* verbe à l'infinitif...) entraînent l'accord à la 3ᵉ personne :

> <u>Paul</u>   <u>frémit</u>   en pensant au participe.
> nom propre   3ᵉ pers.
>
> <u>Personne</u>   <u>ne peut</u>   négliger l'orthographe.
> pronom indéfini 3ᵉ pers.
>
> <u>Fumer</u>   <u>est</u>   dangereux pour la santé.
> infinitif   3ᵉ pers.

● **Accord en nombre**

Pour le nombre, le sujet au singulier détermine l'accord au singulier, le sujet au pluriel l'accord au pluriel :

> <u>La grammaire</u>   <u>est</u> vraiment passionnante.
> sujet singulier   verbe singulier

> Les élèves travaillent.
> sujet pluriel   verbe pluriel
>
> Ils se moquent des problèmes d'accord.
> sujet pluriel   verbe pluriel
>
> Certains préfèrent le caviar au fois gras.
> sujet pluriel   verbe pluriel

REMARQUE Le *vous* de politesse comme le *nous* de modestie ou d'emphase entraînent l'accord du verbe au pluriel.

117 ## Accord du verbe avec le pronom relatif *qui*

Le pronom relatif *qui* peut avoir pour antécédent un pronom personnel de la première ou de la deuxième personne. Dans ce cas, l'accord en personne se fait avec le pronom personnel :

> C'est moi   qui ai raison ; c'est toi   qui as tort.
> antécédent 1re pers. 1re pers.   antécédent 2e pers.   2e pers.

Toutefois, les expressions telles que *le premier (la première) qui, le seul (la seule) qui, celui (celle) qui*, dépendant d'un verbe à la première ou à la deuxième personne, acceptent l'accord à la troisième :

> Je suis le premier qui ai/a écrit sur ce sujet.
> 1re pers.   1re ou 3e pers.
>
> Tu es celle qui m'as/m'a aimé.
> 2e pers.   2e ou 3e pers.

Pour *un (une) des (...) qui*, il faut, pour faire correctement l'accord, repérer si l'antécédent de *qui* est le pronom singulier *un* ou le nom au pluriel qui en est le complément :

> C'est un des élèves qui a remporté le prix.
> (= un seul élève a remporté le prix)
>
> C'est un des meilleurs livres qui aient été publiés.
> (beaucoup de livres ont été publiés)

118 ## Accord du verbe avec un titre d'œuvre

Les titres d'œuvres (littéraires, picturales, musicales, cinématographiques, etc.) constitués par un nom au pluriel déterminent l'accord au singulier ou au pluriel, selon des variables très complexes :

> Les Pensées de Pascal sont admirables, Les Harmonies poétiques se laissent encore lire.

Mais :

> Les Enfants du Paradis <u>est</u> l'un des meilleurs films de tous les temps.
>
> (plutôt que *sont*)

> Les Dieux ont soif <u>est</u> le meilleur roman d'Anatole France.
>
> (à l'exclusion de *sont*)

119 Accord avec un nom collectif *(foule, masse, centaine...)*

Les noms tels que *foule, multitude, infinité, troupe, masse, majorité...* ainsi que les approximatifs *dizaine, douzaine, vingtaine, centaine...* sont morphologiquement au singulier, mais désignent une pluralité d'êtres ou d'objets. Quand ils sont utilisés seuls, ils déterminent l'accord au singulier :

> La <u>foule</u> se déchaîne.

Mais quand ils sont déterminés par un nom au pluriel, ils peuvent faire apparaître l'accord du verbe au pluriel :

> Une foule de <u>manifestants</u> se déchaî<u>ne</u> ou se déchaî<u>nent</u>.
>
>   nom pluriel   singulier   pluriel

C'est ce qu'on appelle la *syllepse de nombre*.

120 Accord avec un nom de fraction *(une moitié, un tiers...)*

Les fractions marquées par un nom tel que *la moitié, le tiers, le quart* sont au singulier, mais visent évidemment, quand elles s'appliquent à des êtres ou des objets distincts, plusieurs de ces êtres ou de ces objets : *la moitié des députés, le tiers des candidats.*

Les expressions de ce genre déterminent généralement, toujours par syllepse, l'accord au pluriel :

> La moitié des <u>députés</u> sortants <u>ont</u> été battu<u>s</u>.
>
>   pluriel   pluriel

On trouve même parfois, après la suppression du complément au pluriel lorsqu'il est connu par le contexte, des accords du type :

> La moitié <u>ont</u> été battus.
>
>   pluriel

REMARQUE Toutefois, le singulier reste à la rigueur possible, même avec le complément au pluriel :

> Le <u>tiers des députés</u> sortants <u>a</u> été battu.

Quand le complément de ces fractions désigne une matière où l'on ne peut pas reconnaître d'unités distinctes, l'emploi du pluriel est absolument exclu :

> *La moitié de la récolte <u>a</u> pourri sur place.*

121 Accord avec une indication de pourcentage

Le cas des indications de pourcentage est légèrement différent de celui des fractions. En effet, les expressions telles que *29 %* sont par elles-mêmes au pluriel.

● *29 % des députés sortants a été battu* est une phrase très peu vraisemblable. Inversement, l'accord au pluriel est possible, même quand le complément désigne une matière indistincte :

> *29 % de la récolte <u>ont</u> été perdu<u>s</u>.*

122 Accord avec un adverbe de quantité (*beaucoup, trop, peu...*)

Il s'agit de *beaucoup, peu, pas mal, trop, peu, assez, plus, moins, tant, autant*, de l'interrogatif (et exclamatif) *combien*, de l'exclamatif *que* et de quelques autres. Ces adverbes sont souvent complétés par un nom au pluriel :

> beaucoup d'<u>élèves</u>
> nom pluriel
>
> pas mal d'<u>élèves</u>
> nom pluriel

Ils ont alors le même sens qu'un article au pluriel *(pas mal d'élèves = des élèves)* et imposent au verbe l'accord au pluriel :

> *Peu de candidats **ont** échoué : moins de cent s'étaient présentés.*

Sans complément, certains de ces adverbes – mais non tous – conservent cette propriété : *peu ont échoué* reste possible, mais ● *moins s'étaient présentés* est impossible.

REMARQUE

– *La plupart*, même avec un complément au pluriel, garde la possibilité de l'accord au singulier : *La plupart des élèves travaillent* ou *travaille*.

– *Bizarrement, plus d'un* exige l'accord au singulier, et *moins de deux* le pluriel : *Plus d'un est venu, moins de deux sont repartis*.

123 **Accord des verbes impersonnels**

Le problème tient ici à l'absence de véritable sujet, au sens d'agent de l'action : où est, en ce sens, le sujet de *il pleut* ou de *il fallait* ? Le français a réglé le problème en imposant aux verbes impersonnels le pronom de la 3ᵉ personne du singulier (→ 97) et, nécessairement, l'accord au singulier. Cet accord au singulier se maintient même quand le verbe est pourvu d'un « sujet réel » au pluriel :

> *Il pleut <u>des hallebardes</u>.*
> sujet réel pluriel

124 **Accord du verbe avec plusieurs sujets de même personne**

Il est très fréquent qu'un verbe ait pour sujets plusieurs noms, communs ou propres, ou plusieurs pronoms coordonnés ou juxtaposés. Le principe général est que le verbe muni de plusieurs sujets (c'est-à-dire, en français, au moins deux) s'accorde au pluriel :

> *Le <u>général</u> et le <u>colonel</u> ne s'<u>entendent</u> pas bien.*
> singulier   singulier   pluriel
>
> *<u>Ferdinand</u> et <u>René</u> <u>ont</u> fait de la linguistique.*
> singulier   singulier pluriel
>
> *<u>Celui-ci</u> et <u>celui-là</u> travaille<u>ront</u> correctement.*
> singulier   singulier   pluriel
>
> *<u>Elle</u> et <u>lui</u> ne <u>font</u> rien.*
> singulier singulier   pluriel

REMARQUE *Cas particulier d'archaïsme.* On fait parfois l'accord avec un seul des sujets, même quand ils sont de sens très différent :

> *Leur <u>sommeil</u> et leur <u>réveil</u> en fut tout parfumé.* ANATOLE FRANCE
> sujet   sujet

Le cas de *l'un et l'autre*, qui continue dans certains cas à déterminer l'accord au singulier (*l'un et l'autre se dit* ou *se disent*), entre dans cette catégorie.

125 **Accord avec des sujets coordonnés par *ou* et *ni... ni***

Ces deux cas ne semblent pas poser de problème : il y a au moins deux sujets, et l'accord au pluriel paraît s'imposer. Cependant, certains grammairiens présentent les raisonnements suivants :

● **Sujets coordonnés par *ou***

Coordonnés par *ou*, les deux sujets entraînent l'accord au singulier quand *ou* est exclusif. On fera donc l'accord au singulier pour :

> *Une valise ou un gros sac m'est indispensable.*
> (= un seul des deux objets, à l'exclusion de l'autre, m'est indispensable)

On fera l'accord au pluriel pour :

> *Une valise ou un sac faciles à porter ne se trouvent pas partout.*
> (= les deux objets sont également difficiles à trouver)

Malgré sa subtilité et la difficulté de son application pratique, ce raisonnement est acceptable. Il laisse d'ailleurs une trace dans l'accord avec *l'un ou l'autre* et *tel ou tel*, qui se fait le plus souvent au singulier, le *ou* y étant exclusif.

● **Sujets coordonnés par *ni... ni***

Coordonnés par la conjonction de sens négatif *ni... ni*, aucun des deux sujets n'est en mesure d'effectuer l'action du verbe, qui devrait donc rester au singulier :

> *Ni <u>Henri V</u> ni <u>Charles XI</u>   n'<u>a</u>   été roi.*
>   sujet   sujet   singulier

Ce raisonnement est discutable : si on le suivait totalement, on s'interdirait d'accorder au pluriel les verbes des phrases négatives, où les sujets n'effectuent pas réellement l'action. Dans la pratique, on peut, à sa guise, faire l'accord au singulier ou au pluriel.

REMARQUE L'expression *ni l'un ni l'autre* entraîne alternativement l'accord au singulier et au pluriel : *ni l'un ni l'autre ne travaille* ou *ne travaillent.*

126 **Accord avec des sujets unis par *comme, ainsi que, de même que, autant que, au même titre que...***

L'accord se fait au pluriel quand l'expression qui unit les sujets a la fonction d'une coordination :

> *Le latin <u>comme</u> le grec ancien <u>sont</u> des langues mortes.*
> (= le latin et le grec)   pluriel

L'accord au singulier indique que l'expression qui unit les termes conserve sa valeur comparative. C'est notamment ce qui se produit dans les cas d'incises isolées par des virgules :

> *Mexico, <u>au même titre que Tōkyō et São Paulo</u>, <u>est</u> une mégapole.*
>   singulier

127 Accord avec des sujets désignant le même objet ou la même personne

Si les sujets sont de sens absolument distinct, mais désignent le même objet ou la même personne, l'accord se fait au singulier :

Le 1er ministre et le président du Conseil peut être le même homme.
    sujet   sujet   singulier

C'est l'année où mourut mon oncle et (mon) tuteur.
               singulier   sujet   sujet

REMARQUE Dans le deuxième exemple, il est possible de ne pas répéter le déterminant devant le second sujet : ... mon oncle et tuteur.

Si les sujets sont de sens apparenté et s'appliquent à la même réalité, l'accord au singulier est le plus fréquent :

La joie et l'allégresse s'empara de lui. (= synonymie)

L'irritation, le courroux, la rage avait envahi son cœur. (= gradation)

128 Accord avec plusieurs infinitifs sujets

Une suite de plusieurs infinitifs sujets détermine normalement l'accord au singulier. Mais on trouve parfois le pluriel :

Manger, boire et dormir est agréable.

Manger, boire et dormir sont permis.

REMARQUE Pour la plupart des cas difficiles d'accord (→ 118 à 127) qui viennent d'être décrits, l'arrêté de 1976 autorise les deux possibilités.

129 Accord avec des sujets qui ne sont pas à la même personne

● **Accord en nombre**

Quand les différents sujets relèvent de personnes différentes, l'accord en nombre se fait également au pluriel.

● **Accord en personne**

La première personne prévaut sur les deux autres :

Toi et moi (nous) adorons la grammaire.

Toi, Ernest et moi (nous) passons notre temps à faire de la syntaxe.

La deuxième personne prévaut sur la troisième :

Émile et toi (vous) av<u>ez</u> dévoré un énorme plat de choucroute.

REMARQUE On remarque dans ces exemples la présence facultative (marquée par les parenthèses) d'un pronom personnel récapitulatif qui indique la personne déterminant l'accord.

130 Accord du verbe *être* avec l'attribut *(c'était... c'étaient...)*

Quand le verbe *être* a pour sujet le pronom démonstratif *ce* (ou, parfois, les démonstratifs *ceci* ou *cela*, souvent précédés de *tout*) et qu'il introduit un attribut au pluriel (ou une suite d'attributs juxtaposés ou coordonnés), il peut, par exception à la règle générale d'accord du verbe, prendre la marque du pluriel, c'est-à-dire s'accorder avec l'attribut :

Ce <u>sont</u> eux.

Tout ceci <u>sont</u> des vérités.

C'étai<u>ent</u> un capitaine, un lieutenant et un adjudant-chef.

Mais ● *ce sont nous,* ● *ce sont vous* sont impossibles.

Ce phénomène insolite d'accord avec l'attribut est légèrement archaïsant. Il était beaucoup plus fréquent aux périodes anciennes de l'histoire de la langue.

L'ACCORD DU PARTICIPE PASSÉ

131 Quelques remarques sur l'accord du participe passé

La question de l'accord du participe passé donne lieu à des développements considérables, qui peuvent laisser penser qu'il s'agit d'un des points les plus importants de la langue. Pour prendre la mesure de l'intérêt du problème, il est utile de ne pas perdre de vue les remarques suivantes.

● **Un problème d'orthographe**

L'accord du participe passé est un phénomène à peu près exclusivement orthographique. L'accord en genre ne se fait entendre à l'oral que pour un petit nombre de participes : par exemple, *offert, offerte*. Les participes passés de loin les plus nombreux sont terminés au masculin par *-é, -i* ou *-u* et ne marquent le féminin que dans l'orthographe : *-ée, -ie, -ue*. Quant à l'accord en nombre, il n'a jamais de manifestation orale, sauf dans les cas de liaisons, eux-mêmes assez rares.

● **Des règles peu respectées**

Même dans les cas où l'accord en genre apparaît à l'oral, on observe fréquemment, dans la langue contemporaine, que les règles n'en sont pas observées, notamment pour l'accord du participe passé avec un complément d'objet direct antéposé.

On entend très souvent :

➋ *les règles que nous avons enfreint* ou ➋ *les fautes que nous avons commis,* au lieu des formes régulières *enfreintes* et *commises*.

● **Une règle artificielle**

La règle de l'accord du participe passé avec le complément d'objet antéposé est l'une des plus artificielles de la langue française. On peut en dater avec précision l'introduction ; c'est le poète français Clément Marot qui l'a formulée en 1538. Marot prenait pour exemple la langue italienne, qui a, depuis, partiellement renoncé à cette règle.

● **Un problème politique ?**

Il s'en est fallu de peu que la règle instituée par Marot ne fût abolie par le pouvoir politique. En 1900, un ministre de l'Instruction publique courageux, Georges Leygues, publia un arrêté qui « tolérait » l'absence d'accord.

Mais la pression de l'Académie française fut telle que le ministre fut obligé de remplacer son arrêté par un autre texte qui, publié en 1901, supprime la tolérance de l'absence d'accord, sauf dans le cas où le participe est suivi d'un infinitif ou d'un participe présent ou passé : *les cochons sauvages que l'on a trouvé* ou *trouvés errant dans les bois.* → 139

132 Accord du participe passé employé sans auxiliaire

La règle générale découle du statut du participe passé : verbe transformé en adjectif, il adopte les règles d'accord de l'adjectif. Il prend donc les marques de genre et de nombre du groupe nominal dont il dépend. La règle s'applique quelle que soit la fonction du participe par rapport au groupe nominal : épithète, apposition, attribut.

> *Les petites filles assises sur un banc regardaient les voitures.*
> épithète féminin pluriel

> *Assises sur un banc, elles regardaient les voitures.*
> apposition féminin pluriel

> *Elles étaient assises sur un banc, regardant les voitures.*
> attribut féminin pluriel

Ce phénomène d'accord adjectival n'exclut naturellement pas la possibilité pour le participe d'avoir des compléments à la manière d'un verbe :

> *Expulsés par leur propriétaire, les locataires ont porté plainte.*

> *Ces jeunes personnes semblent satisfaites de leur condition.*

La règle de l'accord du participe passé employé sans auxiliaire ne comporte que des exceptions apparentes.

- **Attendu, y compris, non compris, excepté, passé, supposé, vu**

Placés devant un groupe nominal (c'est-à-dire avant le déterminant du nom), ces participes passés prennent en réalité la fonction d'une préposition : ils deviennent invariables.

> *Vu les conditions atmosphériques, la cérémonie est reportée.*
> participe   groupe nominal
> invariable

- **Étant donné**

Il arrive que ce participe passé passif s'accorde. C'est qu'il est compris comme une proposition participiale avec sujet postposé :

> *Étant donné(es) les circonstances...*
> féminin pluriel

- **Ci-joint, ci-annexé, ci-inclus**

Caractéristiques de la correspondance administrative, ils obéissent en principe aux règles suivantes :

– Ils restent invariables devant le groupe nominal.

> *Ci-joint la photocopie de mon chèque.*

– Ils s'accordent quand ils sont placés après le nom.

> *Voir la photocopie ci-jointe.*

– Ils s'accordent aussi quand, même antéposés, ils sont considérés comme des attributs du nom.

> *Vous trouverez ci-jointe une photocopie de mon chèque.*

133 Accord du participe passé employé avec *être* : règle générale

Employé avec l'auxiliaire *être*, le participe passé s'accorde en genre et en nombre avec le sujet du verbe. Cette règle vaut pour les verbes à la voix passive et pour les formes composées des verbes recourant à l'auxiliaire *être*.

Voix passive :

> *Les voyageurs sont bloqués sur l'autoroute par la neige.*
> voix passive

Voix active :

> *Quelques jeunes filles sont descendues sur la chaussée.*
> passé composé du verbe *descendre*

REMARQUE Le pronom *on* détermine normalement l'accord du participe au masculin singulier : *On est arrivé.* Cependant, l'accord peut se faire au pluriel, masculin le plus souvent, féminin quand les personnes désignées par *on* sont toutes des femmes : *On est reparties.* Plus rare, l'accord au féminin singulier indique que *on* vise une femme unique : *Alors, on est devenue bergère ?*

134 Accord du participe passé employé avec *avoir* : règle générale

Le participe passé conjugué avec l'auxiliaire *avoir* ne s'accorde jamais avec le sujet du verbe :

> *Claudine n'aurait jamais fait cela.*
> sujet féminin   participe passé invariable

Lorsqu'il est précédé par un complément d'objet direct, le participe passé s'accorde avec ce complément :

> *Ces histoires, il les a racontées.* (les = histoires = féminin pluriel)
> complément   participe passé
d'objet direct   féminin pluriel

Le participe *racontées* s'accorde en genre et en nombre avec le complément d'objet direct qui le précède, le pronom personnel *les*, lui-même représentant le nom féminin pluriel *ces histoires*.

REMARQUE La règle d'accord du participe passé avec le complément d'objet direct antéposé s'applique somme toute peu souvent. Elle exige en effet deux conditions, finalement assez rares :

– 1. Le verbe doit avoir un complément d'objet direct, ce qui exclut les verbes intransitifs, attributifs et même les transitifs construits sans complément d'objet.

– 2. Le complément d'objet doit être placé avant le participe, ce qui ne s'observe normalement que dans les interrogatives où l'objet est placé en tête de phrase :

> *Quelles grammaires avez-vous consultées ?*

dans les phrases où l'objet est un pronom personnel :

> *Je jette les grammaires dès que je les ai lues.*

et dans les relatives où le pronom relatif est objet :

> *Les grammaires que j'ai acquises sont bien médiocres.*

135 Accord du participe passé des verbes pronominaux

- **La règle**

Dans la plupart des cas, on observe l'accord avec le sujet, quelle que soit la valeur de la construction pronominale :

> *Ils se sont lavés.* (valeur réfléchie)

> *Elles se sont battues.* (valeur réciproque)

> *La porte s'est ouverte d'elle-même.* (valeur passive)

> *Ils se sont souvenus, elles se sont évanouies.*
> (verbes essentiellement pronominaux)

- **Les exceptions**

– Dans la phrase suivante, l'accord avec le sujet ne se fait pas :

> *Elles se sont préparé une bonne soupe.*

En effet, le pronom réfléchi *se* n'est pas le complément d'objet direct du verbe, mais désigne le bénéficiaire de l'action. Le complément d'objet du verbe est le nom *soupe*, comme le montre l'accord du participe passé quand le complément *soupe* est placé avant lui :

> *La soupe qu'elles se sont préparée était bonne.*

– Le participe passé des verbes *se complaire, se nuire, se parler, se plaire, se succéder*... reste invariable :

> *Plusieurs reines se sont succédé.*

> *Elles se sont plu les unes aux autres.*

Comme dans le cas précédent, le pronom réfléchi n'est pas le complément d'objet du verbe : *les reines* n'ont pas succédé *les reines* (complément d'objet direct), elles ont succédé *aux reines* (complément d'objet indirect).

● **Interprétation de la règle et des exceptions**

Le pronom réfléchi désigne par définition le même objet ou la même personne que le sujet. Dans *ils se sont lavés, ils*, sujet, et *se*, complément d'objet, désignent la même personne. On peut donc formuler de deux façons la règle d'accord :

1. L'accord se fait avec le sujet, comme dans les autres cas d'emploi de l'auxiliaire *être*.

2. L'accord se fait avec le complément d'objet placé avant le participe, comme avec l'auxiliaire ***avoir***, dont ***être*** n'est ici que le substitut.

Un argument en faveur de la deuxième solution est fourni par les cas où le réfléchi n'est pas complément d'objet. Dans : *Elles se sont préparé une bonne soupe*, l'auxiliaire ***être*** fonctionne comme l'auxiliaire ***avoir***, qui apparaîtrait si le verbe était construit sans pronom réfléchi : *Elles ont préparé une bonne soupe*.

REMARQUE Le cas du verbe *s'arroger* est très voisin : *Elles se sont arrogé des droits immérités*, sans accord au féminin pluriel. La seule particularité de *s'arroger* est qu'il est essentiellement pronominal.

136 Accord du participe passé employé avec l'auxiliaire *avoir* : les verbes impersonnels

Le participe passé des verbes impersonnels reste toujours invariable, même dans le cas où il est précédé par un complément évoquant formellement le complément d'objet :

> les soins <u>qu'il leur a fallu</u>
> COD pluriel   participe passé invariable

137 Accord du participe passé après *en, l'* (pour le neutre), *combien*

Ces éléments à valeur pronominale ne comportent ni la catégorie du genre, ni celle du nombre. Ils sont donc en principe inaptes à déterminer l'accord du participe :

> *Des grammaires, j'<u>en</u> ai <u>lu</u> à foison !*
> participe passé invariable
> *La crise dure plus longtemps qu'on ne <u>l'</u>avait <u>prévu</u>.*
> participe passé invariable
>
> <u>Combien</u> en as-tu <u>lu</u> ?
> participe passé invariable

Toutefois, on fait parfois l'accord selon le genre et le nombre des noms représentés par ces pronoms, surtout quand ces noms sont exprimés sous forme de compléments :

> Combien de <u>livres</u> as-tu acheté(s) ?

138 Accord avec les compléments de verbes tels que *durer, peser, coûter*

Ces compléments ne présentent que certains traits des compléments d'objet : ainsi, ils ne peuvent pas donner lieu à la transformation passive. Placés avant un participe, ils ne déterminent pas, en principe, l'accord :

> les <u>heures</u> que le voyage a <u>duré</u>
>
> les <u>sommes</u> que cela lui a <u>coûté</u>

Toutefois, ces verbes ont parfois un emploi authentiquement transitif, qui déclenche l'accord :

> les trois <u>bébés</u> que la sage-femme a <u>pesés</u>

On observe souvent des confusions entre ces deux types d'emplois.

139 Accord du participe passé suivi d'un infinitif

● **Participe passé d'un verbe de mouvement** *(emmener, envoyer)* **ou de sensation** *(écouter, entendre, sentir, voir)*

> les <u>cantatrices</u> que j'ai <u>entendues</u> chanter

Dans cette phrase, on fait l'accord, parce que le pronom *que*, représentant *les cantatrices*, est l'objet de *j'ai entendu(es)*.
Au contraire, dans la phrase suivante, on ne fait pas l'accord, car le pronom *que*, représentant *les opérettes*, est l'objet de *chanter*, et non d'*entendre* :

> les opérettes que j'ai entendu chanter

Règle : On fait donc l'accord quand le complément antéposé est le complément de la forme composée avec le participe (cas des *cantatrices*). On ne fait pas l'accord quand le complément antéposé est le complément de l'infinitif (cas des *opérettes*).
Un bon moyen de distinguer les deux cas consiste à remplacer le relatif par son antécédent. On oppose ainsi *j'ai entendu les cantatrices chanter* (où *cantatrices* est bien l'objet de *j'ai entendu*) à *j'ai entendu chanter les opérettes* (où *opérettes* est bien l'objet de *chanter*).
Toutefois, les confusions restent possibles, et l'arrêté de 1976 tolère les deux possibilités dans tous les cas.

● **Participe passé de *faire* ou de *laisser***

Traditionnellement, le participe passé du verbe *faire* (employé avec *avoir*) reste invariable :

> Les <u>députés</u> <u>que</u> le Président a <u>fait</u> élire ont l'air sérieux.
> masculin pluriel   COD   participe passé invariable

Cela s'explique sans doute par le fait que l'accord de *faire* au féminin se manifesterait oralement : ❍ *la petite fille que j'ai faite jouer* (on trouve parfois des exemples littéraires de cette bizarrerie).

En principe, *laisser* – dont l'accord est strictement graphique – était soumis à la même règle que les verbes de mouvement et de sensation (→ plus haut). Le Conseil supérieur de la langue française, en 1990, en a recommandé l'invariabilité dans tous les cas, sur le modèle de *faire*. On écrira donc :

> Les <u>musiciennes</u> <u>que</u> j'ai <u>laissé</u> jouer sont remarquables.
> féminin pluriel   COD   participe passé invariable

140 Accord du participe passé suivi d'un adjectif ou d'un autre participe

C'est en principe la règle générale qui s'applique. Le participe s'accorde avec son complément d'objet direct antéposé :

> Je <u>vous</u> aurais <u>crues</u> plus scrupuleuses.

> Une <u>lettre</u> que j'aurais <u>préférée</u> écrite à la main.

Elle semble toutefois encore moins observée que dans les autres cas. On a vu plus haut que l'arrêté de 1901 conservait dans ce cas la tolérance du non-accord.

141 Accord des participes passés des formes surcomposées

En principe, c'est seulement le second participe passé qui s'accorde, le premier (nécessairement *eu*) restant invariable :

> Dès que je <u>les</u> ai <u>eu</u> <u>tués</u>, j'ai plumé mes canards.

REMARQUE On trouve quelques rares exemples d'accord de *eu (eues)* chez certains écrivains.

Les valeurs des formes verbales

VALEURS DES FORMES TEMPORELLES

142 Organisation des valeurs verbales

Les valeurs verbales sont fondées sur les différences : un présent se distingue d'un imparfait et d'un passé simple, qui eux-mêmes se distinguent entre eux. Un subjonctif se distingue d'un indicatif et d'un impératif. Il convient donc d'étudier les valeurs des formes non pas en elles-mêmes, mais dans le système de différences qu'elles constituent.

REMARQUE Ce chapitre ne décrit que les valeurs relatives à l'aspect et au temps (on parle, pour faire bref, de valeurs temporelles) ainsi qu'au mode. Les valeurs des autres catégories verbales (la personne, le nombre et la voix), moins complexes, ont été décrites aux paragraphes **97 à 101.**

143 Le présent : le moment où l'on parle

Le présent – qui est la forme verbale la plus fréquemment employée – occupe une place centrale, en opérant la distinction fondamentale entre le passé et le futur. C'est donc par le présent qu'il faut commencer l'étude des valeurs des formes temporelles.

La valeur fondamentale du présent est de marquer – comme d'ailleurs son nom le suggère – la coïncidence temporelle entre le moment où l'on parle et l'action dont on parle. Quand je dis *Paul travaille*, l'action se déroule au moment même où je suis en train d'en parler au présent. C'est par là que *Paul travaille* se distingue de *Paul travaillait* (l'action est antérieure au moment où je parle) comme de *Paul travaillera* (l'action est postérieure au moment où je parle).

Cependant, quand je dis *Paul travaille*, il est inévitable que l'action – le travail de Paul – ait commencé au moins depuis quelques instants, et se prolonge un peu après que la phrase sera terminée : la durée de l'action dont on parle déborde de part et d'autre de la durée nécessaire à l'énonciation de la phrase. C'est ce phénomène de débordement qui explique les différentes valeurs que peut prendre le présent.

● **Présent d'actualité**

Les actions se déroulent au moment où je parle, mais leur durée est plus longue que celle de mon discours :

> *Il pleut : je travaille.*

REMARQUE *Les énoncés performatifs.* Dans certains cas, on observe la coïncidence absolue entre les limites temporelles de l'action et celles de la phrase. Quand je dis : *je déclare la séance ouverte*, j'effectue par là-même l'action d'ouvrir la séance. Cette action a donc nécessairement la même durée exacte que la phrase qui me permet de l'effectuer. Il en va de même pour des phrases telles que *je te promets de venir demain, je jure de travailler, je parie cent euros sur la victoire de Jacques* ou, dans un autre registre, *je te baptise Alfred*. Les phrases de ce type – qui sont toujours à la première personne – reçoivent le nom d'*énoncés performatifs*.

● **Présent de validité permanente ou de vérité générale**

Les limites temporelles des actions dont on parle sont très éloignées. L'action d'énoncer la phrase se situe nécessairement entre ces limites, souvent si éloignées ou si difficiles à envisager que la phrase prend une valeur intemporelle (ou omnitemporelle) :

> *La terre tourne autour du soleil.*
> *L'argent ne fait pas le bonheur.*
> *Tous les hommes sont mortels.*

● **Présent de répétition et d'habitude**

L'action se répète au cours d'une période, plus ou moins longue, qui englobe le moment où l'on parle.

On parle de *présent de répétition* quand le sujet est non animé :

> *Le téléphone sonne.*
> *Le geyser jaillit toutes les deux heures.*

Quand le sujet est un être animé, on parle généralement de *présent d'habitude* :

> *Je vais à la piscine deux fois par semaine.*

- **Passé récent et futur proche**

Dans ces deux cas, l'action est présentée par la personne qui parle comme proche dans le passé ou dans l'avenir. C'est cette proximité qui permet l'emploi du présent, sous l'effet du phénomène de débordement signalé plus haut :

> J'*arrive* à l'instant de Nanterre.
>
> Nous *partons* mercredi prochain pour Nouakchott.

Le futur proche est considéré comme totalement programmé au moment de l'énonciation, même si, objectivement, l'action peut être assez éloignée dans l'avenir :

> Je *prends* ma retraite dans dix ans.

Le présent s'utilise aussi pour une action future dans la subordonnée conditionnelle d'une phrase dont le verbe principal est au futur :

> Si tu *viens* demain, j'en *serai* ravi.
>   présent   futur

- **Présent de narration ou présent historique**

Dans ce cas, l'action décrite n'est évidemment pas contemporaine de la phrase par laquelle on la décrit. Mais la personne qui parle fait comme si elle assistait actuellement aux actions qu'elle évoque :

> Louis XVI *meurt* le 21 janvier 1793.
>   présent

Le présent historique permet donc de rendre présents les événements passés. Cette valeur est toujours plus ou moins ressentie par l'auditeur ou le lecteur, même quand le présent de narration est utilisé systématiquement par la personne qui raconte les événements.

- **Présent injonctif**

Il arrive parfois que le présent prenne la valeur modale d'un impératif : la phrase **on se calme !** adressée à un groupe d'enfants agités n'est pas une constatation, mais un ordre.

144 Les formes simples du passé :
l'imparfait et le passé simple

● **Valeurs comparées de l'imparfait et du passé simple**

Contrairement à d'autres langues (par exemple, l'anglais et l'allemand), le français dispose de deux formes simples de passé. En effet, le passé simple, dans tous ses emplois, et l'imparfait, le plus souvent, ont une valeur de passé, qui les oppose l'un et l'autre au présent. Le problème est alors de savoir comment ces deux temps du passé se distinguent l'un de l'autre.

La comparaison de deux exemples le montrera :

– Quand on dit *il travaillait*, à l'imparfait, on ne s'intéresse pas aux moments qui ont marqué le début et la fin de l'action. C'est pourquoi on peut dire *il travaillait déjà en 1907*, alors qu'on ne peut pas dire, au passé simple, ● *il travailla déjà en 1907*.

– Quand on dit *il travailla*, on indique que l'action – qui peut avoir duré longtemps – a eu un début et une fin. C'est pourquoi on peut dire *il travailla de 1902 à 1937*, alors qu'on ne peut pas normalement dire, à l'imparfait, ● *il travaillait de 1902 à 1937*.

C'est ce phénomène qui explique les valeurs différentes prises par des séries de verbes à l'imparfait et au passé simple.

L'imparfait indique normalement des actions simultanées ou alternatives :

> *Elle dansait, sautait et chantait.*
> (comprendre : elle faisait tout cela en même temps)

Le passé simple marque généralement des actions successives :

> *Elle dansa, sauta et chanta.*
> (comprendre : elle fit successivement les trois actions)

Quand les deux temps interviennent dans la même phrase, le passé simple marque une action limitée qui s'insère au sein de l'action illimitée marquée par l'imparfait :

> *L'avion <u>volait</u> à haute altitude quand l'incident <u>survint</u>.*

● **Registres d'emploi de l'imparfait et du passé simple**

L'imparfait s'emploie, à l'oral et à l'écrit, à toutes les personnes. Au contraire, le passé simple est, dans la langue contemporaine, à peu près exclusivement réservé à la 3e personne. C'est ce qui explique l'aspect démodé que prennent les formes de 1re et de 2e personnes, notamment au pluriel : *nous arrivâmes, vous partîtes*. On leur préfère le passé composé : *nous sommes arrivés, vous êtes partis* (→151). Sans être absolument absent à l'oral, le passé simple caractérise surtout l'usage écrit, notamment littéraire.

REMARQUE La situation du passé simple était différente au xixe siècle : le passé simple s'utilisait à toutes les personnes, vraisemblablement à l'oral comme à l'écrit. De très longs récits autobiographiques pouvaient être rédigés au passé simple à la première personne, ce qui est devenu exceptionnel aujourd'hui, et révèle des intentions particulières : l'imitation archaïsante des textes du passé ou l'intention de marquer la séparation complète entre le *je* qui écrit et le *je* dont l'histoire est racontée.

- ● **Valeurs particulières de l'imparfait**

L'imparfait peut signifier qu'une action ne s'est pas réalisée. C'est ce qu'on appelle l'*imparfait d'imminence* contrecarrée :

> *Un peu plus la bombe <u>explosait</u>.*
> (comprendre : finalement, elle n'a pas explosé)

REMARQUE Cette valeur de l'imparfait explique certains phénomènes d'ambiguïté. Ainsi, la phrase *cinq minutes après, la bombe explosait* peut renvoyer à deux situations différentes : 1. la bombe a finalement explosé cinq minutes après ; 2. la bombe a été désamorcée avant le délai des cinq minutes, et n'a pas explosé.

C'est cette aptitude de l'imparfait à s'appliquer à des actions non réalisées qui explique deux de ses valeurs :
– L'emploi de l'imparfait pour présenter de façon atténuée – comme si on ne la présentait pas vraiment – une demande ou une supplique :

> *Je <u>venais</u> vous demander une augmentation de traitement.*

– La valeur *modale* d'irréel ou de potentiel qu'il prend dans les subordonnées des systèmes hypothétiques :

> *Si j'<u>avais</u> de l'argent, je t'en donnerais.*

Dans ces phrases, l'imparfait prend selon le cas une valeur de présent *(si j'avais de l'argent aujourd'hui...)* ou de futur *(si demain j'avais de l'argent...)*.

145 Le futur et le conditionnel

Contrairement à d'autres langues (notamment l'anglais et l'allemand), le futur et le conditionnel français sont des formes simples. Toutefois, ce n'est pas un hasard si dans les désinences en *-ai* et *-ais*, *-as* et *-ais*, *-a* et *-ait*, *-ons* et *-ions*, *-ez* et *-iez*, *-ont* et *-aient* on reconnaît, partiellement ou totalement selon les cas, les formes de la conjugaison du verbe *avoir*. C'est que le futur et le conditionnel ont été, étymologiquement, formés par l'adjonction des formes de présent et d'imparfait du verbe *avoir* à l'infinitif du verbe.

REMARQUE La forme de l'infinitif du verbe ne permet cependant pas de prévoir à coup sûr les formes de futur et de conditionnel : à côté de *travaillerai(s)*, *finirai(s)*, *coudrai(s)*, on trouve *enverrai(s)*, *courrai(s)* et *irai(s)*, où l'infinitif n'est pas reconnaissable.

146 Le futur

• Valeur temporelle du futur

Le futur marque que le procès signifié par le verbe est situé dans l'avenir par rapport au moment où on parle :

> *Il neigera demain.*

Selon le cas, le futur envisage ou non les limites temporelles de l'action :

> *Il neigera jusqu'à demain.*
>
> *Il neigera sans discontinuer.*

C'est ce qui explique qu'une série de verbes au futur peut selon le cas viser des actions successives, simultanées ou alternatives.

Les actions se succèdent dans :

> *Ils se marieront (d'abord) et auront (ensuite) beaucoup d'enfants.*

Elles sont simultanées ou alternatives dans :

> *Au cours de leur soirée d'adieu, ils mangeront, boiront et fumeront.*
>
> (comprendre : ils feront ces trois actions en même temps ou tour à tour)

• Le futur historique

Le futur historique permet de raconter des événements passés comme s'ils étaient ultérieurs au moment de l'énonciation. Un historien peut, en 2006, écrire :

> *La Première Guerre mondiale finira par éclater en 1914.*

• Valeurs modales du futur

Il existe toujours une dose d'incertitude dans les emplois du futur : on ne peut jamais être certain de la réalisation d'une action située dans l'avenir. Selon que l'action est considérée comme plus ou moins certaine, le futur peut donner lieu à des emplois divers, parfois aussi proches du mode que du temps.

– Le futur est souvent utilisé comme équivalent de l'impératif. L'enseignante qui dit à ses élèves : *Vous me remettrez vos devoirs mardi prochain*, donne en réalité un ordre... qui ne sera peut-être pas exécuté par tout le monde.

– Le futur sert souvent à exprimer une idée de façon atténuée :

Je ne vous <u>cacherai</u> pas que je suis très étonné de votre attitude.

– Le futur marque parfois la probabilité, surtout avec le verbe *être* :

Le téléphone sonne : ce <u>sera</u> sans doute l'un de mes enfants.

● **Les concurrents du futur : le présent**

Le présent (→ 143) se distingue du futur moins par la proximité temporelle de l'action que par son caractère totalement programmé. Dans un wagon de métro encombré, la question *vous descendez à la prochaine ?* interroge, au présent, sur les intentions de la personne pour son futur proche : *a-t-elle prévu de descendre à la prochaine ?* La réponse au futur *non, mais je descendrai*, indique que l'action n'était pas programmée : la personne ne prévoyait pas de descendre, mais elle le fera pour rendre service.

Sur les phrases du type *si tu viens demain, j'en serai ravi* → 143.

Le futur est en principe impossible dans la subordonnée. Le semi-auxiliaire *devoir* suivi de l'infinitif peut servir à souligner la valeur de futur :

Si tu <u>dois</u>   <u>venir</u> demain, j'en <u>serai</u> ravi.
semi-auxiliaire *devoir*   verbe *venir* à l'infinitif

● **Les concurrents du futur : les périphrases verbales**

Les deux périphrases verbales *aller* et *être sur le point de* + infinitif insistent sur l'imminence (objective ou présentée comme telle) de l'action :

Je <u>vais</u> partir.

Je <u>suis sur le point de craquer</u>.

147 Le conditionnel : à la fois futur et passé

La morphologie du conditionnel comporte à la fois une marque de futur (l'affixe *-(e)r-*) et une marque de passé (les affixes *-ais*, *-ait* et *-i-* de *-ions* et *-iez*, communs au conditionnel et à l'imparfait). C'est cette particularité qui explique à la fois ses valeurs temporelles et ses valeurs modales :

– Du point de vue temporel, le conditionnel marque un futur vu du passé.

– Du point de vue modal, il cumule les éléments modaux du futur et de l'imparfait (→ 146 et 144), ce qui l'oriente vers une valeur hypothétique.

148 Valeurs temporelles du conditionnel

● **Emplois en subordonnée**

Le conditionnel est le substitut du futur quand l'action est envisagée à partir du passé. Il n'y a dans les emplois de ce type aucune nuance de condition :

> Paul *espérait* que Martine *viendrait.*
> passé · · · · · · · · · conditionnel

Dans cette phrase, le conditionnel est l'équivalent du futur de la phrase suivante, dont la principale est au présent :

> Paul *espère* que Martine *viendra.*
> présent · · · · · · · · · futur

● **Emplois en indépendante**

La même valeur temporelle du conditionnel s'observe, dans des propositions indépendantes, pour marquer des actions futures par rapport à un récit au passé :

> Jacques pensait à Marie : *viendrait*-elle le voir bientôt ?
> (comparer à : Jacques pense à Marie : viendra-t-elle le voir bientôt ?)

REMARQUE Cet emploi du conditionnel caractérise le *discours indirect libre*, procédé par lequel on rapporte les propos ou les réflexions de quelqu'un sans les faire dépendre d'un verbe principal.

149 Valeurs modales du conditionnel

● **Irréel du présent et potentiel**

Le conditionnel apparaît dans la principale des phrases hypothétiques dont la subordonnée est à l'imparfait :

> Si j'*avais* de l'argent, je t'en *donnerais.*
> imparfait · · · · · · · · · conditionnel

Sans précision temporelle, l'action peut être interprétée comme située dans le présent :

> Si j'*avais* maintenant de l'argent, je t'en donnerais.

La personne qui prononce cette phrase n'a pas d'argent pour l'instant, et de ce fait n'en donne pas. C'est pourquoi on parle pour ce cas d'***irréel du présent***.

Mais la même phrase peut aussi être interprétée comme visant le futur :

> *Si demain j'avais de l'argent, je t'en donnerais.*

La personne qui prononce cette phrase envisage comme possible d'avoir de l'argent le lendemain, et, de ce fait, d'en donner. C'est pourquoi on parle dans ce cas de **potentiel**.

Pour l'expression de l'irréel du passé → conditionnel passé **153**

REMARQUE Au même titre que le futur, le conditionnel ne s'emploie normalement pas dans la subordonnée introduite par *si*. On en trouve toutefois des exemples dans l'usage familier : ● *si je voudrais, je pourrais*. Cet emploi, jugé incorrect, doit être évité.

● **Expression d'un conseil, d'une demande, d'une opinion rapportée**
Le conditionnel est également utilisé avec les valeurs suivantes :

– Expression atténuée d'un conseil ou d'une demande :

> *Il faudrait tout changer.* (conseil)
>
> *Je voudrais avoir un entretien avec vous.* (demande)

– Formulation d'une opinion émanant d'une autre personne :

> *L'épidémie serait en voie de généralisation.*

Cet emploi du conditionnel, fréquent dans la presse, permet à l'auteur d'émettre des réserves sur la validité de l'information. Il est parfois commenté par des formules du type *selon l'intéressé, selon les milieux bien informés*, etc.

– Mise en place d'un monde imaginaire. Cette valeur s'observe fréquemment dans l'usage des enfants :

> *On serait dans une île déserte. On ferait la chasse aux sangliers.*

150 Les deux valeurs fondamentales des formes composées

Par rapport aux formes simples qui leur correspondent (→ **104**), les formes composées sont pourvues alternativement de deux valeurs.

● **Valeur d'accompli**
Elles marquent la valeur aspectuelle d'accompli. Quand on dit, au présent :

> *J'écris ma lettre de réclamation.*

on montre l'action en train de se faire : on est dans l'inaccompli (ou le non-accompli).

Mais si, toujours dans le présent, on veut montrer l'action accomplie, on emploie la forme composée correspondant au présent :

> *J'ai écrit ma lettre de réclamation.*

La forme passive correspondant à cette valeur d'accompli est le présent passif : *ma lettre de réclamation est écrite*, phrase qui ne peut en aucune façon être comprise comme montrant la lettre en train de s'écrire.

● **Antériorité temporelle**

Mise en perspective, dans la même phrase, avec la forme simple qui lui correspond, la forme composée marque l'antériorité par rapport à la forme simple :

> *Dès que j'ai écrit ma lettre de réclamation, je l'envoie.*

Dans ce cas, l'antériorité par rapport au présent relève nécessairement du passé : c'est ce qui explique la faculté qu'a le passé composé de s'orienter vers la valeur temporelle de passé.

L'opposition des formes simples et composées vaut pour tous les modes : ainsi, le subjonctif passé est selon le cas un accompli ou un antérieur.

151 Le passé composé

Le passé composé est la forme la plus litigieuse du système temporel français. Il cumule en effet deux valeurs nettement différentes, qui sont toutefois l'une et l'autre désignées par la même appellation traditionnelle de *passé composé*.

● **L'expression d'une action accomplie dans le présent**

Dans certains de ses emplois, le passé composé est l'accompli du présent. Il est absolument impossible de lui substituer une forme quelconque de passé. Si je dis :

> *Quand on est seul, on a vite déjeuné.*

il est impossible de substituer aux formes de passé composé une forme d'imparfait ou de passé simple. Les indications temporelles fournies par la subordonnée au présent indiquent que l'action décrite se situe dans le présent. On a donc affaire à la valeur aspectuelle d'accompli de présent.

C'est cette valeur qui permet au passé composé de prendre une valeur de futur proche identique, dans l'accompli, à celle du présent dans le non-accompli :

> *Je suis revenu dans cinq minutes.*

Cette phrase signifie que, dans cinq minutes, j'aurai accompli l'action de revenir.

● L'expression du passé

La même forme de passé composé est apte à marquer une action passée. Le passé composé peut alors, sans différence de sens appréciable, être remplacé par le passé simple :

> *La marquise <u>est sortie</u> à cinq heures.*
> passé composé
>
> *La marquise <u>sortit</u> à cinq heures.*
> passé simple

Ces deux phrases rapportent exactement le même événement. Dans cet emploi de passé, le passé composé s'oppose à l'imparfait de la même façon que le passé simple :

> *Les élèves <u>chahutaient</u> quand le proviseur <u>est entré</u>   ou   <u>entra</u>.*
> imparfait   passé composé   passé simple

Cependant, le passé composé donne, par opposition au passé simple, l'impression de la présence de la personne qui parle.

152　Le plus-que-parfait et le passé antérieur

Le plus-que-parfait est la forme composée qui correspond à l'imparfait, le passé antérieur celle qui correspond au passé simple. Ces deux temps ont donc par rapport aux formes simples correspondantes les deux valeurs attendues : valeur d'accompli et valeur d'antériorité.

● Valeur aspectuelle d'accompli

Les actions désignées par le verbe sont présentées comme accomplies à un moment du passé :

> *Le 20 janvier, j'<u>avais terminé</u> mon travail.*
> plus-que-parfait
>
> *Il <u>eut fini</u> en un instant.*
> passé antérieur

• Valeur temporelle d'antériorité

Les actions rapportées au plus-que-parfait ou au passé antérieur marquent une antériorité par rapport à celles qui sont rapportées à l'imparfait ou au passé simple :

> *Dès qu'il <u>avait terminé</u> son travail, il partait se promener.*
> plus-que-parfait

L'action de **terminer le travail** est antérieure, dans le passé, à celle de *se promener* :

> *Quand elle <u>eut écrit</u> ses lettres, elle les envoya.*
> passé antérieur

L'action d'*écrire les lettres* est antérieure, dans le passé, à celle de *les envoyer*.

• Le plus-que-parfait : valeurs spécifiques

Le plus-que-parfait comporte certaines valeurs analogues à celles de l'imparfait, par exemple l'emploi dans des demandes présentées de façon atténuée :

> *J'<u>étais venu</u> vous demander un service.*

Le plus-que-parfait a la valeur modale d'irréel du passé dans la subordonnée introduite par *si* d'une phrase hypothétique :

> *Si j'<u>avais eu</u> (hier) de l'argent, je t'en <u>aurais donné</u>.*
> plus-que-parfait   conditionnel passé

• Le passé antérieur : spécificités d'emploi

Le passé antérieur comporte les mêmes limitations d'emploi que le passé simple : son emploi aux deux premières personnes est devenu très rare, et la troisième personne s'observe surtout dans l'usage écrit.

REMARQUE On se gardera de confondre le passé antérieur avec le plus-que-parfait du subjonctif, qui, à la 3e personne du singulier, se confond avec lui à l'oral, et, à l'écrit, ne se distingue de lui que par la présence de l'accent circonflexe :

> *il eut écrit – il eût écrit*
> *il fut revenu – il fût revenu*

153 Le futur antérieur et le conditionnel passé

Le futur antérieur et le conditionnel passé sont les formes composées qui correspondent respectivement au futur et au conditionnel présent. Leurs valeurs sont conformes à ce que laisse attendre l'opposition générale des formes composées aux formes simples : valeur aspectuelle d'accompli et valeur temporelle d'antériorité.

● **Valeurs du futur antérieur**

Le futur antérieur marque l'accompli dans le futur :

> J'*aurai terminé* mon roman à la fin du mois.

Il marque aussi l'antériorité par rapport au futur simple :

> Dès que Jacques *aura fini* son travail, il *viendra* nous voir.
>   futur antérieur   futur simple

Comme le futur simple, il est apte à marquer la probabilité :

> Pierre n'est pas arrivé : son train *aura* encore *pris* du retard.

● **Valeurs temporelles du conditionnel passé**

Dans une subordonnée dépendant d'un verbe au passé, le conditionnel passé se substitue au futur antérieur. À la phrase :

> Il *prétend*   qu'il   *aura fini* aujourd'hui.
> verbe principal au présent   futur antérieur

correspond :

> Il *prétendait*   qu'il   *aurait fini* aujourd'hui.
> verbe principal au passé   conditionnel passé

REMARQUE Il en va de même dans le discours indirect libre, qui rapporte les propos (ou les réflexions) de quelqu'un sans les faire dépendre d'un verbe principal :

> Il réfléchissait à son emploi du temps : il *aurait fini* son roman en janvier.

● **Valeurs modales du conditionnel passé**

Dans un système hypothétique, le conditionnel passé marque, dans la principale, l'irréel du passé :

> Si j'*avais eu* de l'argent hier, je t'en *aurais donné.*
>   plus-que-parfait   conditionnel passé

La personne qui prononce cette phrase n'avait pas d'argent, et de ce fait n'en a pas donné : c'est pourquoi on parle d'*irréel du passé.*

REMARQUE

– Dans ce type d'emploi, le conditionnel passé dans la principale ainsi que le plus-que-parfait de l'indicatif dans la subordonnée sont parfois, dans l'usage littéraire, l'un et l'autre remplacés par le plus-que-parfait du subjonctif :

*Si j'*eusse eu *de l'argent, je t'en* eusse donné.

C'est cet usage vieilli qui explique l'appellation de conditionnel passé deuxième forme qu'on donnait autrefois à cet emploi du plus-que-parfait du subjonctif.

– Le conditionnel passé ne s'emploie en principe jamais dans la subordonnée. Toutefois, l'usage familier l'utilise parfois :

Si j'aurais su, j'aurais pas venu. Louis Pergaud

Enfin, le conditionnel passé a les valeurs modales du conditionnel présent, mais leur confère en outre la valeur aspectuelle d'accompli (→ 99 et 150) :

J'aurais bien voulu *vous parler.*
(demande présentée de façon atténuée)

L'épidémie aurait *enfin* été jugulée.
(information attribuée à une source extérieure)

On serait revenus *de l'Eldorado.*
(construction d'un monde imaginaire)

154 Les formes surcomposées

La plus fréquente de ces formes, constituées à l'aide d'un auxiliaire lui-même composé (→ 92), est le passé surcomposé, qui sert surtout, dans l'usage contemporain, à marquer l'antériorité par rapport à un passé composé :

Quand il a eu terminé *son devoir, il est sorti de la salle d'examen.*

On rencontre parfois le plus-que-parfait surcomposé :

Dès qu'il avait eu fini *son devoir, il était sorti.*

Le futur antérieur surcomposé est encore plus rare :

Il sera sorti dès qu'il aura eu fini.

VALEURS DES FORMES MODALES

155 Temps et modes : une frontière poreuse

Il n'existe pas de frontière absolument étanche entre la catégorie du temps et celle du mode. Certaines formes temporelles (l'imparfait, le futur, et même le présent) ont des valeurs modales. Le conditionnel, aujourd'hui considéré comme un temps de l'indicatif, a longtemps été présenté comme un mode spécifique.

De plus, la catégorie traditionnelle du mode regroupe deux séries de formes de statut bien différent : les modes personnels (indicatif, subjonctif, impératif) et impersonnels (infinitif, participe, gérondif). Enfin, les deux catégories du temps et du mode se combinent entre elles : un subjonctif peut être présent ou imparfait, un « passé » peut relever de l'impératif ou du participe, etc.

156 Approche de la notion de mode

Dans ces conditions, il est difficile de donner une définition précise de la notion de mode.

● Les modes personnels

Pour les trois modes personnels, on dit souvent qu'ils correspondent à trois façons différentes d'envisager l'action signifiée par le verbe : l'indicatif la présenterait comme réelle, le subjonctif comme virtuelle, l'impératif lui donnerait la forme d'un ordre. Mais ces répartitions sont fréquemment contredites par les emplois. Il n'y a rien de réel dans l'indicatif *viendra* :

> Paul s'est mis en tête l'idée fausse que Jeanne <u>viendra</u> le voir.

Il n'y a rien de virtuel dans le subjonctif **travaille** :

> Bien qu'il <u>travaille</u>, Jean ne réussit pas.

Et l'impératif **travaillez** est interprété comme une condition (« si vous travaillez, vous réussirez ») plutôt que comme une injonction.

> <u>Travaillez</u> : vous réussirez.

● Les modes impersonnels

Les trois modes impersonnels sont, entre eux, plus homogènes. Ils permettent en effet de conférer à un verbe (muni éventuellement de tous ses compléments et, parfois, de son sujet) les fonctions généralement exercées par un mot d'une autre classe : nom pour l'infinitif, adjectif pour le participe, adverbe pour le gérondif.

● **Modes et temps**

Parmi les modes, l'indicatif se distingue par la richesse de son système temporel.

Le subjonctif ne dispose que de quatre temps.

L'impératif et l'infinitif n'ont que deux temps.

Le participe a trois formes : la forme simple de participe présent *(travaillant)* et la forme composée correspondante *(ayant travaillé)* ne posent pas de problème particulier.

La troisième forme, simple *(travaillé)*, est souvent appelée « participe passé ». Il est vrai que c'est cette forme qui sert à constituer par exemple le passé composé.

Mais on a vu (→ **151**) que ce temps a fréquemment la valeur aspectuelle d'accompli de présent. En outre, ce prétendu participe « passé » sert aussi à former le présent passif des verbes transitifs *(Les enfants sont aimés par leurs parents)*, où il n'a évidemment aucune valeur de passé.

Enfin, pour le gérondif, on n'utilise communément que la forme simple *(en travaillant)*. On rencontre cependant parfois la forme composée correspondante *(en ayant travaillé)*.

157 Les valeurs de l'indicatif

L'indicatif est fondamentalement le mode qu'on emploie chaque fois qu'il n'y a pas une raison déterminante d'utiliser un autre mode personnel. Par la variété de ses formes temporelles, il est apte à situer l'action dans le temps. De ce fait, il se prête le plus souvent à exprimer une action réelle ou présentée comme telle. L'indicatif est donc le mode habituel des phrases assertives (affirmatives et négatives) et interrogatives.

● **Emplois de l'indicatif par rapport au subjonctif**

Deux types d'emplois illustrent clairement la valeur de l'indicatif en faisant apparaître son opposition avec le subjonctif :

– Dans la dépendance de la gamme d'adjectifs *certain, probable, possible*, la frontière entre l'indicatif et le subjonctif passe généralement entre *probable* et *possible* :

> *Il est _probable_ qu'il _viendra_.*
> indicatif
>
> *Il est _possible_ qu'il _vienne_.*
> subjonctif

– **Vraisemblable** accepte les deux modes, mais il suffit de le dénier ou même de le quantifier par **peu** pour rendre l'indicatif impossible :

> *Il n'est pas vraisemblable (ou il est peu vraisemblable) qu'il vienne.*
> subjonctif

– Dans une subordonnée temporelle introduite par **après que**, on emploie normalement l'indicatif. L'action est présentée comme réelle :

> *après qu'il est venu*
>
> *après qu'il sera venu*

Inversement, la subordonnée introduite par **avant que** présente l'action comme virtuelle, et comporte le subjonctif :

> *avant qu'il soit venu*
>
> *avant qu'il vienne*

Toutefois, l'usage du subjonctif a tendance, dans la langue contemporaine, à gagner les subordonnées introduites par **après que**.

Dans plusieurs autres cas, l'indicatif s'emploie pour des actions absolument irréelles, par exemple pour le contenu d'opinions explicitement données pour fausses :

> *Paul s'est mis en tête l'idée fausse que Jeanne viendra le voir.*
> indicatif

Dans cette phrase l'indicatif est seul possible.

Dans d'autres cas, il peut alterner avec le subjonctif :

> *On doute que le conditionnel est (ou soit) un mode.*

158 Les valeurs du subjonctif

Le subjonctif présente seulement quatre formes « temporelles ». Deux d'entre elles – l'imparfait et le plus-que-parfait – sont aujourd'hui d'un usage très rare, notamment aux 1re et 2e personnes : *(que) tu limasses, (que) nous sussions, (que) tu eusses travaillé* ne se rencontrent plus guère que dans les tableaux de conjugaison des grammaires. Même à l'époque où elles étaient d'emploi plus fréquent, elles ne servaient le plus souvent qu'à mettre en concordance le temps du verbe au subjonctif de la subordonnée avec le temps du passé de la principale, sans donner aucune indication temporelle sur l'action :

> *J'exige qu'elle vienne demain. J'exigeais qu'elle vînt demain.*
> présent   présent   imparfait   imparfait
>
> *J'exige que tu aies terminé. J'exigeais que tu eusses terminé.*
> présent   passé   imparfait   plus-que-parfait

En outre, les deux formes réellement utilisées – le présent et le passé – s'opposent souvent par une différence aspectuelle (→ 150 et 99), et non proprement temporelle :

> *Je veux qu'il <u>achève</u> son travail aujourd'hui.*
>
> *Je veux qu'il <u>ait achevé</u> son travail aujourd'hui.*

En opposition avec l'indicatif, le subjonctif a donc peu d'aptitude à situer les actions dans le temps. Ainsi, c'est le présent du subjonctif qu'on utilise pour une action future (alors qu'il existe un futur du subjonctif dans d'autres langues). Quant aux rares emplois de l'imparfait et même du plus-que-parfait, ils peuvent eux aussi, sous l'effet de la règle de concordance, viser le futur, comme le montrent les exemples qui viennent d'être cités. De cette inaptitude du mode à situer les actions dans le temps, on tire fréquemment l'idée que le subjonctif convient aux actions « irréelles » ou « virtuelles ». Vérifiée dans de nombreux cas, cette hypothèse est cependant infirmée par plusieurs types d'emplois. La présence de Paul n'a rien d'« irréel » dans :

> *Je suis irrité que Paul <u>soit</u> là.*
> subjonctif

Ni dans :

> *Bien que Benjamin <u>soit</u> présent, je reste.*
> subjonctif

Non plus que dans :

> *Le fait que Paul <u>soit</u> ici est bien fâcheux.*
> subjonctif

159 Valeurs du subjonctif en proposition indépendante ou principale

● **Valeur injonctive**

Le subjonctif se prête à l'expression d'un ordre :

> *Que le chien <u>reste</u> dehors !*
>
> *Qu'il <u>soit</u> prêt pour le goûter !*

Le subjonctif pallie ici l'absence de la 3e personne de l'impératif.

● **Valeur optative**

Le subjonctif se prête à l'expression d'un souhait :

> *Que les hommes <u>mettent</u> fin à la guerre !*

REMARQUE Cette valeur d'optatif permet d'observer certains emplois du subjonctif non précédé de *que*, dans des expressions plus ou moins figées : *Vive la Croix-Rouge, puisses-tu revenir, plaise au ciel...* (parfois, à l'imparfait, *plût au ciel que...*, expression marquant le regret). On remarquera que dans ces emplois le sujet est placé après le verbe au subjonctif.

● **Valeur exclamative de possibilité refusée**

> *Moi, que j'écrive un livre de grammaire !*

● **Valeur de réfutation polémique d'une opinion**
On rencontre cette valeur avec le verbe *savoir* à la première personne du singulier, non précédé de *que* dans une phrase négative :

> *Je ne sache pas que la grammaire soit ennuyeuse.*

REMARQUE Cet emploi se rencontre parfois à la première personne du pluriel : *Nous ne sachions pas que la conjugaison soit difficile.* On remarquera aussi le subjonctif de la subordonnée.

160 ## Emplois de l'indicatif et du subjonctif en proposition subordonnée complétive

● **Emploi obligatoire de l'indicatif**
Le subjonctif est impossible, et laisse donc place à l'indicatif après les verbes d'assertion ou d'opinion tels que *affirmer, assurer, dire* (quand il est utilisé de façon déclarative), *espérer, être certain, penser...* employés dans des phrases affirmatives.

● **Emploi obligatoire du subjonctif**
Le subjonctif est seul possible après *attendre, décider, décréter, dire* (quand il a une valeur injonctive), *défendre, douter, être nécessaire, être possible, exiger, falloir, interdire, ordonner, préférer, souhaiter...*

● **Alternance de l'indicatif et du subjonctif**
Le subjonctif apparaît en alternance avec l'indicatif après des verbes tels que *admettre, comprendre, expliquer, supposer*, ainsi qu'après les verbes d'assertion ou d'opinion utilisés de façon négative :

> *Je pense que tu peux travailler.*
> indicatif

> *Je ne pense pas que tu puisses (ou peux) travailler.*
> subjonctif   indicatif

La forme interrogative de la phrase peut parfois rendre possible l'emploi du subjonctif en alternance avec l'indicatif :

> Penses-tu que je *puisse* (*ou peux*) travailler ?
>   subjonctif   indicatif

Inversement, c'est l'indicatif qui devient possible quand **douter** (ou **être douteux**) est utilisé négativement :

> Je doute qu'il *vienne*.
>   subjonctif
>
> Je ne doute pas qu'il *viendra* (*ou vienne*).
>   indicatif   subjonctif

La subordonnée placée avant la principale peut passer au subjonctif, même dans la dépendance d'une expression marquant la certitude :

> Qu'il *ait* (*ou qu'il a*) été refusé au brevet, c'est certain.
>   subjonctif   indicatif

161 Emplois du subjonctif et de l'indicatif en proposition relative

Dans certains types de propositions relatives, on trouve en alternance le subjonctif et l'indicatif :

> Je cherche dans ce village une maison qui *ait* une tourelle.
>   subjonctif

La relative au subjonctif (*qui ait une tourelle*) indique le critère de sélection de la maison cherchée, sans indiquer si elle existe réellement dans le village :

> Je cherche dans ce village une maison qui *a* une tourelle.
>   indicatif

À l'indicatif, la relative présuppose l'existence, dans le village, d'une maison à tourelle.

162 Emplois du subjonctif en proposition circonstancielle

● **Le subjonctif dans les temporelles**

On trouve le subjonctif après **avant que** et **jusqu'à ce que**. Dans ces phrases, le subjonctif passé (et éventuellement plus-que-parfait) marque la postériorité de l'action :

> Tu es parti avant qu'il soit arrivé.
>
> Tu étais parti avant qu'il fût arrivé.
> (Son arrivée a été postérieure à ton départ.)

L'analogie d'*avant que* fait parfois apparaître le subjonctif avec *après que*. L'homophonie à la 3ᵉ personne du singulier entre le passé antérieur de l'indicatif et le plus-que-parfait du subjonctif (toutefois distingués dans l'orthographe par l'accent circonflexe) a pu favoriser cette extension : *Après qu'il eut/eût [y] terminé son travail, il sortit de la salle.*

● Le subjonctif dans les causales

Le subjonctif apparaît après ***non que***, qui sert à marquer une cause rejetée :

> *Il a de l'argent, non qu'il <u>ait travaillé</u>, mais il a hérité.*
> subjonctif

On remarque ici la valeur d'antériorité du subjonctif passé.

● Le subjonctif dans les concessives

Le subjonctif est le mode obligatoire des concessives (introduites par ***quoique***, ***bien que***...) :

> *Quoiqu'il <u>soit</u> tard, il fait encore jour.*
> subjonctif
> *Si paresseux qu'il <u>soit</u>, il a été reçu à son examen.*
> subjonctif

Seules les concessives introduites par ***tout + adjectif + que*** emploient l'indicatif :

> *Tout paresseux qu'il <u>est</u>, il a été reçu à son examen.*
> indicatif

REMARQUE On trouve parfois l'indicatif après *quoique*. Il vaut mieux ne pas imiter cet usage.

● Le subjonctif dans les finales

Le subjonctif est le mode obligatoire des finales :

> *On écrit des livres pour qu'ils <u>soient lus</u>.*
> subjonctif

REMARQUE Quand le sujet de la principale se confond avec celui du verbe subordonné, on emploie l'infinitif sans en expliciter le sujet : *On écrit pour être lu.* ● *Pour qu'on soit lu* est très peu vraisemblable.

● **Le subjonctif dans les consécutives**

Le subjonctif n'apparaît parfois, en alternance avec l'indicatif, qu'après *de façon que* et *de manière que* :

> Jacques agit de manière que Paul *réussisse* ou *réussit*.
>
> subjonctif   indicatif

REMARQUE Pour l'emploi du subjonctif plus-que-parfait dans les systèmes hypothétiques avec subordonnée introduite par *si* → **153, remarque 2.**

● **Choix des temps du subjonctif**

Dans les subordonnées, le temps du subjonctif est déterminé à la fois par sa valeur propre et par le temps du verbe de la principale :

– Le verbe de la principale au présent ou au futur entraîne dans la subordonnée le présent ou le passé du subjonctif. Le verbe de la principale à un temps quelconque du passé entraîne normalement dans la subordonnée l'imparfait ou le plus-que-parfait du subjonctif :

> Je souhaite qu'il *vienne* ou qu'il *soit venu*.
>
> subjonctif présent   subjonctif passé
>
> Je souhaitais qu'il *vînt*   ou   qu'il *fût venu*.
>
> subjonctif imparfait   subjonctif plus-que-parfait

On a vu au paragraphe **158** que cette règle de « concordance des temps » n'est plus guère observée aujourd'hui.

– Le choix entre les formes simples (présent et imparfait) et composées (imparfait et plus-que-parfait) se fait sur le modèle expliqué au paragraphe **158** : la forme composée fournit selon le cas une valeur aspectuelle d'accompli ou une valeur temporelle d'antériorité.

163 Les valeurs de l'impératif

Contrairement à d'autres langues, le français ne connaît l'impératif qu'à la deuxième personne, au singulier et au pluriel, ainsi qu'à la première personne du pluriel (le *je* s'associe alors avec un ou plusieurs *tu*).

● **L'expression de l'ordre et de la défense**

La valeur fondamentale de l'impératif est d'énoncer un ordre, qui peut se moduler de la prière la plus humble au commandement le plus énergique :

> *Pardonne-nous nos offenses.*
>
> *Portez, armes !*

Sous la forme négative, l'impératif marque la défense :

> *Ne succombons pas à la tentation.*

Ordre et défense s'adressent normalement à des humains. Il est cependant fréquent d'humaniser des animaux, voire des êtres inanimés ou des abstractions personnalisées :

> *Cherche ! Chasse ! Ramène !*
> (ordres adressés à un chien de chasse)
> *Ô Temps, suspends ton vol !* LAMARTINE

● Les concurrents de l'impératif : le subjonctif

Pour pallier l'absence des formes de 3ᵉ personne, on recourt au subjonctif. La relation de ce mode avec l'impératif est marquée par le fait que certains des verbes les plus fréquents de la langue *(être, avoir, savoir, vouloir)* utilisent les mêmes formes pour les deux modes *(sois, aie, sache, veuille)*.

● Les concurrents de l'impératif : l'infinitif

Un ordre ou une défense adressés à une collectivité anonyme sont souvent formulés à l'infinitif, notamment dans l'usage écrit (recettes de cuisine, consignes administratives...) : *faire cuire à feu doux, ne pas se pencher au-dehors.*

● Les concurrents de l'impératif : le présent et le futur de l'indicatif

Le présent et le futur de l'indicatif sont souvent utilisés avec la valeur de l'impératif (→ 143 et 146).

● Expression indirecte de l'ordre ou de la demande

Un ordre ou une demande peuvent être formulés de façon indirecte, par exemple par une question :

> *Pouvez-vous me passer le sel ?*

Voire par une phrase apparemment assertive :

> *Il fait bien chaud ici.*

Cette phrase est en effet souvent le déguisement de *Ouvrez la fenêtre.*

● Des verbes qui ne s'emploient pas à l'impératif

Pour des raisons de sens, certains verbes ne s'emploient pas à l'impératif, ou le font dans des conditions spécifiques. Il est difficile de demander à quelqu'un de *pouvoir* et de *devoir*. Le verbe *savoir* utilisé à l'impératif prend le sens spécifique de *apprendre* :

> *Sachez que je vous ai légué tous mes biens.*

● **Valeur des temps de l'impératif**

Un ordre ou une défense ne peuvent par définition se réaliser qu'après avoir été énoncés. L'impératif, présent ou « passé », a donc nécessairement une valeur temporelle de futur. La différence entre le présent et sa forme composée (dite « impératif passé ») est le plus souvent d'ordre aspectuel :

> *Reviens à minuit.*

> *Sois revenu à minuit.*

La forme composée marque parfois l'antériorité :

> *Ayez terminé avant mon retour.*

164 Les valeurs de l'infinitif

● **Un verbe prenant les fonctions d'un nom**

L'infinitif a pour valeur fondamentale de permettre au verbe de fonctionner comme un nom, sans perdre ses propriétés verbales à l'égard des éléments qui dépendent de lui :

> *Je veux ramasser des châtaignes tous les dimanches.*

Dans cette phrase, *ramasser* est bien, comme un nom, le complément d'objet de *je veux* (comparer avec *je veux des noix*). Mais cela ne l'empêche pas de conserver son propre complément d'objet et un complément circonstanciel. Ainsi employé, l'infinitif peut exercer toutes les fonctions du nom.

REMARQUE C'est cette transformation du verbe en nom qui explique que, dans les dictionnaires français, on a choisi la forme d'infinitif pour servir d'entrée aux formes verbales.

Dans certains cas, le verbe à l'infinitif peut même conserver son sujet :

> *Je fais travailler mes étudiants.*
> sujet de *travailler*

> *Je laisse mes enfants manger du chocolat.*
> sujet de *manger*

C'est ce qu'on appelle la proposition infinitive. En principe, on exige de la proposition infinitive qu'elle comporte, comme dans les deux exemples cités, un sujet explicite. On peut cependant étendre la notion de proposition infinitive aux cas où le sujet n'est pas exprimé :

> *J'entends marcher dans le jardin.*

L'infinitif sert aussi à former, avec les semi-auxiliaires (→ 93), les périphrases verbales :

> Il *va manger*.
>
> Elle *vient de se lever*.

REMARQUE L'infinitif peut passer totalement dans la classe du nom. Il perd alors ses propriétés verbales et adopte tous les caractères du nom : présence d'un déterminant, possibilité de recevoir un adjectif, etc. Cette possibilité a été exploitée au cours de l'histoire de la langue et a fourni au lexique de nombreux noms : *le rire, le sourire, le savoir-faire*, etc.

● **L'infinitif comme substitut de modes personnels**

L'infinitif de narration, précédé de la préposition *de*, caractérise surtout la littérature classique. Il a la fonction d'un indicatif :

> *Et grenouilles de se plaindre, et Jupin de leur dire...* La Fontaine

L'infinitif délibératif sert à marquer, dans une phrase interrogative, la perplexité de la personne qui parle :

> *Que faire ? Où aller ?*

L'infinitif est souvent un substitut commode de l'impératif (→ 163). L'infinitif prend souvent une valeur exclamative, analogue à celle du subjonctif (→ 159) :

> *Moi, écrire un livre de grammaire ! Quelle horreur !*

L'infinitif se substitue fréquemment à l'indicatif ou au subjonctif et constitue alors l'équivalent d'une subordonnée complétive ou circonstancielle. La condition de cette substitution est que le sujet de l'infinitif soit le même que celui du verbe dont il dépend. Selon le cas, cette substitution est facultative :

> *Je pense partir demain.* Je = sujet de *penser* et de *partir*
>
> *Je pense que je pars demain.* Je = sujet de *penser* et de *partir*
> subordonnée complétive

ou obligatoire :

> *Je veux partir demain.* Je = sujet de *vouloir* et de *partir*
>
> *Paul travaille pour réussir.* Je = sujet de *travailler* et de *réussir*

REMARQUE *Paul travaille pour qu'il réussisse* est possible, mais à condition que *il* désigne une autre personne que Paul.

• Le choix des temps de l'infinitif

Les deux formes, simple et composée, de l'infinitif ont alternativement, comme pour les autres modes, une valeur aspectuelle d'accompli (→ **99 et 150**) ou temporelle d'antériorité. L'infinitif présent marque selon le cas une action contemporaine ou postérieure à celle du verbe dont il dépend :

> *J'aime faire de la grammaire.* (action contemporaine)
>
> *Je veux apprendre l'arabe.* (action postérieure)

L'infinitif passé peut marquer l'antériorité par rapport au présent, mais aussi au passé et au futur :

> *Il se flatte (ou se flattait, ou se flattera) d'avoir eu de nombreux succès.*

165 Les valeurs du participe

• Un verbe prenant les fonctions d'un adjectif

Le participe a pour valeur fondamentale de permettre au verbe de fonctionner comme un adjectif, sans perdre ses propriétés verbales à l'égard des éléments qui dépendent de lui :

> *On cherche un secrétaire connaissant le portugais et familiarisé avec l'informatique.*

Les deux participes *connaissant* et *familiarisé* sont des adjectifs épithètes du nom *secrétaire*, et ils conservent leurs propres compléments (*le portugais, avec l'informatique*).

Dans certains cas, le verbe au participe peut même conserver son sujet, dont il devient une épithète :

> *Paul parti, Jacques est arrivé.*
> *Paul* est le sujet de *parti*, qui est grammaticalement son épithète.

• La proposition participiale

Le verbe au participe a un sujet différent du sujet du verbe principal. La proposition ainsi constituée a la valeur d'un complément circonstanciel :

> *Son fils ayant été arrêté, Pierre s'est ruiné en frais de justice.*
> proposition participiale
> à valeur de complément de cause

● **Les différents types de participes**

Le participe passé de forme simple est le seul à pouvoir exercer toutes les fonctions de l'adjectif : épithète, apposition et attribut. On l'emploie le plus souvent dans les formes actives composées de tous les verbes :

> *J'ai travaillé.*   *Je serai revenu.*
> passé composé   futur antérieur

et dans les formes passives des verbes transitifs :

> *La maison est construite.*
> verbe *construire* au passif

> *Les lois sont respectées.*
> verbe *respecter* au passif

Le participe présent et sa forme composée peuvent être épithètes :

> *une situation créant des difficultés*
> épithète de situation

Ils peuvent aussi se construire en apposition :

> *Ayant dormi, Paul sera sûrement de meilleure humeur.*
> apposition de Paul

Mais ils ne peuvent pas prendre la fonction d'attribut, à moins de passer totalement dans la classe de l'adjectif :

> *Paul est tolérant.*
> adjectif attribut

● **Les adjectifs verbaux**

Le participe présent et le participe passé de forme simple sont aptes à se transformer totalement en adjectifs, ce qui leur fait perdre la possibilité d'avoir des compléments. On parle alors d'***adjectifs verbaux***. Pour le participe présent, ce passage entraîne non seulement la variation en genre et en nombre, mais encore, dans de nombreux cas, un changement orthographique. Les participes en ***-guant*** et ***-quant*** deviennent des adjectifs verbaux en ***-gant*** et ***-cant*** :

> *une personne provoquant des catastrophes*
> participe présent

> *une personne (très) provocante*
> adjectif verbal

D'autres participes présents se transforment en adjectifs en *-ent* :

une personne <u>influant</u> sur les décisions politiques
participe présent

une personne <u>influente</u>
adjectif verbal

Pour le participe passé de forme simple, la transformation en adjectif verbal n'a pas de conséquence orthographique, mais entraîne parfois des risques de confusion : l'identité de forme entre le passé composé actif d'un verbe construit avec l'auxiliaire *être* et l'emploi comme attribut de l'adjectif verbal (voire, dans certains cas, la forme de présent passif) pose en effet un problème. *Cet usage est disparu* est-il le passé composé du verbe *disparaître* construit avec l'auxiliaire *être* ? ou emploie-t-il le participe *disparu* comme adjectif verbal ?

● **Valeurs temporelles des participes**

Le participe présent et sa forme composée peuvent situer l'action indifféremment à toute époque. La forme composée a, selon le cas, la fonction d'antérieur ou d'accompli de la forme simple.

Quant au participe « passé » de forme simple, il n'a de passé que le nom (→ 151).

Pour le problème de l'accord du participe → 131 à 141

166 Les valeurs du gérondif

● **Un verbe prenant les fonctions d'un adverbe**

Le gérondif a pour valeur fondamentale de préciser les circonstances de l'action exprimée par le verbe principal, c'est-à-dire de fonctionner comme un adverbe. Il n'en conserve pas moins la possibilité de recevoir des compléments comme un verbe :

<u>En écrivant</u>   <u>des livres</u>, on devient écrivain.
gérondif   complément d'objet
de en écrivant

<u>En devenant</u> <u>professeur</u>, on apprend la pédagogie.
gérondif   attribut

Dans ces deux exemples, les gérondifs *en écrivant* et *en devenant* fonctionnent comme des adverbes par rapport aux verbes *on devient* ou *on apprend*. Toutefois, ces gérondifs conservent respectivement leur complément *(des livres)* ou l'attribut de leur sujet implicite *(professeur)*.

- **Emploi du gérondif**

Le sujet du gérondif, non exprimé, est nécessairement celui du verbe dont il dépend : dans les deux exemples précédents, *on* est à la fois le sujet du gérondif et celui du verbe principal.

REMARQUE Dans certaines expressions figées, le gérondif a un autre sujet que celui du verbe dont il dépend :

> *L'appétit vient en mangeant.* (Ce n'est pas l'appétit qui mange.)
>
> *La fortune vient en dormant.* (Ce n'est pas la fortune qui dort.)

- **Les temps du gérondif**

La seule forme couramment utilisée du gérondif est la forme simple. Très rare, la forme composée marque l'accompli ou l'antériorité.

Dans la phrase suivante, l'élément *tout*, antéposé à *en*, souligne la valeur concessive prise ici par le gérondif :

> *Tout en ayant beaucoup travaillé, il n'est pas sûr d'être reçu.*

Liste alphabétique des verbes

A

7	abaisser	T	15	abréger	T	7	s'accompagner	P
7	s'abaisser	P	15	s'abréger	P	20	accomplir	T
7	abandonner	T	7	abreuver	T	20	s'accomplir	P
7	s'abandonner	P	7	s'abreuver	P	7	accorder	T
20	abasourdir	T	7	abricoter	T	7	s'accorder	P
20	abâtardir	T	7	abriter	T	7	accorer	T
20	s'abâtardir	P	7	s'abriter	P	7	accoster	T
60	abattre	I, T	9	abroger	T	7	s'accoster	P
60	s'abattre	P	20	abrutir	T	7	accoter	T
11	abcéder	I	20	s'abrutir	P	7	s'accoter	P

11	s'abcéder	P
7	abdiquer	I, T
7	aberrer	I
20	abêtir	T
20	s'abêtir	P
7	abhorrer	T
7	abîmer	T
7	s'abîmer	P
7	abjurer	I,T
7	ablater	T
7	s'ablater	P
7	abloquer	T
20	abolir	T
7	abomber afr.	I
7	abominer	T
7	abonder	I
7	abonner	T
7	s'abonner	P
20	abonnir	T
20	s'abonnir	P
7	aborder	I, T, être ou avoir
7	s'aborder	P
7	aboucher	T
7	s'aboucher	P
7	abouler	I, T
7	s'abouler	P
7	abouter	T
20	aboutir	I, Ti, être ou avoir
18	aboyer	I, T
7	abraser	T
7	s'abraser	P

7	absenter afr.	T
7	s'absenter	P
7	absorber	T
7	s'absorber	P
78	absoudre	T
24	s'abstenir	P
66	abstraire	T, D
	pas de passé simple ni de subj. imparfait	
66	s'abstraire	P
7	abuser	T, Ti
7	s'abuser	P
7	s'acagnarder	P
7	accabler	T
7	accaparer	T
7	accastiller	T
11	accéder	Ti
11	accélérer	I, T
11	s'accélérer	P
7	accentuer	T
7	s'accentuer	P
7	accepter	T, Ti
7	s'accepter	P
7	accessoiriser	T
7	accidenter	T
7	acclamer	T
7	acclimater	T
7	s'acclimater	P
7	s'accointer	P
7	accoler	T
7	s'accoler	P
7	accommoder	T
7	s'accommoder	P
7	accompagner	T

7	accoucher	I, T, Ti, être ou avoir
7	s'accouder	P
7	accouer	T
7	accoupler	T
7	s'accoupler	P
20	accourcir	I, T
34	accourir	I, être ou avoir
7	accoutrer	T
7	s'accoutrer	P
7	accoutumer	T
7	s'accoutumer	P
7	accréditer	T
7	s'accréditer	P
7	accrocher	I, T
7	s'accrocher	P
	accroire	T, D
	seulement à l'infinitif	
73	accroître	T, Ti, être ou avoir
73	s'accroître	P
20	s'accroupir	P
29	accueillir	T
7	aculer	T
7	acculturer	T
7	accumuler	I, T
7	s'accumuler	P
7	accuser	T
7	s'accuser	P
7	acenser	T
11	acérer	T
16	acétifier	T
7	acétyler	T
7	achalander	T
7	achaler québ.	T

T : transitif direct   Ti : transitif indirect   I : intransitif   P : construction pronominale   imp. : impersonnel
D : défectif   être : se conjugue avec l'auxiliaire être   être ou avoir : se conjugue avec les deux auxiliaires

7 acharner ....T	7 administrer ....T	20 affermir ....T
7 s'acharner ....P	7 s'administrer ....P	20 s'affermir ....P
7 acheminer ....T	7 admirer ....T	7 afficher ....T
7 s'acheminer ....P	7 s'admirer ....P	7 s'afficher ....P
13 acheter.......... I, T	7 admonester ....T	7 affiler ....T
13 s'acheter ....P	7 s'adoniser ....P	16 affilier ....T
10 achever ....T	7 adonner I	16 s'affilier ....P
10 s'achever ....P	7 s'adonner ....P	7 affiner ....T
7 achopper .... Ti	7 adopter ....T	7 s'affiner ....P
7 s'achopper ....P	7 adorer ....T	7 affirmer ....T
7 achromatiser ....T	7 s'adorer ....P	7 s'affirmer ....P
16 acidifier ....T	7 adosser ....T	7 affleurer .... I, T
16 s'acidifier ....P	7 s'adosser ....P	9 affliger ....T
7 aciduler ....T	7 adouber .... I, T	9 s'affliger ....P
11 aciérer ....T	20 adoucir ....T	7 afflouer ....T
13 aciseler ....T	20 s'adoucir ....P	7 affluer I
7 s'acoquiner ....P	7 adresser ....T	7 affoler ....T
25 acquérir ....T	7 s'adresser ....P	7 s'affoler ....P
25 s'acquérir ....P	7 adsorber ....T	9 affouager ....T
8 acquiescer........ I, Ti	7 aduler ....T	7 affouiller ....T
7 acquitter ....T	11 adultérer ....T	7 affourcher ....T
7 s'acquitter ....P	24 advenir .... I, *être*, D	9 affour(r)ager ....T
7 acter ....T	seulement à l'infinitif	20 affranchir ....T
7 actionner ....T	et à la 3e personne	20 s'affranchir ....P
7 activer .... I, T	7 adverbialiser ....T	11 affréter ....T
7 s'activer ....P	11 aérer ....T	7 affriander ....T
7 actualiser ....T	11 s'aérer ....P	7 affricher ....T
7 adapter ....T	7 affabuler .... I, T	7 affrioler ....T
7 s'adapter ....P	20 affadir ....T	7 affriter ....T
7 additionner ....T	20 s'affadir ....P	7 affronter ....T
7 s'additionner ....P	20 affaiblir ....T	7 s'affronter ....P
11 adhérer .... Ti	20 s'affaiblir ....P	7 affruiter .... I, T
7 adirer ....T, D	7 s'affairer ....P	7 affubler ....T
seulement à l'infinitif	7 affaisser ....T	7 s'affubler ....P
et au part. passé : *adiré*	7 s'affaisser ....P	7 affurer ....T
84 s'adire belg. ....P	7 affaler ....T	7 affûter ....T
7 adjectiver ....T	7 s'affaler ....P	7 africaniser ....T
7 adjectiviser ....T	7 affamer ....T	7 s'africaniser ....P
63 adjoindre ....T	9 afféager ....T	8 agacer ....T
63 s'adjoindre ....P	7 affecter ....T	8 s'agacer ....P
9 adjuger ....T	7 s'affecter ....P	8 agencer ....T
9 s'adjuger ....P	7 affectionner ....T	8 s'agencer ....P
7 adjurer ....T	11 afférer I	8 s'agenouiller ....P
61 admettre ....T	7 affermer ....T	

11	agglomérer ....T	7	aimanter ....T	9	allonger .... I, T
11	s'agglomérer ....P	7	s'aimanter ....P	9	s'allonger ....P
7	agglutiner ....T	7	aimer ....T	7	allouer ....T
7	s'agglutiner ....P	7	s'aimer ....P	7	allumer ....T
7	aggraver ....T	7	airer I	7	s'allumer ....P
7	s'aggraver ....P	7	ajointer ....T	7	alluvionner I
7	agioter I	7	ajourer ....T	20	alourdir ....T
20	agir I	7	ajourner ....T	20	s'alourdir ....P
20	s'agir ..P, imp.: il s'agit de	7	ajouter ....T, Ti	7	alpaguer ....T
7	agiter ....T	7	s'ajouter ....P	7	alphabétiser ....T
7	s'agiter ....P	7	ajuster ....T	11	altérer ....T
12	agneler I	7	s'ajuster ....P	11	s'altérer ....P
20	agonir ....T	7	alambiquer ....T	7	alterner .... I, T
7	agoniser I	20	alanguir ....T	7	aluminer ....T
7	agrafer ....T	20	s'alanguir ....P	7	aluner ....T
20	agrandir ....T	7	alarmer ....T	20	alunir .....I, être ou avoir
20	s'agrandir ....P	7	s'alarmer ....P	7	amadouer ....T
14	agréer .... T, Ti	7	alcaliniser ....T	20	amaigrir ....T
15	agréger ....T	7	alcaliser ....T	20	s'amaigrir ....P
15	s'agréger ....P	7	alcooliser ....T	7	amalgamer ....T
7	agrémenter ....T	7	s'alcooliser ....P	7	s'amalgamer ....P
7	agresser ....T	20	alentir ....T	7	amariner ....T
7	agricher ....T	7	alerter ....T	7	s'amariner ....P
7	s'agriffer ....P	11	aléser ....T	7	amarrer ....T
7	agripper ....T	7	aleviner ....T	7	s'amarrer ....P
7	s'agripper ....P	11	aliéner ....T	7	amasser .... I, T
20	aguerrir ....T	11	s'aliéner ....P	7	s'amasser ....P
20	s'aguerrir ....P	7	aligner ....T	20	amatir ....T
7	aguicher ....T	7	s'aligner ....P	8	ambiancer afr. I
7	ahaner I	7	alimenter ....T	7	s'ambifier afr. ....P
7	s'aheurter ....P	7	s'alimenter ....P	7	ambitionner ....T
20	ahurir ....T	7	aliter ....T	7	ambler I
7	aicher ....T	7	s'aliter ....P	7	ambrer ....T
7	aider ....T, Ti	7	allaiter .... I, T	7	améliorer ....T
7	s'aider ....P	11	allécher ....T	7	s'améliorer ....P
20	aigrir .... I, T	15	alléger ....T	9	aménager ....T
20	s'aigrir ....P	20	allégir ....T	7	amender ....T
7	aiguiller ....T	7	allégoriser ....T	7	s'amender ....P
12	aiguilleter ....T	11	alléguer ....T	10	amener ....T
7	aiguillonner ....T	23	aller ....I, être	10	s'amener ....P
7	aiguiser ....T	23	s'en aller ....P	7	amenuiser ....T
7	s'aiguiser ....P	16	allier ....T	7	s'amenuiser ....P
7	ailler ....T	16	s'allier ....P	7	américaniser ....T

T : transitif direct   Ti : transitif indirect   I : intransitif   P : construction pronominale   imp. : impersonnel
D : défectif   *être* : se conjugue avec l'auxiliaire *être*   *être* ou *avoir* : se conjugue avec les deux auxiliaires

7 s'américaniser ......P	16 anémier ....T	18 s'apitoyer ....P
20 amerrir ...I, *être* ou *avoir*	16 anesthésier ....T	20 aplanir ....T
20 ameublir ....T	7 anglaiser ....T	20 s'aplanir ....P
7 ameuter ....T	7 angliciser ....T	20 aplatir ....T
7 s'ameuter ....P	7 s'angliciser ....P	20 s'aplatir ....P
7 amidonner ....T	7 angoisser ....I, T	7 aplomber ^québ. ......T
20 amincir ....I, T	7 s'angoisser ....P	7 s'aplomber ^québ. ....P
20 s'amincir ....P	11 anhéler I	16 apostasier I
7 aminer ^belg. I	7 animaliser ....T	7 aposter ....T
16 amnistier ....T	7 animer ....T	7 apostiller ....T
7 amocher ....T	7 s'animer ....P	7 apostropher ....T
7 s'amocher ....P	7 aniser ....T	7 s'apostropher ....P
16 amodier ....T	7 ankyloser ....T	7 appairer ....T
20 amoindrir ....T	7 s'ankyloser ....P	69 apparaître I, *être* ou *avoir*
20 s'amoindrir ....P	12 anneler ....T	7 appareiller ....I, T
20 amollir ....T	7 annexer ....T	7 s'appareiller ....P
20 s'amollir ....P	7 s'annexer ....P	7 apparenter ....T
12 amonceler ....T	7 annihiler ....T	7 s'apparenter ....P
12 s'amonceler ....P	7 s'annihiler ....P	16 apparier ....T
8 amorcer ....I, T	8 annoncer ....T	16 s'apparier ....P
8 s'amorcer ....P	8 s'annoncer ....P	apparoir ....I, D
8 amordancer ....T	7 annoter ....T	seulement à l'infinitif
20 amortir ....T	7 annualiser ....T	et à la 3ᵉ pers. du sing.
20 s'amortir ....P	7 annuler ....T	de l'ind. prés. : il *appert*
7 s'amouracher ....P	7 s'annuler ....P	24 appartenir ....Ti
7 amourer ^afr. ....T	20 anoblir ....T	24 s'appartenir ....P
16 amplifier ....T	20 s'anoblir ....P	7 appâter ....T
16 s'amplifier ....P	7 anodiser ....T	20 appauvrir ....T
7 amputer ....T	7 ânonner ....I, T	20 s'appauvrir ....P
20 s'amuïr ....P	20 anordir I	12 appeler ....T, Ti
7 amurer ....T	7 antéposer ....T	12 s'appeler ....P
7 amuser ....T	7 anticiper ....I, T	58 appendre ....T
7 s'amuser ....P	7 antidater ....T	*appert → apparoir*
16 analgésier ....T	7 aoûter ....T	7 appertiser ....T
7 analyser ....T	7 apaiser ....T	20 appesantir ....T
7 s'analyser ....P	7 s'apaiser ....P	20 s'appesantir ....P
7 anastomoser ....T	9 apanager ....T	11 appéter ....T
7 s'anastomoser ......P	7 apatamer ^afr. I	20 applaudir ......I, T, Ti
7 anathématiser ......T	40 apercevoir ....T	20 s'applaudir ....P
7 ancrer ....T	40 s'apercevoir ....P	7 appliquer ....T
7 s'ancrer ....P	7 apeurer ....T	7 s'appliquer ....P
20 anéantir ....T	7 apiquer ....T	7 appointer ....T
20 s'anéantir ....P	18 apitoyer ....T	7 s'appointer ....P
		20 appointir ....T

LISTE ALPHABÉTIQUE DES VERBES

7	apponter I	7	argumenter I	16	asphyxier ....I, T
7	apporter ....T	7	ariser ....T	16	s'asphyxier ....P
7	apposer ....T	7	armer ....T	7	aspirer ....T, Ti
16	apprécier ....T	7	s'armer ....P	20	assagir ....T
16	s'apprécier ....P	16	armorier ....T	20	s'assagir ....P
7	appréhender ....T	7	arnaquer ....T	30	assaillir ....T
59	apprendre ....T	7	aromatiser ....T	20	assainir ....T
59	s'apprendre ....P	15	arpéger ....I, T	7	assaisonner ....T
7	apprêter ....T	7	arpenter ....T	7	assarmenter ....T
7	s'apprêter ....P	7	arpigner ....T	7	assassiner ....T
7	apprivoiser ....T	7	arquebuser ....T		assavoir ....T, D
7	s'apprivoiser ....P	8	arquepincer ....T		seulement à l'infinitif
7	approcher .....I, T, Ti	7	arquer ....I, T	11	assécher ....I, T
7	s'approcher ....P	7	s'arquer ....P	11	s'assécher ....P
20	approfondir ....T	7	arracher ....T	7	assembler ....T
20	s'approfondir ....P	7	s'arracher ....P	7	s'assembler ....P
16	approprier ....T	7	arraisonner ....T	10	assener ....T
16	s'approprier ....P	9	arranger ....T	11	asséner ....T
7	approuver ....T	9	s'arranger ....P	51	asseoir ....T
7	s'approuver ....P	7	arrenter ....T	51	s'asseoir ....P
7	approvisionner .....T	9	arrérager I	7	assermenter ....T
7	s'approvisionner ....P	9	s'arréager ....P	20	asservir ....T
18	appuyer ....I, T	7	arrêter ....I, T	20	s'asservir ....P
18	s'appuyer ....P	7	s'arrêter ....P	7	assibiler ....T
7	apurer ....T	7	arriérer ....T	7	s'assibiler ....P
9	aquiger I	7	arrimer ....T	15	assiéger ....T
7	arabiser ....T	7	arriser ....T	7	assigner ....T
7	araser ....T	7	arriver ....I, être	7	assimiler ....T
7	arbitrer ....T	9	s'arroger ....P	7	s'assimiler ....P
7	arborer ....T	20	arrondir ....T	7	assister ....I, T
7	arboriser I	20	s'arrondir ....P	16	associer ....T
7	arc-bouter ....T	7	arroser ....T	16	s'associer ....P
7	s'arc-bouter ....P	7	s'arroser ....P	7	assoiffer ....T
7	archaïser I	7	s'arsouiller ....P	7	assoler ....T
7	architecturer ....T	7	articuler ....I, T	20	assombrir ....T
7	archiver ....T	7	s'articuler ....P	20	s'assombrir ....P
7	arçonner ....T	7	artiller I	7	assommer ....T
7	ardoiser ....T	7	ascensionner ....T	7	s'assommer ....P
7	argenter ....T	7	aseptiser ....T	7	assoner I
7	s'argenter ....P	7	aspecter ....T	20	assortir ....T
7	argotiser I	9	asperger ....T	20	s'assortir ....P
7	argougner ....T	9	s'asperger ....P	20	assoupir ....T
7	arguer ....T, Ti	7	asphalter ....T	20	s'assoupir ....P

T : transitif direct   Ti : transitif indirect   I : intransitif   P : construction pronominale   imp. : impersonnel
D : défectif   être : se conjugue avec l'auxiliaire être   être ou avoir : se conjugue avec les deux auxiliaires

20 assouplir . . . . .T	7 attifer . . . . .T	20 s'avachir . . . . .P
20 s'assouplir . . . . .P	7 s'attifer . . . . .P	7 avaler . . . . .T
20 assourdir . . . . I, T	9 attiger . . . . I, T	7 avaliser . . . . .T
20 s'assourdir . . . . .P	7 attirer . . . . .T	8 avancer . . . . I, T
20 assouvir . . . . .T	7 s'attirer . . . . .P	8 s'avancer . . . . .P
20 s'assouvir . . . . .P	7 attiser . . . . .T	9 avantager . . . . .T
20 assujettir . . . . .T	7 attitrer . . . . .T	16 avarier . . . . .T
20 s'assujettir . . . . .P	7 attraper . . . . .T	16 s'avarier . . . . .P
7 assumer . . . . I, T	7 s'attraper . . . . .P	62 aveindre . . . . .T
7 s'assumer . . . . .P	7 attribuer . . . . .T	24 avenir . . . . I, T, D
7 assurer . . . . I, T	7 s'attribuer . . . . .P	seulement au part. présent
7 s'assurer . . . . .P	7 attriquer . . . . .T	7 aventurer . . . . .T
7 asticoter . . . . .T	7 attrister . . . . .T	7 s'aventurer . . . . .P
7 astiquer . . . . .T	7 s'attrister . . . . .P	11 avérer . . . . .T
62 astreindre . . . . .T	7 attrouper . . . . .P	11 s'avérer . . . . .P
62 s'astreindre . . . . .P	7 s'attrouper . . . . .P	20 avertir . . . . .T
18 atermoyer I	7 auditionner . . . . . . I, T	7 aveugler . . . . .T
7 atomiser . . . . .T	7 augmenter . . . . I, T	7 s'aveugler . . . . .P
7 s'atomiser . . . . .P	*être ou avoir*	20 aveulir . . . . .T
16 atrophier . . . . .T	7 s'augmenter . . . . .P	20 s'aveulir . . . . .P
16 s'atrophier . . . . .P	7 augurer . . . . I, T	20 avilir . . . . .T
7 attabler . . . . .T	7 auner . . . . .T	20 s'avilir . . . . .P
7 s'attabler . . . . .P	7 auréoler . . . . .T	7 aviner . . . . .T
7 attacher . . . . I, T	7 s'auréoler . . . . .P	7 aviser . . . . I, T
7 s'attacher . . . . .P	16 aurifier . . . . .T	7 s'aviser . . . . .P
7 attaquer . . . . .T	7 ausculter . . . . .T	7 avitailler . . . . .T
7 s'attaquer . . . . .P	16 authentifier . . . . .T	7 s'avitailler . . . . .P
7 s'attarder . . . . .P	7 authentiquer . . . . . . .T	7 aviver . . . . .T
62 atteindre . . . . .T, Ti	7 s'autocensurer . . . . . .P	7 avocasser . . . . .T
12 atteler . . . . I, T	88 s'autodétruire . . . . . .P	7 avoiner . . . . .T
12 s'atteler . . . . .P	7 s'autodéterminer . . .P	2 avoir . . . . .T
58 attendre . . . . I, T	8 autofinancer . . . . . . .T	7 avoisiner . . . . .T
58 s'attendre . . . . .P	8 s'autofinancer . . . . . .P	7 s'avoisiner . . . . .P
20 attendrir . . . . .T	16 autographier . . . . . . .T	7 avorter I, T, *être ou avoir*
20 s'attendrir . . . . .P	7 s'autoguider . . . . . . .P	7 avouer . . . . .T
7 attenter . . . . I, Ti	7 automatiser . . . . .T	7 s'avouer . . . . .P
7 atténuer . . . . .T	7 s'autoproclamer . . . .P	19 avoyer . . . . .T
7 s'atténuer . . . . .P	16 autopsier . . . . .T	7 axer . . . . .T
7 atterrer . . . . .T	7 autoriser . . . . .T	7 axiomatiser . . . . .T
20 atterrir . . .I, *être ou avoir*	7 s'autoriser . . . . .P	7 azimuter . . . . .T
7 attester . . . . .T	7 s'autosuggestionner .P	7 azimuther . . . . .T
20 attiédir . . . . .T	7 s'autotomiser . . . . . . .P	7 azurer . . . . .T
20 s'attiédir . . . . .P	20 avachir . . . . I, T	

B

13	babeler belg.	I	7	se balkaniser	P
7	babiller	I	7	ballaster	T
7	bâcher	T	7	baller	I
7	bachoter	I	7	ballonner	T
7	bâcler	I, T	7	ballotter	I, T
7	bader	T	7	bal(l)uchonner	T
7	badigeonner	T, Ti	7	se bal(l)uchonner	P
7	se badigeonner	P	7	balter belg.	T
7	badiner	I	7	bambocher	I
7	baffer	T	7	banaliser	T
7	bafouer	T	7	se banaliser	P
7	bafouiller	I, T	7	bananer	T
7	bâfrer	I, T	7	bancher	T
7	bagarrer	I	7	bander	I, T
7	se bagarrer	P	7	se bander	P
7	bagoter	I	7	banner	T
7	bagotter	I	20	bannir	T
7	bagouler	I	7	banquer	I
7	baguenauder	I	12	banqueter	I
7	se baguenauder	P	7	baptiser	T
7	baguer	T	7	se baquer	P
7	baigner	I, T	7	baquer belg.	T
7	se baigner	P	12	baqueter	T
7	bailler (la bailler belle)	T	7	baragouiner	I, T
7	bâiller (bâiller d'ennui)	I	7	baraquer	I, T
7	bâillonner	T	7	baratiner	I, T
7	baiser	I, T	7	baratter	T
7	baisser	I, T, être ou avoir	7	barber	T
7	se baisser	P	7	se barber	P
7	balader	T	16	barbifier	T
7	se balader	P	16	se barbifier	P
7	balafrer	T	7	barboter	I, T
8	balancer	I, T	7	barbouiller	T
8	se balancer	P	7	barder	T
7	balanstiquer	T	7	barder .. I, imp. : ça barde
17	balayer	T	11	baréter	I
16	balbutier	I, T	7	barguigner	I
7	baleiner	T	7	barioler	T
7	baligander belg.	I	7	barjaquer	I
7	baliser	I, T	7	barloquer belg.	I
7	balkaniser	T	7	baronner	T
			7	barouder	I
			7	barrer	I, T

7	se barrer	P
7	barricader	T
7	se barricader	P
20	barrir	I
7	basaner	T
7	basculer	I, T
7	baser	T
7	se baser	P
7	bassiner	T
7	baster	I
7	bastillonner	T
7	bastionner	T
7	bastonner	T
7	se bastonner	P
7	batailler	I
7	se batailler	P
12	bateler	I
7	bâter	T
7	batifoler	I
20	bâtir	T
20	se bâtir	P
7	bâtonner	T
60	battre	I, T, Ti
60	se battre	P
9	se bauger	P
7	bavarder	I
7	bavasser	I
7	baver	I
7	bavocher	I
17	bayer (aux corneilles)	I
7	bazarder	T
16	béatifier	T
7	bêcher	I, T
13	bêcheveter	T
7	bécoter	T
7	se bécoter	P
7	becquer	T
12	becqueter	T
7	becter	T, D

7 becter .... T, D
employé surtout à l'infinitif
et au participe passé

7 bedonner I

14 béer .... I, D
surtout à l'infinitif, à l'ind.
imparfait, au part. présent (béant)
et dans l'expression bouche bée

T : transitif direct   Ti : transitif indirect   I : intransitif   P : construction pronominale   imp. : impersonnel
D : défectif   être : se conjugue avec l'auxiliaire être   être ou avoir : se conjugue avec les deux auxiliaires

7	bégaler ....T	7	biffer ....T	20	se blanchir ....P
17	bégayer ....I,T	7	biffetonner I	7	blaser ....T
11	béguer afr. I	7	bifurquer I	7	se blaser ....P
13	bégueter I	7	bigarrer ....T	7	blasonner ....T
7	bêler I	7	bigler .... I, T	11	blasphémer ...... I, T
7	beloter afr. I	7	biglouser I	11	blatérer I
7	bémoliser ....T	7	bigophoner I	7	bleffer belg. I
16	bénéficier .... Ti	7	bigorner ....T	20	blêmir I
20	bénir ....T	7	se bigorner ....P	11	bléser I
	participe passé *béni, e, is, ies,*	7	bigrer afr. I	7	blesser ....T
	à ne pas confondre	7	bilaner afr. I	7	se blesser ....P
	avec l'adjectif : *eau bénite*	7	se biler ....P	20	blettir I
7	benner belg. ....T	7	billebauder I	20	bleuir .... I, T
11	béquer ....T	7	biller I	7	bleuter ....T
12	béqueter ....T	7	billonner ....T	7	blinder .... I, T
7	béquiller .... I, T	7	biloquer ....T	7	se blinder ....P
8	bercer ....T	7	se biloter ....P	7	blinquer belg. ..... I, T
8	se bercer ....P	7	biner .... I, T	7	blobloter I
7	berdeller belg. ..... I, T	7	biologiser ....T	20	blondir .... I, T
7	berlurer I	7	biquer belg. I	18	blondoyer I
7	se berlurer ....P	7	biscuiter ....T	7	bloquer ....T
7	berner ....T	7	biseauter ....T	7	se bloquer ....P
7	besogner I	7	bisegmenter ....T	20	se blottir ....P
16	bêtifier .... I, T	7	biser .... I, T	7	blouser .... I, T
16	se bêtifier ....P	7	bisquer I	7	se blouser ....P
7	bêtiser I	7	bisser ....T	7	bluffer .... I, T
7	bétonner .... I, T	7	bistourner ....T	7	bluter ....T
7	beugler .... I, T	7	bistrer ....T	7	blutiner I
7	beurrer ....T	7	biter ....T	7	bobiner ....T
7	se beurrer ....P	7	bitonner I	7	bocarder ....T
7	biaiser .... I, T	7	bitter ....T	7	boetter ....T
7	bibarder I	7	bitumer ....T	75	boire .... I, T
7	bibeloter I	7	bituminer ....T	75	se boire ....P
7	biberonner I	7	se bit(t)urer ....P	7	boiser ....T
7	bicher I	7	bivouaquer I	7	boiter I
7	bichonner ....T	7	bizuter ....T	7	boitiller I
7	se bichonner ......P	7	blablater I	7	bolcheviser ....T
7	bichoter I, imp. : *ça bichote*	7	blackbouler ....T	7	bombarder ....T
7	se bider ....P	7	blaguer I	7	bomber .... I, T
7	bidonner ....I, Ti	7	blairer ....T	7	bonder ....T
7	se bidonner ....P	7	blâmer ....T	7	bondériser ....T
7	bidouiller ....T	7	se blâmer ....P	20	bondir I
	bienvenir........ I, D	20	blanchir .... I, T	7	bondonner ....T
	seulement à l'infinitif				

16	bonifier	T	7	bouillotter	I	7	brancher I, T
16	se bonifier	P	9	boulanger	I, T	7	se brancher P
7	bonimenter	I	7	bouler	I, T	7	brandiller I, T
20	bonir	T	7	bouleverser	T	20	brandir T
20	bonnir	T	7	bouliner	T	7	branler I, T
7	boquillonner	I	7	boulocher	I	7	branlocher T
7	bordéliser	T	7	boulonner	I, T	7	braquer I, T
7	border	T	7	boulotter	I, T	7	se braquer P
7	bordurer	T	7	boumer	I	7	braser T

imp. : ça boume

7	borgnoter	T				7	brasiller I
7	borner	T	7	bouquiner	I, T	7	brasser T
7	se borner	P	7	bourder	I	7	se brasser P
18	bornoyer	I, T	7	bourdonner	I	17	brasseyer T
12	bosseler	T	7	bourgeonner	I	7	braver T
7	bosser	I, T	7	bourlinguer	I	17	brayer T
7	bossuer	T	12	bourreler	T	7	bredouiller I, T
7	bostonner	I	7	bourrer	I, T	7	brêler T
7	botaniser	I	7	se bourrer	P	7	breller T
12	botteler	T	7	boursicoter	I	7	brésiller I, T
7	botter	I, T	7	boursouf(f)ler	T	7	se brésiller P
7	se botter	P	7	se boursouf(f)ler	P	12	bretteler T
7	bottiner	I, T	7	bousculer	T	7	bretter T
7	boubouler	I	7	se bousculer	P	12	breveter T
7	boucaner	I, T	7	bousiller	I, T	7	bricoler I, T
7	boucharder	T	7	boustifailler	I	7	brider T
7	boucher	T	7	bouteiller afr.	T	9	bridger I
7	se boucher	P	7	bouter	T	7	briefer T
7	bouchonner	I, T	7	boutonner	I, T	7	briffer I, T
7	se bouchonner	P	7	se boutonner	P	7	brigander I, T
7	boucler	I, T	7	bouturer	T	7	briguer T
7	se boucler	P	7	boxer	I, T	7	brillanter T
7	bouder	I, T	7	boxonner	I	7	brillantiner T
7	se bouder	P	7	se boyauter	P	7	briller I
7	boudiner	T	7	boycotter	T	7	brimbaler I, T
7	bouffer	I, T	7	braconner	I, T	7	brimer T
7	se bouffer	P	7	brader	T	7	bringuebaler I, T
20	bouffir	I, T	7	brailler	I, T	7	brinqueballer I, T
7	bouffonner	I	7	se brailler afr.	P	7	briocher T
9	bouger	I, T	66	braire	I, T, D	7	briquer T

surtout aux 3es personnes,
ind. prés., futur et cond. présent

9	se bouger	P				12	briqueter T
7	bougonner	I, T	7	braiser	T	7	briser I, T
32	bouillir	I, T	7	bramer	I	7	se briser P
7	bouillonner	I, T	7	brancarder	T	7	broadcaster T

T : transitif direct   Ti : transitif indirect   I : intransitif   P : construction pronominale   imp. : impersonnel
D : défectif   *être* : se conjugue avec l'auxiliaire *être*   *être ou avoir* : se conjugue avec les deux auxiliaires

7	brocanter	I, T	7	buriner	T
7	brocarder	T	7	buser afr.	T
7	brocher	T	7	buter	I, T
7	broder	I, T	7	se buter	P
7	broncher	I	7	butiner	I, T
7	bronzer	I, T	7	butter	T
7	se bronzer	P	7	buvoter	I

7	broquanter	I
7	broquer belg.	I
7	brosser	I, T
7	se brosser	P
7	brouetter	T
7	brouillasser	I
	imp. : *il brouillasse*	
7	brouiller	T
7	se brouiller	P
7	brouillonner	I, T
7	brouter	I, T
18	broyer	T
7	bruiner	I
	imp. : *il bruine*	
20	bruire	I, D
	surtout au part. présent *(bruissant)*, aux 3ᵉˢ personnes de l'ind. présent et imparfait *(il bruit/ils bruissent Il bruissait/ ils bruissaient)*, au subj. présent *(qu'il bruisse/qu'ils bruissent)*. Part. passé invariable *(brui)*	
7	bruisser	I
7	bruiter	T
7	brûler	I, T
7	se brûler	P
7	brumasser	I
	imp. : *il brumasse*	
7	brumer	I
	imp. : *il brume*	
20	brunir	I, T
20	se brunir	P
7	brusquer	T
7	brutaliser	T
7	bûcher	I, T
7	budgéter	T
7	budgétiser	T
7	buller	I
7	bureaucratiser	T
7	se bureaucratiser	P

C

7	cabaler	I
7	cabaner	T
7	cabiner afr.	I
7	câbler	T
7	cabosser	T
7	caboter	I
7	cabotiner	I
7	cabrer	T
7	se cabrer	P
7	cabrioler	I
7	cacaber	I
7	cacarder	I
7	cacher	T
7	se cacher	P
12	cacheter	T
7	cachetonner	I
7	cadancher	I
7	cadastrer	T
7	cadeauter afr.	T
7	cadenasser	T
8	cadencer	T
7	cadoter afr.	T
7	cadrer	I, T
7	cafarder	I, T
7	cafeter	I, T
7	cafouiller	I
7	cafter	I, T
7	cagnarder	I
7	cagner	I
7	caguer	I
7	cahoter	I, T
7	caillebotter	T
7	cailler	I, T

7	se cailler	P
12	cailleter	I
7	caillouter	T
7	caïmanter afr.	T
7	cajoler	T
7	se calaminer	P
7	calamistrer	T
7	calancher	I
7	calandrer	T
7	calciner	T
7	calculer	I, T
7	caler	I, T
7	se caler	P
13	caleter	I
13	se caleter	P
7	calfater	T
7	calfeutrer	T
7	se calfeutrer	P
7	calibrer	T
7	câliner	T
16	calligraphier	T
7	calmer	T
7	se calmer	P
20	calmir	I
16	calomnier	T
9	calorifuger	T
7	calotter	T
7	calquer	T
7	calter	I
7	se calter	P
7	cambrer	T
7	se cambrer	P
7	cambrioler	T
7	cambuter	I, T
7	cameloter	I
11	camembérer afr.	I
7	se camer	P
7	camionner	T
7	camoufler	T
7	se camoufler	P
7	camper	I, T, *être ou avoir*
7	se camper	P
7	canaliser	T

7 canarder . . . . I, T	7 caraméliser . . . . . . I, T	7 castagner . . . . I, T
7 cancaner I	7 se caraméliser . . . . . . P	7 se castagner . . . . P
7 cancériser . . . . T	7 se carapater . . . . P	7 castrer . . . . T
20 se candir . . . . P	7 carbonater . . . . T	7 cataloguer . . . . T
7 caner I	7 carboniser . . . . T	7 catalyser . . . . T
12 canneler . . . . T	7 carburer . . . . I, T	7 catapulter . . . . T
7 canner . . . . I, T	7 carcailler I	7 catastropher . . . . T
7 cannibaliser . . . . T	7 carder . . . . T	7 catcher I
7 se cannibaliser . . . . . . P	8 carencer . . . . T	7 catéchiser . . . . T
7 canoniser . . . . T	11 caréner . . . . I, T	7 catiner québ. . . . . . . I, T
7 canonner . . . . T	7 carer . . . . T	20 catir . . . . T
7 canoter I	7 caresser . . . . T	7 cauchemarder I
7 cantiner I	7 se caresser . . . . P	7 causer . . . . I, T
7 cantonner . . . . I, T	7 carguer . . . . T	7 cautériser . . . . T
7 se cantonner . . . . P	7 caricaturer . . . . T	7 cautionner . . . . T
7 canuler . . . . T	16 carier . . . . T	7 cavacher afr. I
7 caoutchouter . . . . T	16 se carier . . . . P	7 cavalcader I
7 capahuter . . . . T	7 carillonner . . . . I, T	7 cavaler . . . . I, T
7 caparaçonner . . . . . . T	7 carmer . . . . T	7 se cavaler . . . . P
7 se caparaçonner . . . . P	7 carminer . . . . T	7 caver . . . . I, T
14 capéer I	16 se carnifier . . . . P	7 se caver . . . . P
12 capeler . . . . T	7 carotter . . . . I, T	7 caviarder . . . . T
17 capeyer I	12 carreler . . . . T	11 céder . . . . I, T, Ti
7 capitaliser . . . . I, T	7 carrer . . . . T	7 cégotter afr. . . . . T
7 capitonner . . . . T	7 se carrer . . . . P	62 ceindre . . . . T
7 se capitonner . . . . P	7 carrosser . . . . T	62 se ceindre . . . . P
7 capituler I	7 carotter . . . . T	7 ceinturer . . . . T
7 caponner I	7 caroubler . . . . T	11 célébrer . . . . T
7 caporaliser . . . . T	7 carrer . . . . T	13 celer . . . . T
7 capoter . . . . I, T	18 carroyer . . . . T	7 cémenter . . . . T
7 capsuler . . . . T	7 carter . . . . T	7 cendrer . . . . T
7 capter . . . . T	7 cartonner . . . . I, T	7 censurer . . . . T
7 captiver . . . . T	7 cartoucher afr. I	7 center afr. . . . . T
7 se captiver . . . . P	7 cascader I	7 centraliser . . . . T
7 capturer . . . . T	16 caséifier . . . . T	7 centrer . . . . I, T
7 capuchonner . . . . T	7 casemater . . . . T	9 centrifuger . . . . T
7 caquer . . . . T	7 caser . . . . T	7 centupler . . . . I, T
12 caqueter I	7 se caser . . . . P	7 cercler . . . . T
7 caracoler I	7 caserner . . . . T	7 cerner . . . . T
7 caractériser . . . . T	7 casquer . . . . I, T	16 certifier . . . . T
7 se caractériser . . . . . . P	7 casse-croûter I	7 césariser . . . . T
7 caramboler . . . . . . I, T	7 casser . . . . I, T	7 cesser . . . . I, T, Ti
7 se caramboler . . . . . . P	7 se casser . . . . P	7 chabler . . . . T

T : transitif direct   Ti : transitif indirect   I : intransitif   P : construction pronominale   imp. : impersonnel
D : défectif   être : se conjugue avec l'auxiliaire être   être ou avoir : se conjugue avec les deux auxiliaires

7 chagriner . . . . .т	7 charmer . . . . ı, т	7 se chicorer . . . . .ᴘ
7 chahuter . . . . ı, т	7 charpenter . . . . .т	7 se chicorner . . . . .ᴘ
7 chaîner . . . . .т	16 charrier . . . . ı, т	7 chicoter . . . . ı
9 challenger . . . . .т	18 charroyer . . . . .т	7 chicotter afr. . . . . .т
chaloir . . . . ᴅ	7 chartériser . . . . .т	7 chienner . . . . ı
surtout à la 3ᵉ personne du sing. de l'ind. présent (peu lui chaut)	7 chasser . . . . ı, т	16 chier . . . . ı, т
7 chalouper . . . . .ı	7 châtaigner . . . . .ı	7 chiffonner . . . . ı, т
7 se chamailler . . . . . . .ᴘ	7 se châtaigner . . . . . . .ᴘ	7 se chiffonner . . . . . . .ᴘ
7 chamarrer . . . . .т	16 châtier . . . . .т	7 chiffrer . . . . ı, т
7 chambarder . . . . .т	16 se châtier . . . . .ᴘ	7 se chiffrer . . . . .ᴘ
7 chambouler . . . . .т	7 chatonner . . . . .ı	7 chigner . . . . .ı
7 chambrer . . . . .т	7 chatouiller . . . . .т	7 chimer . . . . .т
7 chameauser afr. . . . . .ı	18 chatoyer . . . . .ı	7 chiner . . . . .т
7 chamoiser . . . . .т	7 châtrer . . . . .т	7 chinoiser . . . . .ı
7 champagniser . . . . . .т	7 chauffer . . . . ı, т	7 chiper . . . . .т
10 champlever . . . . .т	7 se chauffer . . . . .ᴘ	7 chipoter . . . . .ı
12 chanceler . . . . .ı	7 chauler . . . . .т	7 chiquer . . . . ı, т
7 chancetiquer . . . . . .ı	7 chaumer . . . . ı, т	16 chirographier . . . . . . .т
20 chancir . . . . .ı	7 chausser . . . . ı, т	7 chlinguer . . . . .ı
20 se chancir . . . . .ᴘ	7 se chausser . . . . .ᴘ	7 chlorer . . . . .т
7 chanfreiner . . . . .т	chaut → chaloir	7 chloroformer . . . . . . .т
9 changer . . . . ı, т, тı	20 chauvir . . . . .ı	7 chlorurer . . . . .т
être ou avoir	7 chavirer ı, т, être ou avoir	7 chocotter . . . . .ı
9 se changer . . . . .ᴘ	7 chawer afr. . . . . .ı	7 chofer . . . . .т
7 chansonner . . . . .т	7 chelinguer . . . . .ı	55 choir . . . ı, ᴅ, être ou avoir
7 chanstiquer . . . . . . ı, т	7 cheminer . . . . .ı	20 choisir . . . . .т
7 chanter . . . . ı, т	7 chemiser . . . . .т	7 chômer . . . . ı, т
7 chantonner . . . . . . ı, т	7 chercher . . . . ı, т	7 choper . . . . .т
7 chantourner . . . . . . .т	7 se chercher . . . . .ᴘ	7 chopiner . . . . .ı
7 chaparder . . . . ı, т	11 chérer . . . . .ı	7 chopper . . . . .ı
7 chapeauter . . . . .т	20 chérir . . . . .т	7 choquer . . . . .т
12 chapeler . . . . .т	7 cherrer . . . . .ı	7 se choquer . . . . .ᴘ
7 chaperonner . . . . . . .т	7 chevaler . . . . .т	16 chorégraphier . . . . ı, т
7 chapitrer . . . . .т	7 chevaucher . . . . . . ı, т	7 choser afr. . . . . ı, т
7 chaponner . . . . .т	7 se chevaucher . . . . . .ᴘ	16 chosifier . . . . .т
7 chaptaliser . . . . .т	7 cheviller . . . . .т	7 chouchouter . . . . . . .т
7 charbonner . . . . . . ı, т	12 chevreter . . . . .ı	7 choufer . . . . .т
7 charcuter . . . . .т	7 chevronner . . . . .т	7 chouraver . . . . .т
7 se charcuter . . . . .ᴘ	7 chevroter . . . . .ı	7 chourer . . . . .т
9 charger . . . . ı, т	7 chiader . . . . .т	7 chouriner . . . . .т
9 se charger . . . . .ᴘ	7 chialer . . . . .ı	18 choyer . . . . .т
7 chariboter . . . . .ı	7 chicaner . . . . . ı, т, тı	7 christianiser . . . . .т
7 charlater afr. . . . . .ı	7 se chicaner . . . . .ᴘ	7 chromer . . . . .т

7	chroniquer	I	7	clapser	I
11	chronométrer	T	7	claquemurer	T
7	chroumer	I, T	7	se claquemurer	P
7	chuchoter	I, T	7	claquer	I, T
7	chuinter	I	7	se claquer	P
7	chuter	I	12	claqueter	I
7	cibler	T	16	clarifier	T
7	cicatriser	I, T	16	se clarifier	P
7	se cicatriser	P	7	classer	T
7	cigler	T	7	se classer	P
7	ciller	I	16	classifier	T
7	cimenter	T	7	claudiquer	I
7	se cimenter	P	7	claustrer	T
16	cinématographier	T	7	se claustrer	P
7	cingler	I, T	7	claver	T
7	se cingler	P	12	clavet(t)er	T
7	cintrer	T	7	clayonner	T
87	circoncire	T	11	cléber	I
	part. passé : circoncis, se, ses		7	clicher	T
86	circonscrire	T	7	clienter afr.	T
86	se circonscrire	P	7	cligner	I, T, Ti
16	circonstancier	T	7	clignoter	I
24	circonvenir	T	7	climatiser	T
7	circuler	I	7	cliquer	I
7	cirer	T	12	cliqueter	I
7	cisailler	T	7	cliquoter belg.	I
13	ciseler	T	7	clisser	T
7	citer	T	7	cliver	T
7	civiliser	T	7	se cliver	P
7	se civiliser	P	7	clochardiser	T
7	clabauder	I	7	se clochardiser	P
7	claboter	I, T	7	clocher	I
7	clacher belg.	T	7	cloisonner	T
7	claironner	I, T	7	cloîtrer	T
7	clamecer	I	7	se cloîtrer	P
7	clamer	T	7	cloner	T
7	clamper	T	7	cloper belg.	I
7	clamser	I	7	clopiner	I
7	claper	T	7	cloquer	I, T
20	clapir	I	76	clore	T, D
20	se clapir	P	7	clôturer	I, T
7	clapoter	I	7	clouer	T
7	clapper	I	7	clouter	T
7	coaguler	I, T
7	se coaguler	P
7	coaliser	T
7	se coaliser	P
7	coasser	I
7	se cocaliser afr.	P
7	cocher	T
7	côcher	T
7	cochonner	I, T
7	cocot(t)er	I
16	cocufier	T
7	coder	I, T
16	codifier	T
7	coéditer	T
7	coexister	I
7	coffrer	T
11	cogérer	T
7	cogiter	I, T
7	cogner	T, Ti
7	se cogner	P
7	cognoter	I
7	cohabiter	I
7	cohériter	I
7	coiffer	T
7	se coiffer	P
8	coincer	T
8	se coincer	P
7	coïncider	I
7	coïter	I
16	cokéfier	T
7	cokser afr.	T
7	collaborer	I, Ti
7	collapser	I
7	collationner	I, T
7	collecter	T
7	se collecter	P
7	collectionner	T
7	collectiviser	T
7	coller	I, T, Ti
7	se coller	P
12	colleter	T
12	se colleter	P
9	colliger	T

T : transitif direct   Ti : transitif indirect   I : intransitif   P : construction pronominale   imp. : impersonnel
D : défectif   être : se conjugue avec l'auxiliaire être   être ou avoir : se conjugue avec les deux auxiliaires

7	confluer	I	11	se considérer	P
58	confondre	T	7	consigner	T
58	se confondre	P	7	consister	I
7	conformer	T	7	consoler	I, T
7	se conformer	P	7	se consoler	P
7	conforter	T	7	consolider	T
7	se conforter	P	7	se consolider	P
7	confronter	T	7	consommer	I, T
16	congédier	T	7	se consommer	P
13	congeler	T	7	consoner	I
13	se congeler	P	7	conspirer	I, T, Ti
7	congestionner	T	7	conspuer	T
7	se congestionner	P	7	constater	T
11	conglomérer	T	7	consteller	T
11	se conglomérer	P	7	consterner	T
7	conglutiner	T	7	constiper	I, T
7	congratuler	T	7	constituer	T
7	se congratuler	P	7	se constituer	P
14	congréer	T	7	constitutionnaliser	T
20	cônir	T	88	construire	I, T
7	conjecturer	I, T	88	se construire	P
63	conjoindre	T	7	consulter	I, T
7	conjuguer	T	7	se consulter	P
7	se conjuguer	P	7	consumer	T
7	conjurer	T	7	se consumer	P
7	se conjurer	P	7	contacter	T
69	connaître	T	7	contagionner	T
69	se connaître	P	7	containeriser	T
7	connecter	T	7	contaminer	T
7	con(n)obler	T	7	contempler	T
7	connoter	T	7	se contempler	P
7	conobrer	T	7	conteneuriser	T
7	coquer	T	24	contenir	T
25	conquérir	T	24	se contenir	P
25	se conquérir	P	7	contenter	T
7	consacrer	T	7	se contenter	P
7	se consacrer	P	7	conter	T
7	conscientiser	T	7	contester	I, T
7	conseiller	T, Ti	7	contingenter	T
26	consentir	T, Ti	7	continuer	I, T, Ti
7	conserver	T	7	se continuer	P
7	se conserver	P	7	contorsionner	T
11	considérer	T	7	se contorsionner	P

7	contourner	T
7	contracter	T
7	se contracter	P
7	contractualiser	T
7	contracturer	T
64	contraindre	T
64	se contraindre	P
16	contrarier	T
16	se contrarier	P
7	contraster	I, T
7	contre-attaquer	I
8	contrebalancer	T
8	s'en contrebalancer	P
60	contrebattre	T
7	contrebouter	T
7	contrebraquer	T
7	contrebuter	T
7	contrecarrer	T
84	contredire	T
84	se contredire	P
67	contrefaire	T
7	se contrefiche	P
58	se contrefoutre	P, D
7	contre-indiquer	T
7	contremander	T
7	contre-manifester	I
7	contremarquer	T
7	contre-miner	T
7	contre-murer	T
7	contre-passer	T
7	contre-plaquer	T
7	contrer	I, T
7	contre-sceller	T
7	contresigner	T
7	contre-tirer	T
24	contrevenir	Ti
7	contribuer	Ti
7	contrister	T
7	contrôler	T
7	se contrôler	P
7	controuver	T
7	controverser	I, T
7	contusionner	T

T : transitif direct   Ti : transitif indirect   I : intransitif   P : construction pronominale   imp. : impersonnel
D : défectif   *être* : se conjugue avec l'auxiliaire *être*   *être ou avoir* : se conjugue avec les deux auxiliaires

7	crapuler	I
12	craqueler	T
12	se craqueler	P
7	craquer	I, T
12	craqueter	I
7	se crasher	P
7	crasser	T
7	cravacher	I, T
7	se cravater afr.	P
7	cravater	T
7	crawler	I
7	crayonner	T
11	crécher	I
7	crédibiliser	T
7	créditer	T
14	créer	T
14	se créer	P
11	crémer	I
12	créneler	T
11	créner	T
7	créoliser	T
7	se créoliser	P
7	créosoter	T
7	crêper	T
7	se crêper	P
20	crépir	T
7	crépiter	I
7	crétiniser	T
7	creuser	I, T
7	se creuser	P
7	crevasser	T
7	se crevasser	P
10	crever	I, T, être ou avoir
10	se crever	P
7	criailler	I
7	cribler	T
16	crier	I, T
7	criminaliser	T
7	criquer	I
7	se criquer	P
7	criser	I
7	crisper	T
7	se crisper	P

7	crisser	I
7	cristalliser	I, T
7	se cristalliser	P
7	criticailler	I, T
7	critiquer	T
7	croasser	I
7	crocher	I, T
13	crocheter	T
74	croire	I, T, Ti
74	se croire	P
7	croiser	I, T
7	se croiser	P
73	croître	I, être ou avoir
7	croller belg.	I
20	crônir	I
20	crounir	I
7	croquer	I, T
7	crosser	T
7	crotter	I, T
7	se crotter	P
7	crouler	I, être ou avoir
7	croupionner	I
20	croupir	I, être ou avoir
7	croustiller	I
7	croûter	I, T
7	se croûtonner	P
16	crucifier	T
7	crypter	T
16	cryptographier	T
7	cuber	I, T
29	cueillir	T
7	cuirasser	T
7	se cuirasser	P
88	cuire	I, T
7	cuisiner	I, T
7	se cuiter	P
7	cuivrer	T
7	culbuter	I, T
7	culer	I, T
7	culminer	I
7	culotter	T
7	se culotter	P
7	culpabiliser	I, T

7	cultiver	T
7	se cultiver	P
7	cumuler	T
7	curer	T
7	se curer	P
12	cureter	T
12	cuveler	T
7	cuver	I, T
7	cyanoser	T
7	cylindrer	T

D

16	dactylographier	T
7	daguer	T
7	daigner (+ inf.)	T
7	daller	T
7	damasquiner	T
7	damasser	T
7	damer	I, T
7	damner	I, T
7	se damner	P
7	dandiner	T
7	se dandiner	P
7	danser	I, T
7	dansotter	I
7	darder	I, T
7	se darder	P
7	dater	I, T
7	dauber	I, T
7	déactiver	T
7	dealer	T
7	déambuler	I
7	se déambuler afr.	P
7	débâcher	I, T
7	débâcler	I, T
7	débagouler	I, T
7	débâillonner	T
7	déballer	I, T
7	se déballonner	P
7	débalourder	T
7	débanaliser	T
7	débander	I, T

7	se débander ....P	7	débouder .... I, T	7	décaler ....T
7	débaptiser ....T	7	se débouder ....P	7	décalotter ....T
7	débarboter afr. ......T	32	débouillir ....T	7	décalquer ....T
7	débarbouiller ....T	7	débouler .... I, T	7	décamper I, être ou avoir
7	se débarbouiller ....P	7	déboulonner ....T	7	décaniller I
7	débarder ....T	7	débouquer I	7	décanter .... I, T
7	débarquer .... I, T	7	débourber ....T	7	se décanter ....P
7	débarrasser ...... I, T	7	débourrer .... I, T	12	décapeler ....T
7	se débarrasser ......P	7	débourser ....T	7	décaper ....T
7	débarrer ....T	7	déboussoler ....T	7	décapitaliser ....T
7	débâter ....T	7	débouter ....T	7	décapiter ....T
20	débâtir ....T	7	déboutonner ....T	7	décapoter ....T
60	débattre ....T	7	se déboutonner .....P	7	décapsuler ....T
60	se débattre ....P	7	débraguetter ....T	7	décapuchonner .....T
7	débaucher ....T	7	se débraguetter .....P	7	décarburer ....T
7	se débaucher ....P	7	se débrailler ....P	7	décarcasser ....T
7	débecter ....T	7	débrancher ....T	7	se décarcasser ......P
12	débe(c)queter ......T	7	se débrancher ....P	7	décarpiller ....T
12	se débe(c)queter ....P	17	débrayer .... I, T	12	décarreler ....T
7	débiliter ....T	7	débrider .... I, T	7	décarrer I
7	débillarder ....T	7	débriefer ....T	7	décartonner ....T
7	débiner ....T	7	débrocher ....T	20	décatir ....T
7	se débiner ....P	7	débrôler belg. ......T	20	se décatir ....P
7	débiter ....T	7	débrouiller ....T	7	décauser belg. ......T
11	déblatérer I	7	se débrouiller ....P	7	décavaillonner .....T
17	déblayer ....T	7	débroussailler ......T	7	décaver ....T
20	débleuir ....T	7	débrousser afr. ......T	7	se décaver ....P
7	débloquer .... I, T	7	débucher .... I, T	11	décéder .... I, être
7	débobiner ....T	7	débudgétiser ....T	13	déceler ....T
7	déboguer ....T	7	débugger ....T	11	décélérer I
7	déboiser ....T	7	débuller ....T	7	décentraliser ....T
7	déboîter .... I, T	7	débureaucratiser ...T	7	se décentraliser .....P
7	se déboîter ....P	7	débusquer ....T	7	décentrer ....T
7	débonder ....T	7	débuter .... I, T	7	se décentrer ....P
7	se débonder ....P	12	décacheter ....T	7	décercler ....T
7	déborder .... I, T	7	décadenasser ......T	7	décérébrer ....T
	être ou avoir	7	décadrer ....T	7	décerner ....T
7	se déborder ....P	7	décaféiner ....T	12	décerveler ....T
12	débosseler ....T	7	décaisser ....T	7	décesser ....T
7	débotter ....T	7	décalaminer ....T	40	décevoir ....T
7	se débotter ....P	7	décalcariser belg. ....T	7	déchagriner ....T
7	déboucher .... I, T	16	décalcifier ....T	7	déchaîner ....T
7	déboucler ....T	16	se décalcifier ....P	7	se déchaîner ....P

7	déchanter	I	7	décoder	T
7	déchaper	T	7	décoffrer	T
7	déchaperonner	T	7	décoiffer	T
9	décharger	I, T	7	se décoiffer	P
9	se décharger	P	8	décoincer	T
7	décharner	T	11	décolérer	I
7	déchaumer	T	7	décoller	I, T
7	déchausser	I, T	7	se décoller	P
7	se déchausser	P	12	décolleter	T
11	décher	T	12	se décolleter	P
7	déchevêtrer	T	7	décoloniser	T
7	décheviller	T	7	décolorer	T
7	déchiffonner	T	7	se décolorer	P
7	déchiffrer	I, T	7	décommander	T
12	déchiqueter	T	7	se décommander	P
7	déchirer	T	61	décommettre	T
7	se déchirer	P	7	décommuniser	T
7	déchlorurer	T	7	décompenser	I
57	déchoir	I, être ou avoir, D	7	décomplexer	T
7	déchristianiser	T	7	décomposer	T
7	se déchristianiser	P	7	se décomposer	P
7	déchromer	T	7	décompresser	I, T
7	décider	T, Ti	7	décomprimer	T
7	se décider	P	7	décompter	I, T
7	décimaliser	T	7	déconcentrer	T
7	décimer	T	7	se déconcentrer	P
7	décintrer	T	7	déconcerter	T
7	déclamer	I, T	7	se déconcubiner	P
7	déclarer	T	7	déconditionner	T
7	se déclarer	P	87	déconfire	T
7	déclasser	T	13	décongeler	T
12	déclaveter	T	7	décongestionner	T
7	déclencher	T	7	déconnecter	T
7	se déclencher	P	7	déconner	I
7	décléricaliser	T	7	déconseiller	T
7	décliner	I, T	11	déconsidérer	T
7	se décliner	P	11	se déconsidérer	P
12	décliqueter	T	7	déconsigner	T
7	décloisonner	T	7	déconstiper	T
76	déclore	T, D	88	déconstruire	T
	seulement à l'infinitif et au participe passé		7	décontaminer	T
7	déclouer	T	8	décontenancer	T
7	décocher	T	8	se décontenancer	P

7	décontracter	T
7	se décontracter	P
8	décorcer afr.	T
7	décorder	T
7	se décorder	P
7	décorer	I, T
7	décorner	T
7	décortiquer	T
7	découcher	I
79	découdre	T
79	se découdre	P
7	découler	I, Ti
7	découper	T
7	se découper	P
7	découpler	T
9	décourager	T
9	se décourager	P
7	découronner	T
28	découvrir	T
28	se découvrir	P
7	décrambuter	I, T
7	décramponner	T
7	décrapouiller	T
7	se décrapouiller	P
7	décrasser	T
7	se décrasser	P
7	décrédibiliser	T
7	décréditer	T
7	se décréditer	P
7	décrêper	T
20	décrépir	T
20	se décrépir	P
7	décrépiter	I, T
11	décréter	T
7	décreuser	T
16	décrier	T
7	décriminaliser	T
86	décrire	T
7	décrisper	T
7	se décrisper	P
7	décrocher	I, T
7	se décrocher	P
7	décroiser	T

T : transitif direct   Ti : transitif indirect   I : intransitif   P : construction pronominale   imp. : impersonnel
D : défectif   être : se conjugue avec l'auxiliaire être   être ou avoir : se conjugue avec les deux auxiliaires

7	dégonder	.........T	7	déhancher	.........T
7	dégonfler	.........I, T	7	se déhancher	.......P
7	se dégonfler	........P	7	déharder	...........T
9	dégorger	.........I, T	7	déharnacher	.......T
9	se dégorger	.........P	7	se déharnacher	.....P
7	dégoter	...........I, T	7	déhotter	.........I, T
7	dégotter	.........I, T	7	déhouiller	...........T
7	dégoudronner	......T	16	déifier	.............T
7	dégouliner	I	7	déjanter	...........T
7	dégoupiller	.........T	9	déjauger	I
20	dégourdir	...........T	20	déjaunir	...........T
20	se dégourdir	........P	12	déjeter	...........T
7	dégourer	...........T	12	se déjeter	..........P
7	dégourrer	...........T	7	déjeuner	I
7	dégoûter	..........T	7	déjouer	............T
7	se dégoûter	........P	7	déjucher	.........I, T
7	dégoutter	.........I, T	9	se déjuger	..........P
7	dégrader	............T	7	délabialiser	........T
7	se dégrader	.........P	7	se délabialiser	......P
7	dégrafer	............T	7	délabrer	............T
7	se dégrafer	.........P	7	se délabrer	.........P
7	dégraisser	...........T	7	délabyrinther	......T
18	dégravoyer	.........T	8	délacer	............T
14	dégréer	.............T	7	délainer	............T
11	dégréner	.........I, T	7	délaisser	............T
10	dégrever	............T	7	délaiter	.............T
7	dégringoler	......I, T	7	délarder	............T
7	dégripper	...........T	7	délasser	..........I, T
7	dégriser	............T	7	se délasser	.........P
7	se dégriser	..........P	7	délatter	............T
7	dégrosser	...........T	7	se délatter	..........P
20	dégrossir	............T	7	délaver	............T
20	se dégrossir	.........P	17	délayer	............T
7	se dégrouiller	......P	7	déléaturer	...........T
20	déguerpir	.........I, T	7	délecter	.............T
7	dégueulasser	......T	7	se délecter	..........P
7	dégueuler	.........I, T	7	délégitimer	........T
7	déguiser	...........T	11	déléguer	............T
7	se déguiser	.........P	7	délester	............T
7	dégurgiter	...........T	7	se délester	.........P
7	déguster	............T	11	délibérer	.........I, Ti
7	déhaler	............T	16	délier	.............T
7	se déhaler	...........P	16	se délier	..........P
16	délignifier	...........T			
7	délimiter	...........T			
14	délinéer	...........T			
7	délirer	I			
7	délisser	..........I, T			
7	déliter	.............T			
7	se déliter	...........P			
7	délivrer	............T			
7	se délivrer	..........P			
7	délocaliser	.........T			
7	se délocaliser	......P			
9	déloger	..........I, T			
7	déloquer	...........T			
7	se déloquer	.........P			
7	délover	............T			
7	délurer	.............T			
7	délustrer	...........T			
7	déluter	.............T			
7	démaçonner	.......T			
7	démagnétiser	......T			
20	démaigrir	........I, T			
7	démailler	...........T			
7	se démailler	........P			
7	démailloter	.........T			
7	démancher	........T			
7	se démancher	......P			
7	demander	...........T			
7	se demander	......P			
9	démanger	.........I, T			
13	démanteler	........T			
7	démantibuler	......T			
7	se démantibuler	....P			
7	se démaquer	....P			
7	démaquiller	........T			
7	se démaquiller	......P			
7	démarabouter afr.	....T			
7	démarcher	.........T			
16	démarier	...........T			
16	se démarier	.........P			
7	démarquer	.........T			
7	se démarquer	.......P			
7	démarrer	.........I, T			
7	démascler	..........T			

T : transitif direct   Ti : transitif indirect   I : intransitif   P : construction pronominale   imp. : impersonnel
D : défectif   *être* : se conjugue avec l'auxiliaire *être*   *être ou avoir* : se conjugue avec les deux auxiliaires

20	dépérir	I	20	dépolir	T
7	dépersonnaliser	T	20	se dépolir	P
7	se dépersonnaliser	P	7	dépolitiser	T
7	dépêtrer	T	7	se dépolitiser	P
7	se dépêtrer	P	7	dépolluer	T
7	dépeupler	T	7	dépolymériser	T
7	se dépeupler	P	7	dépontiller	I
7	déphaser	T	7	déporter	T
7	déphosphorer	T	7	se déporter	P
7	dépiauter	T	7	déposer	I, T
7	dépigmenter afr.	T	7	se déposer	P
7	dépiler	I, T	11	déposséder	T
7	dépingler	T	7	dépoter	T
7	dépiquer	T	7	dépoudrer	T
7	dépister	T	7	dépouiller	T
7	dépiter	T	7	se dépouiller	P
7	se dépiter	P	42	dépourvoir	T, D
8	déplacer	T	42	se dépourvoir	P, D
8	se déplacer	P	11	dépoussiérer	T
7	déplafonner	T	7	dépraver	T
68	déplaire	Ti	16	déprécier	T
68	se déplaire	P	16	se déprécier	P
	p. p. invariable		59	se déprendre	P
7	déplaner	I	7	dépressuriser	T
7	déplanquer	T	7	déprimer	I, T
7	se déplanquer	P	7	se déprimer	P
7	déplanter	T	7	dépriser	T
7	déplâtrer	T	7	déprogrammer	T
16	déplier	T	7	déprolétariser	T
16	se déplier	P	7	dépropaniser	T
7	déplisser	T	15	déprotéger	T
7	se déplisser	P	12	dépuceler	T
7	déplomber	T	7	dépulper	T
7	déplorer	T	7	dépurer	T
18	déployer	T	7	députer	T
18	se déployer	P	16	déqualifier	T
7	déplumer	T	7	déquiller	T
7	se déplumer	P	7	déraciner	T
7	dépocher	T	7	dérader	I
7	dépoétiser	T	9	dérager	I
7	se dépoiler	P	20	déraidir	T
7	dépointer	T	20	se déraidir	P
7	dépolariser	T	7	dérailler	I

7	déraisonner	I
7	déramer	I, T
9	déranger	T
9	se déranger	P
7	déraper	I
7	déraser	T
7	dérater	T
7	dératiser	T
17	dérayer	I, T
7	déréaliser	T
7	dérésumenter	T
11	dérégler	T
11	se dérégler	P
7	déresponsabiliser	T
7	dérider	T
7	se dérider	P
7	dériver	I, T, Ti
7	dérober	T
7	se dérober	P
7	dérocher	I, T
7	déroder	T
9	déroger	Ti
20	dérondir	T
20	dérougir	I
7	dérouiller	I, T
7	se dérouiller	P
7	dérouler	T
7	se dérouler	P
7	dérouter	T
7	se dérouter	P
7	désabonner	T
7	se désabonner	P
7	désabuser	T
7	désaccentuer	T
7	désacclimater	T
7	désaccorder	T
7	se désaccorder	P
7	désaccoupler	T
7	désaccoutumer	T
7	se désaccoutumer	P
16	désacidifier	T
7	désaciérer	T
7	désacraliser	T

T : transitif direct   Ti : transitif indirect   I : intransitif   P : construction pronominale   imp. : impersonnel
D : défectif   être : se conjugue avec l'auxiliaire être   être ou avoir : se conjugue avec les deux auxiliaires

7	déshabituer	T	7	désoccuper	T	7	se dessiller	P
7	se déshabituer	P	7	désodoriser	T	7	dessiner	T
7	désherber	T	7	désoler	T	7	se dessiner	P
7	déshériter	T	7	se désoler	P	7	dessoler	T
7	déshonorer	T	7	désolidariser	T	7	dessouder	T
7	se déshonorer	P	7	se désolidariser	P	7	se dessouder	P
7	déshuiler	T	7	désoperculer	T	7	dessouffler québ.	T
7	déshumaniser	T	7	désopiler	T	7	dessoûler	I, T
7	se déshumaniser	P	7	se désopiler	P	7	se dessoûler	P
16	déshumidifier	T	7	désorber	T	7	dessuinter	T
7	déshydrater	T	7	désorbiter	T	7	déstabiliser	T
7	se déshydrater	P	7	se désorbiter	P	7	destiner	T
11	déshydrogéner	T	7	désordonner	T	7	se destiner	P
11	déshypothéquer	T	7	désorganiser	T	7	destituer	T
7	désigner	T	7	se désorganiser	P	7	destocker	I, T
7	désillusionner	T	7	désorienter	T	7	destructurer	T
7	désincarner	T	7	se désorienter	P	7	se destructurer	P
7	se désincarner	P	7	désosser	T	7	désulfiter	T
7	désincorporer	T	7	se désosser	P	7	désulfurer	T
7	désincruster	T	7	désouffler québ.	T	20	désunir	T
7	désinculper	T	7	désoxyder	T	20	se désunir	P
7	désindexer	T	11	désoxygéner	T	7	désynchroniser	T
7	désindustrialiser	T	7	desquamer	I, T	7	détacher	T
7	se désindustrialiser	P	7	dessabler	T	7	se détacher	P
7	désinfecter	T	20	dessaisir	T	7	détailler	T
7	désinformer	T	20	se dessaisir	P	7	détaler	I
11	désinhiber	T	7	dessaler	I, T	7	détaller	T
7	désinsectiser	T	7	se dessaler	P	7	détapisser	T
11	désintégrer	T	7	dessangler	T	7	détartrer	T
11	se désintégrer	P	7	se dessangler	P	7	détaxer	T
7	désintéresser	T	7	dessaouler	I, T	7	détecter	T
7	se désintéresser	P	7	se dessaouler	P	62	déteindre	I, T
7	désintoxiquer	T	7	dessaper	T	12	dételer	I, T
7	se désintoxiquer	P	7	se dessaper	P	58	détendre	T
20	désinvestir	I, T	11	dessécher	T	58	se détendre	P
7	désinviter	T	11	se dessécher	P	24	détenir	T
7	désirer	T	7	desseller	T	9	déterger	T
7	se désister	P	7	desserrer	T	7	détériorer	T
20	désobéir	I, Ti	7	se desserrer	P	7	se détériorer	P
	accepte la voix passive		20	dessertir	T	7	déterminer	T
9	désobliger	T	36	desservir	T	7	se déterminer	P
7	désobstruer	T	36	se desservir	P	7	déterrer	T
7	désocialiser	T	7	dessiller	T	7	détester	T

7	discréditer . . . . .T	7	dissuader . . . . .T	7	doper . . . . .T
7	se discréditer . . . . . .P	8	distancer . . . . .T	7	se doper . . . . .P
7	discriminer . . . . .T	8	se distancer . . . . .P	7	dorer . . . . .T
7	disculper . . . . .T	16	distancier . . . . .T	7	se dorer . . . . .P
7	se disculper . . . . . . .P	16	se distancier . . . . .P	7	dorloter . . . . .T
7	discuputer afr. I	58	distendre . . . . .T	7	se dorloter . . . . .P
7	discursiviser . . . . . . .T	58	se distendre . . . . . . .P	33	dormir I
7	discutailler . . . . . . .I, T	7	distiller . . . . .I, T	7	doser . . . . .T
7	discuter . . . . .I, T	7	distinguer . . . . .I, T	7	doter . . . . .T
7	se discuter . . . . .P	7	se distinguer . . . . . . .P	7	se doter . . . . .P
16	disgracier . . . . .T	58	distordre . . . . .T	7	doubler . . . . .I, T
63	disjoindre . . . . .T	58	se distordre . . . . . . .P	7	se doubler . . . . .P
63	se disjoindre . . . . . . .P	66	distraire . . . . . . .I, T, D	7	doublonner I
7	disjoncter . . . . . . .I, T	66	se distraire . . . . . . .P, D	7	doucher . . . . .T
7	disloquer . . . . .T	7	distribuer . . . . .T	7	se doucher . . . . .P
7	se disloquer . . . . . . .P	7	se distribuer . . . . . . .P	20	doucir . . . . .T
69	disparaître I, être ou avoir	7	divaguer I	7	douer . . . . .T, D
7	dispatcher . . . . .T	9	diverger I		seulement au part. passé
7	dispenser . . . . .T	16	diversifier . . . . .T		et aux temps composés
7	se dispenser . . . . . . .P	16	se diversifier . . . . . . .P	7	douiller I
7	disperser . . . . .T	20	divertir . . . . .T	7	douter . . . . .I, Ti
7	se disperser . . . . . . .P	20	se divertir . . . . .P	7	se douter . . . . .P
7	disposer . . . . .T, Ti	7	diviniser . . . . .T	7	dracher belg. imp. : il drache
7	se disposer . . . . .P	7	diviser . . . . .T	16	dragéifier . . . . .T
7	disproportionner . . .T	7	se diviser . . . . .P	7	drageonner I
7	disputailler I	8	divorcer . . .I, être ou avoir	7	draguer . . . . .I, T
7	disputer . . . . .T, Ti	7	divulguer . . . . .T	7	drainer . . . . .T
7	se disputer . . . . .P	7	se divulguer . . . . . . .P	7	dramatiser . . . . .I, T
16	disqualifier . . . . .T	7	djibser afr. I	12	drapeler . . . . .T
16	se disqualifier . . . . . .P	7	documenter . . . . .T	7	draper . . . . .T
7	disséminer . . . . .T	7	se documenter . . . . .P	7	se draper . . . . .P
7	se disséminer . . . . . .P	7	dodeliner I	7	draver québ. . . . . . .I, T
11	disséquer . . . . .T	7	dogmatiser I	17	drayer . . . . .T
7	disserter I	7	doigter . . . . .I, T	7	dresser . . . . .T
7	dissimuler . . . . .T	7	doguer belg. . . . . . . .I, T	7	se dresser . . . . .P
7	se dissimuler . . . . . .P	7	doler . . . . .T	7	dribbler . . . . .I, T
7	dissiper . . . . .T	7	domestiquer . . . . . . .T	7	driller . . . . .T
7	se dissiper . . . . .P	16	domicilier . . . . .T	7	driver . . . . .I, T
16	dissocier . . . . .T	7	dominer . . . . .I, T	7	droguer . . . . .I, T
16	se dissocier . . . . .P	7	se dominer . . . . .P	7	se droguer . . . . .P
7	dissoner I	7	dompter . . . . .T	7	droper . . . . .I, T
78	dissoudre . . . . . . .T, D	7	donner . . . . .I, T	7	drosser . . . . .T
78	se dissoudre . . . . . .P, D	7	se donner . . . . .P	16	dulcifier . . . . .T
				7	duper . . . . .T

7	se duper	P
7	duplexer	T
7	dupliquer	T
20	durcir	I, T
20	se durcir	P
7	durer	I
12	se duveter	P
7	dynamiser	T
7	dynamiter	T

E

20	ébahir	T
20	s'ébahir	P
7	ébarber	T
60	s'ébattre	P
20	s'ébaubir	P
7	ébaucher	T
7	s'ébaucher	P
20	ébaudir	T
20	s'ébaudir	P
7	ébavurer	T
7	éberluer	T
12	ébiseler	T
20	éblouir	I, T
7	éborgner	T
7	s'éborgner	P
7	ébosser	T
7	ébouer	T
7	ébouillanter	T
7	s'ébouillanter	P
7	ébouler	I, T
7	s'ébouler	P
7	ébourgeonner	T
7	ébouriffer	T
7	ébourrer	T
7	ébouter	T
7	ébouzer	T
7	ébraiser	T
7	ébrancher	T
7	ébranler	T
7	s'ébranler	P
7	ébraser	T

11	ébrécher	T
11	s'ébrécher	P
7	s'ébrouer	P
7	ébruiter	T
7	s'ébruiter	P
7	ébruter	T
7	écacher	T
7	écaffer	T
7	écailler	T
7	s'écailler	P
7	écaler	T
7	s'écaler	P
7	écanguer	T
7	écarquiller	T
13	écarteler	T
7	écarter	I, T
7	s'écarter	P
20	écatir	T
7	échafauder	I, T
7	échalasser	T
20	échampir	T
7	échancrer	T
7	échanfreiner	T
9	échanger	T
9	s'échanger	P
7	échantillonner	T
7	échapper	I, Ti, T, être ou avoir
7	s'échapper	P
7	échardonner	T
7	écharner	T
7	écharper	T
7	s'écharper	P
7	échauder	T
7	s'échauder	P
7	échauffer	T
7	s'échauffer	P
7	échauler	T
7	échaumer	T
7	échelonner	T
7	s'échelonner	P
7	écheniller	T
12	écheveler	T

7	échiner	T
7	s'échiner	P
56	échoir	I, D, être ou avoir
7	échopper	T
7	échouer	I, T, être ou avoir
7	s'échouer	P
7	écimer	T
7	éclabousser	T
7	s'éclabousser	P
20	éclaircir	T
20	s'éclaircir	P
7	éclairer	I, T
7	s'éclairer	P
7	éclater	I, T, être ou avoir
7	s'éclater	P
7	éclipser	T
7	s'éclipser	P
7	éclisser	T
7	écloper	T
76	éclore	I, D, être ou avoir — mêmes formes que clore, mais employé surtout aux 3es pers.
7	écluser	T
7	écobuer	T
7	écœurer	I, T
88	éconduire	T
7	économiser	I, T
7	écoper	I, T
8	écorcer	T
7	écorcher	T
7	s'écorcher	P
7	écorer	T
7	écorner	T
7	écornifler	T
7	écosser	T
7	écouler	T
7	s'écouler	P
7	écourter	T
7	écouter	I, T
7	s'écouter	P
7	écouvillonner	T
7	écrabouiller	T
7	écraser	I, T
7	s'écraser	P

11	écrémer	.T	20	effleurir	.I	8	élancer	.I, T
7	écrêter	.T	7	effluver	.I	8	s'élancer	.P
16	s'écrier	.P	7	effondrer	.T	20	élargir	.I, T
86	écrire	.I, T, Ti	7	s'effondrer	.P	20	s'élargir	.P
86	s'écrire	.P	8	s'efforcer	.P	16	électrifier	.T
7	écrivailler	.I	9	effranger	.T	7	électriser	.T
7	écrivasser	.T	9	s'effranger	.P	7	électrocuter	.T
7	écrouer	.T	17	effrayer	.T	7	s'électrocuter	.P
20	écrouir	.T	17	s'effrayer	.P	7	électrolyser	.T
7	s'écrouler	.P	7	effriter	.T	7	électroniser	.T
7	écroûter	.T	7	s'effriter	.P	20	élégir	.T
7	écuisser	.T	7	s'égailler	.P	10	élever	.T
7	éculer	.T	7	égaler	.T	10	s'élever	.P
7	écumer	.I, T	7	égaliser	.I, T	7	élider	.T
7	écurer	.T	7	égarer	.T	7	s'élider	.P
7	écussonner	.T	7	s'égarer	.P	7	élimer	.T
7	édenter	.T	17	égayer	.T	7	éliminer	.I, T
7	édicter	.T	17	s'égayer	.P	7	s'éliminer	.P
16	édifier	.I, T	7	égnaffer	.T	7	élinguer	.T
7	éditer	.T	7	égoïner	.T	83	élire	.T
7	éditionner	.T	9	égorger	.T	7	éloigner	.T
7	édulcorer	.T	9	s'égorger	.P	7	s'éloigner	.P
7	éduquer	.T	7	s'égosiller	.P	9	élonger	.T
7	éfaufiler	.T	7	égoutter	.I, T	7	élucider	.T
8	effacer	.I, T	7	s'égoutter	.P	7	élucubrer	.T
8	s'effacer	.P	7	égrainer	.T	7	éluder	.T
7	effaner	.T	7	s'égrainer	.P	7	éluer	.T
7	effarer	.T	7	égrapper	.T	16	émacier	.T
7	s'effarer	.P	7	égratigner	.T	16	s'émacier	.P
7	effaroucher	.T	7	s'égratigner	.P	7	émailler	.T
7	s'effaroucher	.P	10	égrener	.T	7	émanciper	.T
7	effectuer	.T	10	s'égrener	.P	7	s'émanciper	.P
7	s'effectuer	.P	7	égriser	.T	7	émaner	.I
7	efféminer	.T	9	égruger	.T	9	émarger	.I, T
7	effeuiller	.T	7	égueuler	.T	7	émasculer	.T
7	s'effeuiller	.P	7	éjaculer	.T	7	emballer	.T
7	effiler	.T	7	éjarrer	.T	7	s'emballer	.P
7	s'effiler	.P	7	éjecter	.T	7	emballotter	.T
7	effilocher	.T	7	s'éjecter	.P	7	emballuchonner	...T
7	s'effilocher	.P	7	éjointer	.T	7	s'embaquer	.P
7	efflanquer	.T	7	élaborer	.T	7	embarbouiller	.T
7	s'efflanquer	.P	7	s'élaborer	.P	7	s'embarbouiller	.P
7	effleurer	.T	7	élaguer	.T	7	embarder	.T

T : transitif direct   Ti : transitif indirect   I : intransitif   P : construction pronominale   imp. : impersonnel
D : défectif   être : se conjugue avec l'auxiliaire être   être ou avoir : se conjugue avec les deux auxiliaires

7	s'embarder ....P	7	embouteiller ....T	7	s'emmailloter ....P
7	embarquer .... I, T	7	embouter ....T	7	emmancher ....T
7	s'embarquer ....P	20	emboutir ....T	7	s'emmancher ....P
7	embarrasser ....T	7	embrancher ....T	9	emmarger ....T
7	s'embarrasser ......P	7	s'embrancher ....P	7	emmêler ....T
7	embarrer .... I, T	7	embraquer ....T	7	s'emmêler ....P
7	s'embarrer ....P	7	embraser ....T	9	emménager ...... I, T
7	embastiller ....T	7	s'embraser ....P	10	emmener ....T
7	embastionner ......T	7	embrasser ....T	7	emmerder ....T
60	embat(t)re ....T	7	s'embrasser ....P	7	s'emmerder ....P
7	embaucher .... I, T	17	embrayer .... I, T	11	emmétrer ....T
7	s'embaucher ....P	13	embreler ....T	7	emmieller ....T
7	embaumer .... I, T	10	embrever ....T	7	emmitonner ....T
7	embecquer ....T	7	embrigader ....T	7	emmitoufler ....T
7	s'embéguiner ....P	7	s'embrigader ....P	7	s'emmitoufler ......P
20	embellir I, T, être ou avoir	7	embringuer ....T	7	emmortaiser ....T
20	s'embellir ....P	7	s'embringuer ....P	7	emmouscailler .....T
7	emberlificoter ......T	7	embrocher ....T	7	emmurer ....T
7	s'emberlificoter .....P	7	embroncher ....T	7	émonder ....T
7	embêter ....T	7	embrouiller ....T	7	émorfiler ....T
7	s'embêter ....P	7	s'embrouiller ....P	7	émotionner ....T
7	embidonner ....T	7	embroussailler .....T	7	émotter ....T
7	embistrouiller .....T	7	s'embroussailler ....P	7	émoucher ....T
7	emblaver ....T	7	embrumer ....T	13	émoucheter ....T
7	embobeliner ....T	20	embrunir ....T	80	émoudre ....T
7	embobiner ....T	7	embuer ....T	7	émousser ....T
75	s'emboire ....P	7	s'embuer ....P	7	s'émousser ....P
7	emboîter ....T	7	embusquer ....T	7	émoustiller ....T
7	s'emboîter ....P	7	s'embusquer ....P	46	émouvoir .... I, T
7	embosser ....T	11	émécher ....T	46	s'émouvoir ....P
7	s'embosser ....P	9	émerger I	7	empaffer ....T
12	embotteler ....T	7	émerillonner ....T	7	empailler ....T
7	emboucaner I	7	émeriser ....T	7	empaler ....T
7	emboucher ....T	7	émerveiller ....T	7	s'empaler ....P
7	embouer .... I, T	7	s'émerveiller ....P	7	empalmer ....T
7	embouquer ...... I, T	61	émettre .... I, T	7	empanacher ....T
7	embourber ....T	16	émier..............T	7	empanner I
7	s'embourber ....P	7	émietter ....T	7	empapa(h)outer ....T
7	embourgeoiser .....T	7	s'émietter ....P	7	empapilloter ....T
7	s'embourgeoiser ....P	7	émigrer I	12	empaqueter ....T
7	embourrmaner ....T	8	émincer ....T	7	s'emparer ....P
7	embourrer ....T	7	emmagasiner ......T	7	emparquer ....T
7	s'embourrer ....P	7	emmailloter ....T	7	empâter ....T

7	s'empâter ... P	11	empoussiérer ... T	7	enchanter ... T
7	empatter ... T	11	s'empoussiérer ... P	7	s'enchanter ... P
7	empaumer ... T	62	empreindre ... T	7	enchaperonner ... T
7	empêcher ... T	62	s'empreindre ... P	7	encharner ... T
7	s'empêcher ... P	7	s'empresser ... P	7	enchâsser ... T
7	empeigner ... T	7	emprésurer ... T	7	s'enchâsser ... P
7	empêner ... I, T	7	emprisonner ... T	7	enchatonner ... T
7	empenner ... T	7	emprunter ... I, T	7	enchausser ... T
7	empercher ... T	20	empuantir ... T	7	enchemiser ... T
7	emperler ... T	7	émuler ... T	20	enchérir ... I
10	empeser ... T	16	émulsifier ... T	7	enchetarder ... T
7	empester ... I, T	7	émulsionner ... T	7	enchevaucher ... T
7	empêtrer ... T	7	s'enamourer ... P	7	enchevêtrer ... T
7	s'empêtrer ... P	7	s'énamourer ... P	7	s'enchevêtrer ... P
9	empiéger ... T	7	encabaner ... T	10	enchifrener ... T
7	empierrer ... T	7	encadrer ... T	7	enchtiber ... T
11	empiéter ... I	7	s'encadrer ... P	7	enchtourber ... T
7	s'empiffrer ... P	9	encager ... T	7	encirer ... T
7	empiler ... T	7	encagouler ... T	7	enclaver ... T
7	s'empiler ... P	7	encaisser ... T	7	s'enclaver ... P
7	empirer I, T, être ou avoir employé surtout aux 3es pers.	7	encanailler ... T	7	enclencher ... T
		7	s'encanailler ... P	7	s'enclencher ... P
7	s'empirer afr. ... P	7	encaper ... T	12	encliqueter ... T
7	emplafonner ... T	7	encapuchonner ... T	7	encloîtrer ... T
7	s'emplafonner ... P	7	s'encapuchonner ... P	7	encloquer ... T
7	emplâtrer ... T	7	encapsuler ... T	76	enclore ... T, D
20	emplir ... I, T	7	encaquer ... T	7	enclouer ... T
20	s'emplir ... P	7	encarrer ... I	7	encocher ... T
18	employer ... T	7	encarter ... T	7	encoder ... T
18	s'employer ... P	7	encartonner ... T	7	encoffrer ... T
7	emplumer ... T	7	encartoucher ... T	7	encoller ... T
7	empocher ... T	7	encaserner ... T	7	encombrer ... T
7	empoigner ... T	13	s'encasteler ... P	7	s'encombrer ... P
7	s'empoigner ... P	7	encastrer ... T	7	encorder ... T
7	empoisonner ... T	7	s'encastrer ... P	7	s'encorder ... P
7	s'empoisonner ... P	7	encaustiquer ... T	7	encorner ... T
7	empoisser ... T	7	encaver ... T	9	encourager ... T
7	empoissonner ... T	62	enceindre ... T	34	encourir ... T
7	emporter ... T	7	enceinter afr. ... T	7	encrasser ... T
7	s'emporter ... P	7	encenser ... I, T	7	s'encrasser ... P
7	empoter ... T	7	encercler ... T	7	encrêper ... T
7	empourprer ... T	7	enchaîner ... I, T	7	encrer ... I, T
7	s'empourprer ... P	7	s'enchaîner ... P	7	encrister ... T

T : transitif direct   Ti : transitif indirect   I : intransitif   P : construction pronominale   imp. : impersonnel
D : défectif   être : se conjugue avec l'auxiliaire être   être ou avoir : se conjugue avec les deux auxiliaires

7 s'encroumer ....P	7 s'enflammer ....P	7 s'engouer ....P
7 encroûter ....T	11 enflécher ....T	7 engouffrer ....T
7 s'encroûter ....P	7 enfler .... I, T	7 s'engouffrer ....P
7 encuver ....T	7 s'enfler ....P	7 engouler ....T
7 endauber ....T	7 enfleurer ....T	20 engourdir ....T
7 endenter ....T	7 enfoirer ....T	20 s'engourdir ....P
7 endetter ....T	7 s'enfoirer ....P	7 engraisser .... I, T
7 s'endetter ....P	8 enfoncer .... I, T	7 s'engraisser ....P
7 endeuiller ....T	8 s'enfoncer ....P	9 engranger ....T
7 endêver .... I, D	20 enforcir I	7 engraver ....T
seulement à l'infinitif	7 enfouiller ....T	10 engrener ....T
7 endiabler .... I, T	20 enfouir ....T	10 s'engrener ....P
7 endiguer ....T	20 s'enfouir ....P	7 engrosser ....T
7 endimancher ....T	7 enfourailler ....T	12 engrumeler ....T
7 s'endimancher ......P	7 enfourcher ....T	12 s'engrumeler ....P
7 endivisionner ......T	7 enfourner ....T	7 engueuler ....T
7 endoctriner ....T	7 s'enfourner ....P	7 s'engueuler ....P
20 endolorir ....T	62 enfreindre ....T	7 enguirlander ....T
9 endommager ....T	37 s'enfuir ....P	20 enhardir ....T
33 endormir ....T	7 enfumer ....T	20 s'enhardir ....P
33 s'endormir ....P	7 s'enfumer ....P	7 enharnacher ....T
7 endosser ....T	7 enfutailler ....T	7 enherber ....T
88 enduire .... I, T	7 enfûter ....T	7 énieller ....T
88 s'enduire ....P	9 engager ....T	7 enivrer .... I, T
20 endurcir ....T	9 s'engager ....P	7 s'enivrer ....P
20 s'endurcir ....P	7 engainer ....T	7 enjamber .... I, T
7 endurer ....T	7 engamer ....T	12 enjaveler ....T
7 énerver ....T	7 engargousser ....T	63 enjoindre ....T
7 s'énerver ....P	7 engaver ....T	7 enjôler ....T
7 enfaîter ....T	7 engazonner ....T	7 enjoliver ....T
7 enfanter .... I, T	7 engendrer ....T	7 s'enjoliver ....P
7 enfariner ....T	7 engerber ....T	8 enjoncer ....T
7 enfermer ....T	8 englacer ....T	7 enjouer ....T
7 s'enfermer ....P	7 englober ....T	7 enjuguer ....T
7 enferrer ....T	20 engloutir ....T	7 enjuponner ....T
7 s'enferrer ....P	20 s'engloutir ....P	7 s'enkyster ....P
7 enficher ....T	7 engluer ....T	8 enlacer ....T
7 enfieller ....T	7 s'engluer ....P	8 s'enlacer ....P
11 enfiévrer ....T	7 engober ....T	20 enlaidir I, T, être ou avoir
11 s'enfiévrer ....P	7 engommer ....T	20 s'enlaidir ....P
7 enfiler ....T	8 engoncer ....T	10 enlever ....T
7 s'enfiler ....P	9 engorger ....T	10 s'enlever ....P
7 enflammer ....T	9 s'engorger ....P	7 enliasser ....T

16	enlier ....T	7	s'enrouiller ....P	7	enter ....T
7	enligner ....T	7	enrouler ....T	7	entériner ....T
7	enliser ....T	7	s'enrouler ....P	7	enterrer ....T
7	s'enliser ....P	7	enrubanner ....T	7	s'enterrer ....P
7	enluminer ....T	7	ensabler ....T	7	entêter ....T
20	ennoblir ....T	7	s'ensabler ....P	7	s'entêter ....P
9	ennuager ....T	7	ensaboter ....T	7	enthousiasmer .....T
9	s'ennuager ....P	7	ensacher ....T	7	s'enthousiasmer ....P
18	ennuyer ....I, T	7	ensaisiner ....T	7	s'enticher ....P
18	s'ennuyer ....P	7	ensanglanter ....T	7	entifler ....T
8	énoncer ....T	7	ensauvager ....T	7	s'entifler ....P
8	s'énoncer ....P	7	s'ensauver ....P	7	entoiler ....T
20	enorgueillir ....T	7	enseigner ....T	7	entôler ....T
20	s'enorgueillir ....P	7	s'enseigner ....P	7	entonner ....T
7	énouer ....T	8	ensemencer ....T	7	entorser afr. I
25	s'enquérir ....P	7	enserrer ....T	7	entortiller ....T
7	enquêter I	20	ensevelir ....T	7	s'entortiller ....P
7	s'enquêter ....P	20	s'ensevelir ....P	7	entourer ....T
7	enquiller I	7	ensiler ....T	7	s'entourer ....P
7	enquiquiner ....T	7	ensoleiller ....T	7	entourlouper ......T
7	s'enquiquiner ....P	12	ensorceler ....T	7	s'entraccorder ......P
7	enraciner ....T	7	ensoufrer ....T	7	s'entraccuser ....P
7	s'enraciner ....P	11	enstérer ....T	7	s'entradmirer ....P
9	enrager I	81	s'ensuivre ....P, D	7	s'entraider ....P
7	enrailler ....T		seulement à l'inf., au part.	7	s'entraimer ....P
17	enrayer ....T		présent et aux 3es pers.	7	entraîner ....T
17	s'enrayer ....P		(il s'est ensuivi ou il s'en est ensuivi	7	s'entraîner ....P
7	enrégimenter ......T		ou encore il s'en est suivi)	40	entrapercevoir ....T
7	enregistrer ....T	7	ensuquer ....T	40	s'entrapercevoir ....P
7	s'enregistrer ....P	7	entabler ....T	7	entraver ....T
7	enrêner ....T	7	s'entabler ....P	7	entrebâiller ....T
7	enrésiner ....T	7	entacher ....T	7	s'entrebâiller ....P
7	enrhumer ....T	7	entailler ....T	60	s'entrebattre ....P
7	s'enrhumer ....P	7	s'entailler ....P	7	entrechoquer ......T
20	enrichir ....T	7	entamer ....T	7	s'entrechoquer .....P
20	s'enrichir ....P	7	entaquer ....T	7	entrecouper ....T
7	enrober ....T	7	entarter ....T	7	s'entrecouper ......P
7	enrocher ....T	7	entartrer ....T	7	entrecroiser ....T
7	enrôler ....T	7	s'entartrer ....P	7	s'entrecroiser ......P
7	s'enrôler ....P	7	entasser ....T	7	s'entre-déchirer .....P
7	enrouer ....T	7	s'entasser ....P	88	s'entre(-)détruire ...P
7	s'enrouer ....P	58	entendre ....I, T, Ti	7	s'entre-dévorer .....P
7	enrouiller I	58	s'entendre ....P	7	s'entre-égorger .....P
		11	enténébrer ....T		
		11	s'enténébrer ....P		

T : transitif direct   Ti : transitif indirect   I : intransitif   P : construction pronominale   imp. : impersonnel
D : défectif   *être* : se conjugue avec l'auxiliaire *être*   *être* ou *avoir* : se conjugue avec les deux auxiliaires

49	s'équivaloir	.........P	7	s'esquinter	.........P	
7	équivoquer	I	7	esquisser	..........T	
7	éradiquer	..........T	7	s'esquisser	.........P	
7	érafler	..............T	7	esquiver	...........T	
7	s'érafler	.............P	7	s'esquiver	.........P	
7	érailler	..............T	7	essaimer	.... I, T	
7	s'érailler	...........P	9	essanger	...........T	
17	érayer	..............T	7	essarter	.............T	
7	éreinter	............T	17	essayer	..............T	
7	s'éreinter	..........P	17	s'essayer	.........P	
7	ergoter	I	7	essorer	...........T	
9	ériger	.............T	7	s'essorer	.........P	
9	s'ériger	............P	7	essoriller	............T	
7	éroder	..............T	7	essoucher	............T	
7	s'éroder	............P	7	essouffler	...........T	
7	érotiser	.............T	7	s'essouffler	.........P	
7	errer	I	18	essuyer	..............T	
7	éructer	.... I, T	18	s'essuyer	.........P	
20	s'esbaudir	..........P	7	estamper	...........T	
7	s'esbigner	.........P	7	estampiller	.........T	
7	esbroufer	..........T		ester	...........I, D	
7	escalader	..........T		seulement à l'inf.		
7	escamoter	.........T	16	estérifier	............T	
7	escarmoucher	I	7	esthétiser	.... I, T	
7	escarper	..........T	7	estimer	.............T	
16	escarrifier	..........T	7	s'estimer	..........P	
7	escher	...............T	7	estiver	.... I, T	
7	s'esclaffer	...........P	7	estomaquer	.........T	
7	esclavager	.........T	7	estomper	...........T	
16	escoffier	...........T	7	s'estomper	.........P	
7	escompter	..........T	7	estoquer	...........T	
7	escorter	..........T	20	estourbir	............T	
7	s'escrimer	..........P	7	estrapader	..........T	
7	escroquer	..........T	7	estrapasser	...........T	
7	esgourder	..........T	16	estropier	............T	
8	espacer	.............T	16	s'estropier	..........P	
8	s'espacer	..........P	7	établer	..............T	
11	espérer	.... I, T	20	établir	...............T	
7	espionner	..........T	20	s'établir	.............P	
7	espoliner	..........T	9	étager	...............T	
7	espouliner	..........T	9	s'étager	.............P	
7	esquicher	I	9	étalager	............T	
7	esquinter	.........T	7	étaler	.... I, T	

7	s'étaler	.............P
7	étalinguer	.........T
7	étalonner	..........T
7	étamer	..............T
7	étamper	.............T
7	étancher	...........T
7	étançonner	........T
7	étarquer	.............T
7	étatiser	.............T
17	étayer	...............T
17	s'étayer	............P
62	éteindre	...........T
62	s'éteindre	..........P
58	étendre	............T
58	s'étendre	..........P
7	éterniser	...........T
7	s'éterniser	.........P
7	éternuer	I
7	étêter	...............T
16	éthérifier	...........T
7	éthériser	...........T
7	éthniciser	............T
12	étinceler	I
7	étioler	.............T
7	s'étioler	............P
12	étiqueter	...........T
7	étirer	...............T
7	s'étirer	.............P
7	étoffer	..............T
7	s'étoffer	............P
7	étoiler	..............T
7	s'étoiler	............P
7	étonner	............T
7	s'étonner	..........P
7	étouffer	.... I, T
7	s'étouffer	..........P
7	étouper	.............T
7	étoupiller	...........T
20	étourdir	............T
20	s'étourdir	..........P
7	étrangler	...........T
7	s'étrangler	.........P
1	être	I

T : transitif direct   Ti : transitif indirect   I : intransitif   P : construction pronominale   imp. : impersonnel
D : défectif   être : se conjugue avec l'auxiliaire être   être ou avoir : se conjugue avec les deux auxiliaires

7	externer ^{afr.} ....T	67	se faire ....P	7	fayoter I
7	extirper ....T	7	faisander ....T	7	féconder ....T
7	s'extirper ....P	7	se faisander ....P	7	féculer ....T
7	extorquer ....T	48	falloir ..... T, imp.: *il faut*	7	fédéraliser ....T
7	extourner ....T	48	s'en falloir P, imp.: *il s'en faut*	7	se fédéraliser ....P
7	extrader ....T		*ou il s'en est fallu*	11	fédérer ....T
66	extraire ....T, D	7	faloter I	11	se fédérer ....P
	pas de passé simple	16	falsifier ....T	7	feignanter I
	ni de subj. imparfait	7	faluner ....T	62	feindre ....I, T
66	s'extraire ....P	7	familiariser ....T	7	feinter ....I, T
7	extrapoler ....I, T	7	se familiariser ......P	7	fêler ....T
7	extravaguer I	7	fanatiser ....T	7	se fêler ....P
7	extravaser ....T	7	se fanatiser ....P	7	féliciter ....T
7	s'extravaser ....P	7	faner ....T	7	se féliciter ....P
7	extruder ....T	7	se faner ....P	7	féminiser ....T
11	exulcérer ....T	7	fanfaronner I	7	se féminiser ....P
7	exulter I	7	fanfrelucher ....T	7	fendiller ....T
		7	fantasmer ....I, T	7	se fendiller ....P
		7	se fantaliser ^{afr.} .....P	58	fendre ....T

F

		20	farcir ....T	58	se fendre ....P
7	fabriquer ....I, T	20	se farcir ....P	7	fenestrer ....T
7	se fabriquer ....P	7	farder ....I, T	7	fenêtrer ....T
7	fabuler I	7	se farder ....P		férir ....T, D
7	facetter ....T	7	farfouiller ....I, T		seulement dans les expressions
7	fâcher ....T	7	farguer ....T		*sans coup férir* ou *féru de*
7	se fâcher ....P	7	fariner ....I, T	7	ferler ....T
7	faciliter ....T	7	farter ....T	7	fermenter I
7	se faciliter ....P	7	fasciner ....T	7	fermer ....I, T
7	façonner ....T	7	fasciser ....T	7	se fermer ....P
7	factoriser ....T	17	faseyer I	7	ferrailler I
7	facturer ....T	7	fatiguer ....I, T	7	ferrer ....T
7	fader ....T	7	se fatiguer ....P	7	ferrouter ....T
7	fagoter ....T	11	faubérer ^{afr.} I	7	fertiliser ....T
7	se fagoter ....P	7	faucarder ....T	7	fesser ....T
20	faiblir I	7	faucher ....I, T	7	féticher ^{afr.} ....T
7	faignanter I	7	fauconner I	7	festonner ....T
7	se failler ....P	7	faufiler ....I, T	18	festoyer ....I, T
31	faillir ... I, être ou avoir, D	7	se faufiler ....P	7	fêter ....T
	s'aligne sur *finir* pour le futur et	7	fausser ....T	7	fétichiser ....T
	le conditionnel, employé surtout	7	se fausser ....P	7	feuiller ....I, T
	au passé simple, à l'infinitif	7	fauter I	12	feuilleter ....T
	et aux temps composés	7	favoriser ....T	7	feuilletiser ....T
7	fainéanter I	7	faxer ....T	7	feuler I
7	fainéantiser I			7	feutrer ....I, T
67	faire ....I, T				

7	se feutrer ....P	7	flagorner ....T	16	fluidifier ....T
7	fiabiliser ....T	7	flairer ....T	7	fluidiser ....T
8	fiancer ....T	7	flamber ....I, T	7	fluoriser ....T
8	se fiancer ....P	18	flamboyer I	7	flurer ....T
12	ficeler ....T	7	flancher ....I, T	7	flûter ....I, T
7	ficher ....T	7	flâner I	7	fluxer ....T
7	se ficher ....P	7	flânocher I	7	focaliser ....T
7	se fiche ....P	7	flanquer ....T	7	se focaliser ....P
	(je me fiche de...,	7	se flanquer ....P	7	foirer I
	part. passé fichu, ue, us, ues)	7	flaquer I	7	foisonner I
7	fidéliser ....T	7	flasher ....I, T	7	folâtrer I
7	fieffer ....T	7	flatter ....T	7	folichonner I
7	fienter I	7	se flatter ....P	7	folioter ....T
7	se fier ....P	7	flauper ....T	7	folkloriser ....T
9	figer ....I, T	11	flécher ....T	7	fomenter ....T
9	se figer ....P	20	fléchir ....I, T	8	foncer ....I, T
7	fignoler ....T	20	se fléchir ....P	7	fonctionnariser ....T
7	figurer ....I, T	7	flemmarder I	7	fonctionner I
7	se figurer ....P	20	flétrir ....T	7	fonder ....I, T
7	filer ....I, T	20	se flétrir ....P	7	se fonder ....P
7	se filer ....P	7	fleurer ....I, T	58	fondre ....I, T
13	fileter ....T	20	fleurir ....I, T	58	se fondre ....P
7	filialiser ....T		pour « orner de fleurs », radical	8	forcer ....I, T
7	filigraner ....T		fleur ; pour « prospérer », radical	8	se forcer ....P
7	filmer ....I, T		flor à l'imparfait (il florissait)	20	forcir I
7	filocher ....I, T		et au part. présent (florissant)		forclore ....T, D
7	filouter ....I, T	20	se fleurir ....P		seulement à l'infinitif et
7	filtrer ....I, T	7	flexibiliser ....T		au part. passé (forclos, ose, oses)
7	finaliser ....T	7	flibuster ....I, T	7	forer ....T
8	financer ....I, T	7	flingoter ....T	67	forfaire ...... I, T, Ti, D
7	financiariser ....T	7	flinguer ....I, T		seulement à l'infinitif, au sing.
7	finasser ....I, T	7	se flinguer ....P		de l'ind. présent, au part. passé
20	finir ....I, T, être ou avoir	7	flipper I		et aux temps composés
7	finlandiser ....T	7	fliquer ....T	9	forger ....I, T
7	se finlandiser ....P	7	flirter I	9	se forger ....P
7	fiscaliser ....T	7	floconner I	12	forjeter ....I, T
7	fissionner ....T	7	floculer I	8	forlancer ....T
7	fissurer ....T	7	floquer ....T	7	forligner I
7	se fissurer ....P	7	flotter ....I, T	7	forlonger ....T
7	fixer ....T	7	flotter .....imp. : il flotte	7	formaliser ....T
7	se fixer ....P	7	flouer ....T	7	se formaliser ....P
7	flageller ....T	7	flouser I	7	formater ....T
7	se flageller ....P	7	fluber I	7	former ....T
7	flageoler I	7	fluctuer I	7	se former ....P
		7	fluer I	7	formicaliser afr. .....T

7	formoler	T	7	se fracturer	P	
7	formuler	T	7	fragiliser	T	
7	se formuler	P	7	fragmenter	T	
7	forniquer	I	20	fraîchir	I	
16	fortifier	T	7	fraiser	T	
16	se fortifier	P	7	framboiser	T	
7	fossiliser	T	20	franchir	T	
7	se fossiliser	P	7	franchiser	T	
18	fossoyer	T	7	franciser	T	
7	fouailler	T	7	francophoniser québ.	T	
7	fouder afr.	T	9	franger	T	
18	foudroyer	T	7	fransquillonner belg.	I	
7	fouetter	I, T	7	frapper	I, T	
9	fouger	I	7	se frapper	P	
7	fouiller	I, T	7	fraterniser	I	
7	se fouiller	P	7	frauder	I, T	
7	fouiner	I	17	frayer	I, T	
20	fouir	T	17	se frayer	P	
7	fouler	T	7	fredonner	I, T	
7	se fouler	P	7	frégater	T	
7	fourailler	I, T	7	freiner	I, T	
7	fourber	I, T	7	se freiner	P	
20	fourbir	T	7	frelater	T	
7	fourcher	I, T	20	frémir	I	
7	fourgonner	I	7	fréquenter	I, T	
7	fourguer	T	7	se fréquenter	P	
7	fourmiller	I	11	fréter	T	
20	fournir	T, Ti	7	frétiller	I	
20	se fournir	P	7	fretter	T	
9	fourrager	I, T	7	fricasser	T	
7	fourrer	T	7	fricoter	I, T	
7	se fourrer	P	7	frictionner	T	
18	fourvoyer	T	7	se frictionner	P	
18	se fourvoyer	P	16	frigorifier	T	
58	foutre	T, D	9	frigorifuger	T	

58 foutre ....T, D
ni passé simple, ni passé
antérieur de l'ind., ni imparfait,
ni plus-que-parfait du subj.

58	se foutre	P, D	7	frimer	I, T	
7	fracasser	T	7	fringuer	I, T	
7	se fracasser	P	7	se fringuer	P	
7	fractionner	T	7	friper	T	
7	se fractionner	P	7	se friper	P	
7	fracturer	T	7	friponner	I, T	
			7	friquer afr.	T	

87	frire	I, T, D

seulement à l'infinitif, au part.
passé, au singulier de l'ind. présent
et futur, du cond., de l'impératif
et aux temps composés

7	friser	I, T
7	frisotter	I, T
7	frissonner	I
7	fristouiller belg.	I, T
7	fritter	I, T
20	froidir	I
7	froisser	T
7	se froisser	P
7	frôler	T
7	se frôler	P
8	froncer	T
8	se froncer	P
7	fronder	I, T
7	frotter	I, T
7	se frotter	P
7	frouer	I
7	froufrouter	I
7	frousser afr.	I
16	fructifier	I
7	frusquer	T
7	se frusquer	P
7	frustrer	T
7	fuguer	I
37	fuir	I, T
37	se fuir	P
7	fuiter	I
7	fulgurer	I, T
7	fulminer	I, T
7	fumer	I, T
9	fumiger	T
13	fureter	I
12	fuseler	T
7	fuser	I
7	fusiller	T
7	fusionner	I, T
9	fustiger	T

T : transitif direct   Ti : transitif indirect   I : intransitif   P : construction pronominale   imp. : impersonnel
D : défectif   *être* : se conjugue avec l'auxiliaire *être*   *être* ou *avoir* : se conjugue avec les deux auxiliaires

G

7	gabarier	..........T
7	gabionner	..........T
7	gâcher	..........I, T
7	gadgétiser	........T
7	gaffer	..........I, T
7	gafouiller	..........T
9	gager	..........T
7	gagner	..........I, T
7	se gagner	..........P
7	gainer	..........T
7	galber	..........T
11	galéjer	I
7	galérer	I
7	galipoter	..........T
7	galonner	..........T
7	galoper	..........I, T
7	galvaniser	..........T
7	galvauder	........I, T
7	se galvauder	........P
7	gambader	I
9	gamberger	........I, T
7	gambiller	I
12	gameler	..........T
12	se gameler	........P
7	gaminer	I
10	gangrener	..........T
10	se gangrener	........P
11	gangréner	..........T
7	ganser	..........T
7	ganter	..........I, T
7	se ganter	..........P
8	garancer	..........T
20	garantir	..........T
7	garder	..........T
7	se garder	..........P
7	garer	..........T
7	se garer	..........P
7	se gargariser	........P
7	gargoter	I
7	gargouiller	I
20	garnir	..........T

20	se garnir	..........P
7	garrotter	..........T
7	gasconner	I
7	gaspiller	..........T
7	gâter	..........T
7	se gâter	..........P
16	gâtifier	I
20	gauchir	..........I, T
20	se gauchir	..........P
7	gaufrer	..........T
7	gauler	..........T
7	se gausser	..........P
7	gaver	..........T
7	se gaver	..........P
16	gazéifier	..........T
7	gazer	..........I, T
7	gazonner	........I, T
7	gazouiller	I
62	geindre	I
7	gélatiner	..........T
7	gélatiniser	........T
13	geler	..........I, T
13	se geler	..........P
16	gélifier	..........T
16	se gélifier	..........P
7	géminer	..........T
20	gémir	..........I, T
7	gemmer	..........T
7	se gendarmer	........P
7	gêner	..........T
7	se gêner	..........P
7	généraliser	........T
7	se généraliser	.......P
11	générer	..........T
7	géométriser	........T
7	gerber	..........I, T
8	gercer	..........I, T
8	se gercer	..........P
11	gérer	..........T
7	germaniser	........I, T
7	se germaniser	......P
7	germer	I

39	gésir	..........I, D,
	ne s'emploie qu'au part. présent, au présent et à l'impft de l'ind.	
7	gesticuler	I
18	giboyer	..........T
7	gicler	I
7	gifler	..........T
7	gigoter	I
7	gironner	..........T
7	girouetter	I
	gît, il gît, ci-gît, gisant → gésir	
7	gîter	I
7	givrer	..........T
7	se givrer	..........P
8	glacer	..I, T, imp. : *il glace*
8	se glacer	..........P
7	glaglater	I
7	glairer	..........T
7	glaiser	..........T
7	glander	I
7	glandouiller	I
7	glaner	..........I, T
20	glapir	..........I, T
20	glatir	I
7	glavioter	I
7	glaviotter	I
7	gléner	..........T
7	gletter belg.	I
7	glisser	..........I, T
7	se glisser	..........P
7	globaliser	..........T
16	glorifier	..........T
16	se glorifier	..........P
7	gloser	........I, T, Ti
7	glouglouter	I
7	glousser	I
7	gloutonner	........I, T
7	glycériner	..........T
7	goaler afr.	I
7	gober	..........T
9	se goberger	........P
12	gobeter	..........T
7	godailler	I
7	goder	I

7	godiller	....	I
7	se godiner belg.	.....	P
7	godronner	....	T
7	goguenarder	....	I
7	goinfrer	....	I
7	se goinfrer	....	P
7	se gominer	....	P
7	gommer	....	T
7	gomorrhiser	....	T
7	gonder	....	T
7	gondoler	....	I
7	se gondoler	....	P
7	gonfler	....	I, T
7	se gonfler	....	P
7	gongonner afr.	....	I
7	se gorgeonner	......	P
9	gorger	....	T
9	se gorger	....	P
7	gouacher	....	T
7	gouailler	....	I
7	goualer	....	I, T
7	gouaper	....	I
7	goudronner	....	T
7	gouger	....	T
7	gougnot(t)er	....	T
7	goujonner	....	T
7	goupiller	....	T
7	se goupiller	....	P
7	goupillonner	....	T
7	se gourancer	....	P
7	se gourer	....	P
7	gourmander	....	T
7	goûter	....	I, T, Ti
7	goutter	....	I
7	gouttiner belg.	.. I, imp.
7	gouverner	....	I, T
7	se gouverner	......	P
16	gracier	....	T
7	graduer	....	T
7	se graffer	....	P
7	graffiter	....	I, T
7	grafigner québ.	......	T
7	grailler	....	I, T

7	graillonner	....	I
7	grainer	....	T
7	graisser	....	I, T
7	grammaticaliser	....	T
7	se grammaticaliser	..	P
20	grandir	.. I, T, être ou avoir
20	se grandir	....	P
7	graniter	....	T
7	granuler	....	T
7	graphiter	....	T
7	grappiller	....	I, T
17	grasseyer	....	I, T
7	graticuler	....	T
16	gratifier	....	T
7	gratiner	....	I, T
7	grat(t)ouiller	....	T
7	gratter	....	I, T
7	se gratter	....	P
7	graver	....	I, T
7	se graver	....	P
7	gravillonner	....	T
20	gravir	....	T, Ti
7	graviter	....	I
7	gréciser	....	T
7	grecquer	....	T
14	gréer	....	T
7	greffer	....	T
7	se greffer	....	P
7	grêler	.... T, imp. : il grêle
7	grelotter	....	I
7	grenailler	....	T
12	greneler	....	T
10	grener	....	I, T
7	grenouiller	....	I
11	gréser	....	T
7	grésiller	. I, imp. : il grésille
10	grever	....	T
11	gréver afr.	....	I
7	gribouiller	....	I, T
7	griffer	....	I, T
7	griffonner	....	I, T
7	grigner	....	I
7	grignoter	....	I, T

7	grigriser afr.	....	T
9	grillager	....	T
7	griller	....	I, T
7	se griller	....	P
8	grimacer	....	I
7	grimer	....	T
7	se grimer	....	P
7	grimper	....	I, T
8	grincer	....	I
7	grincher	....	T
7	gringuer	....	I
7	gripper	....	I, T
7	se gripper	....	P
7	grisailler	....	I, T
7	griser	....	T
7	se griser	....	P
7	grisoler	....	I
7	grisoller	....	I
7	grisonner	....	I
12	griveler	....	I, T
7	grognasser	....	I
7	grogner	....	T, I
7	grognonner	....	I
12	grommeler	....	I, T
7	gronder	....	I, T
20	grossir	.. I, T, être ou avoir
18	grossoyer	....	T
7	grouiller	....	I
7	se grouiller	....	P
7	groûler belg.	....	I
7	groumer	....	I
7	grouper	....	I, T
7	se grouper	....	P
9	gruger	....	T
12	se grumeler	....	P
14	guéer	....	T
20	guérir	....	I, T
20	se guérir	....	P
18	guerroyer	....	I, T
7	guêtrer	....	T
7	se guêtrer	....	P
7	guetter	....	I, T
7	se guetter	....	P

7 gueuler . . . . I, T	7 * harasser . . . . T	7 * hisser . . . . T
7 gueuletonner I	12, 13 * harceler . . . . T	7 se hisser . . . . P
7 gueuser . . . . I, T	7 * harder . . . . T	16 historier . . . . T
7 guider . . . . T	7 haricoter . . . . T	7 hiverner . . . . I, T
7 se guider . . . . P	7 harmoniser . . . . T	7 * hocher . . . . T
7 guigner . . . . T	7 s'harmoniser . . . . P	16 holographier . . . . T
12 guillemeter . . . . T	7 * harnacher . . . . T	16 homogénéifier . . . . . T
7 guillocher . . . . T	7 se harnacher . . . . P	7 homogénéiser . . . . T
7 guillotiner . . . . T	7 * harpailler I	7 homologuer . . . . T
7 guincher I	7 * harper . . . . T	7 * hongrer . . . . T
7 guindailler afr. + belg. I	7 * harponner . . . . T	18 * hongroyer . . . . T
7 guinder . . . . T	7 * hasarder . . . . T	20 * honnir . . . . T
7 se guinder . . . . P	7 se hasarder . . . . P	7 honorer . . . . T
7 guiper . . . . T	7 * hâter . . . . T	7 s'honorer . . . . P
	7 se hâter . . . . P	12 * hoqueter I
H	7 * haubaner . . . . T	16 horrifier . . . . T
	7 * hausser . . . . T	7 horripiler . . . . T
7 habiliter . . . . T	7 se hausser . . . . P	7 hospitaliser . . . . T
7 habiller . . . . T	7 * haver . . . . I, T	7 * houblonner . . . . T
7 s'habiller . . . . P	20 * havir . . . . I, T	7 * houer . . . . T
7 habiter . . . . I, T	9 héberger . . . . T	7 * houpper . . . . T
7 habituer . . . . T	11 hébéter . . . . T	7 * hourder . . . . T
7 s'habituer . . . . P	7 hébraïser . . . . I, T	20 * hourdir . . . . T
7 * hâbler I	11 * héler . . . . T	7 * houspiller . . . . T
7 * hacher . . . . T	11 * se héler . . . . P	7 * housser . . . . T
7 * hachurer . . . . T	7 hélitreuiller . . . . T	7 houssiner . . . . T
21 * haïr . . . . I, T	7 helléniser . . . . I,T	7 * hucher . . . . T
21 se haïr . . . . P	20 * hennir I	7 * huer . . . . I, T
10 halener . . . . T	9 herbager . . . . T	7 huiler . . . . T
7 * haler . . . . T	7 herber . . . . T	* huir . . . . I, D
7 * hâler . . . . T	7 herboriser I	seulement à l'inf., au présent
7 se hâler . . . . P	7 hercher I	et aux temps composés
13 * haleter I	7 * hérisser . . . . T	7 hululer I
7 * halkiner belg. I	7 se hérisser . . . . P	7 humaniser . . . . T
7 halluciner . . . . T	7 * hérissonner . . . . I, T	7 s'humaniser . . . . P
7 hameçonner . . . . T	7 se hérissonner . . . . . . P	7 humecter . . . . T
7 * hancher . . . . I, T	7 hériter . . . . I, Ti	7 s'humecter . . . . P
13 handeler belg. . . . . . . T	7 * herser . . . . T	7 * humer . . . . T
7 * handicaper . . . . T	7 hésiter I	16 humidifier . . . . T
7 * hannetonner . . . . I, T	7 * heurter . . . . I, T	16 humilier . . . . T
7 * hanter . . . . T	7 se heurter . . . . P	16 s'humilier . . . . P
7 * happer . . . . I, T	7 hiberner . . . . I, T	7 * hurler . . . . I, T
7 * haranguer . . . . T	7 * hiérarchiser . . . . . . T	7 hybrider . . . . T
		7 s'hybrider . . . . P

* h = h aspiré

7	hydrater .... T	9	immerger .... T	7	inactiver .... T
7	s'hydrater .... P	9	s'immerger .... P	7	inaugurer .... T
9	hydrofuger .... T	7	immigrer I	11	incarcérer .... T
11	hydrogéner .... T	8	s'immiscer .... P	7	incarner .... T
7	hydrolyser .... T	7	immobiliser .... T	7	s'incarner .... P
16	hypertrophier ...... T	7	s'immobiliser ...... P	16	incendier .... T
16	s'hypertrophier ..... P	7	immoler .... T	11	incinérer .... T
7	hypnotiser .... T	7	s'immoler .... P	7	inciser .... T
7	s'hypnotiser .... P	7	immortaliser .... T	7	inciter .... T
16	hypostasier .... T	7	s'immortaliser ..... P	7	incliner .... I, T
11	hypothéquer ...... T	7	immuniser .... T	7	s'incliner .... P
		7	s'immuniser .... P	77	inclure .... T
	I	7	impacter .... T	7	incomber .... Ti
		20	impartir .... T, D		s'emploie aux 3ᵉˢ personnes
7	iconiser .... T		seulement à l'ind. présent,	7	incommoder .... T
7	idéaliser .... T		au part. passé et aux temps	7	incorporer .... T
7	s'idéaliser .... P		composés	7	s'incorporer .... P
16	identifier .... T	7	impatienter .... T	7	incrémenter .... T
16	s'identifier .... P	7	s'impatienter ...... P	7	incriminer .... T
7	idéologiser .... T	7	impatroniser ...... T	7	incruster .... T
7	idiotiser .... T	7	s'impatroniser ..... P	7	s'incruster .... P
7	idolâtrer .... T	7	imperméabiliser .... T	7	incuber .... T
7	s'idolâtrer .... P	11	impétrer .... T	7	inculper .... T
9	ignifuger .... T	7	implanter .... T	7	inculquer .... T
7	ignorer .... T	7	s'implanter .... P	7	incurver .... T
7	s'ignorer .... P	7	implémenter .... T	7	s'incurver .... P
7	illuminer .... T	7	impliquer .... T	7	indaguer ᵇᵉˡᵍ· I
7	s'illuminer .... P	7	s'impliquer .... P	7	indemniser .... T
7	illusionner .... T	7	implorer .... T	7	s'indemniser ...... P
7	s'illusionner .... P	7	imploser I	7	indexer .... T
7	illustrer .... T	7	importer ...... I, T, Ti	8	indicer .... T
7	s'illustrer .... P	7	importuner .... T	11	indifférer .... T
9	imager .... T	7	imposer .... T	7	indigner .... T
7	imaginer .... T	7	s'imposer .... P	7	s'indigner .... P
7	s'imaginer .... P	11	imprégner .... T	7	indiquer .... T
7	imbiber .... T	11	s'imprégner .... P	7	indisposer .... T
7	s'imbiber .... P	7	impressionner ..... T	7	individualiser ..... T
7	imbriquer .... T	7	imprimer .... T	7	s'individualiser ..... P
7	s'imbriquer .... P	7	s'imprimer .... P	88	induire .... T
7	imiter .... T	7	improuver .... T	7	indurer .... T
7	immatérialiser ..... T	7	improviser ...... I, T	7	industrialiser ...... T
7	s'immatérialiser .... P	7	s'improviser .... P	7	s'industrialiser ..... P
7	immatriculer .... T	7	impulser .... T	7	infantiliser .... T
		7	imputer .... T, Ti		

7	infatuer . . . . .t	7	s'inonder . . . . .p	7	intellectualiser . . . . .t
7	s'infatuer . . . . .p	11	inquiéter . . . . .t	16	intensifier . . . . .t
7	infecter . . . . .t	11	s'inquiéter . . . . .p	16	s'intensifier . . . . .p
7	s'infecter . . . . .p	86	inscrire . . . . .t	7	intenter . . . . .t
7	inféoder . . . . .t	86	s'inscrire . . . . .p	20	interagir i
7	s'inféoder . . . . .p	7	insculper . . . . .t	7	intercaler . . . . .t
11	inférer . . . . .t	7	inséminer . . . . .t	7	s'intercaler . . . . .p
7	inferioriser . . . . .t	7	insensibiliser . . . . . . .t	11	intercéder i
7	infester . . . . .t	11	insérer . . . . .t	7	intercepter . . . . .t
7	infiltrer . . . . .t	11	s'insérer . . . . .p	7	interclasser . . . . .t
7	s'infiltrer . . . . .p	7	insinuer . . . . .t	7	interconnecter . . . . .t
7	infirmer . . . . .t	7	s'insinuer . . . . .p	84	interdire . . . . .t
20	infléchir . . . . .t	7	insister i	84	s'interdire . . . . .p
20	s'infléchir . . . . .p	7	insoler . . . . .t	7	intéresser . . . . .t
9	infliger . . . . .t, ti	7	insolubiliser . . . . .t	7	s'intéresser . . . . .p
8	influencer . . . . .t	7	insonoriser . . . . .t	11	interférer i
7	influer i	7	inspecter . . . . .t	11	s'interférer afr. . . . . . .p
7	informatiser . . . . . . .t	7	inspirer . . . . .i, t	16	interfolier . . . . .t
7	s'informatiser . . . . . .p	7	s'inspirer . . . . .p	7	intérioriser . . . . .t
7	informer . . . . .i, t	7	installer . . . . .t	12	interjeter . . . . .t
7	s'informer . . . . .p	7	s'installer . . . . .p	7	interligner . . . . .t
7	infuser . . . . .i, t	7	instaurer . . . . .t	7	interloquer . . . . .t
16	s'ingénier . . . . .p	7	s'instaurer . . . . .p	7	internationaliser . . . .t
11	ingérer . . . . .t	7	instiguer belg. . . . . . .t	7	s'internationaliser . . .p
11	s'ingérer . . . . .p	7	instiller . . . . .t	7	interner . . . . .t
7	ingurgiter . . . . .t	7	instituer . . . . .t	7	interpeller . . . . .t
7	inhaler . . . . .t	7	s'instituer . . . . .p	11	s'interpénétrer . . . . . .p
7	inhiber . . . . .t	7	institutionnaliser . . . .t	7	interpoler . . . . .t
7	inhumer . . . . .t	7	s'institutionnaliser . .p	7	interposer . . . . .t
7	initialer québ. . . . . . .t	88	instruire . . . . .t	7	s'interposer . . . . .p
7	initialiser . . . . .t	88	s'instruire . . . . .p	11	interpréter . . . . .t
16	initier . . . . .t	7	instrumentaliser . . . .t	11	s'interpréter . . . . .p
16	s'initier . . . . .p	7	instrumenter . . . . .i, t	9	interroger . . . . .t
7	injecter . . . . .t	7	insuffler . . . . .t	9	s'interroger . . . . .p
7	s'injecter . . . . .p	7	insulter . . . . .i, t, ti	58	interrompre . . . . .t
16	injurier . . . . .t	7	s'insulter . . . . .p	58	s'interrompre . . . . . . .p
16	s'injurier . . . . .p	7	insupporter . . . . .t	24	intervenir . . . . . . .i, être
7	innerver . . . . .t		ne s'emploie qu'avec un pronom	20	intervertir . . . . .t
7	innocenter . . . . .t		comme complément,	7	interviewer . . . . .t
7	innover . . . . .i, t		ex. : Paul m'insupporte	7	intimer . . . . .t
7	inoculer . . . . .t	9	s'insurger . . . . .p	7	intimider . . . . .t
7	s'inoculer . . . . .p	7	intailler . . . . .t	7	intituler . . . . .t
7	inonder . . . . .t	11	intégrer . . . . . . .i, t, ti	7	s'intituler . . . . .p
		11	s'intégrer . . . . .p		

7	intoxiquer	.........T
7	s'intoxiquer	.......P
7	intriguer	.... I, T
7	intriquer	..........T
88	introduire	..........T
88	s'introduire	.........P
7	introniser	..........T
7	intuber	............T
7	s'invaginer	.........P
7	invalider	............T
7	invectiver	.... I, T
7	inventer	.... I, T
7	s'inventer	..........P
16	inventorier	..........T
7	inverser	............T
7	s'inverser	..........P
20	invertir	............T
20	investir	.... I, T
20	s'investir	..........P
11	s'invétérer	..........P
7	inviter	............T
7	s'inviter	..........P
7	invoquer	...........T
7	ioder	.............T
7	iodler	I
7	ioniser	............T
7	iouler	.... I, T
7	iriser	.............T
7	s'iriser	.............P
7	ironiser	I
16	irradier	.... I, T
16	s'irradier	..........P
7	irriguer	............T
7	irriter	.............T
7	s'irriter	............P
7	islamiser	...........T
7	s'islamiser	..........P
7	isoler	.............T
7	s'isoler	.............P
	issir	.... I, D
	seulement au part. passé : issu, e	
7	italianiser	.... I, T
11	itérer	.............T

7	ivoiriser afr.	........T
7	ixer	...............T

JK

7	jabler	..............T
7	jaboter	.... I, T
7	jacasser	I
7	jacter	.... I, T
7	jaffer	I
20	jaillir	.....I, être ou avoir
7	jalonner	.... I, T
7	jalouser	.............T
7	se jalouser	.........P
7	jambonner	........T
7	japoniser	..........T
7	se japoniser	.......P
7	japonner	..........T
7	japper	I
7	jardiner	.... I, T
7	jargonner	I
12	jarreter	.... I, T
7	jaser	I
7	jasper	.............T
7	jaspiner	.... I, T
9	jauger	.... I, T
9	se jauger	..........P
20	jaunir	.... I, T
12	javeler	.... I, T
7	javelliser	...........T
7	javer afr.	...........T
12	jeter	...............T
12	se jeter	............P
7	jeûner	I
7	jobarder	...........T
7	jocoler afr.	I
7	jodler	I
7	jogger	I
63	joindre	.... I, T
63	se joindre	..........P
18	jointoyer	..........T
8	joncer	.............T
7	joncher	.............T

7	jongler	I
7	jouailler	I
7	jouer	.... I, T
7	se jouer	...........P
20	jouir	.... I, Ti
7	jouter	I
7	jouxter	...........T
7	jubiler	I
7	jucher	.... I, T
7	se jucher	...........P
7	judaïser	.... I, T
9	juger	.... I, T, Ti
9	se juger	...........P
7	juguler	.............T
7	jumeler	............T
7	juponner	.... I, T
7	jurer	.... I, T
7	se jurer	...........P
16	justifier	...........T, Ti
16	se justifier	..........P
7	juter	I
7	juxtaposer	.........T
7	kaoter afr.	...........T
7	kaotiser afr.	...........T
7	kératiniser	..........T
7	se kératiniser	.......P
7	kidnapper	...........T
11	kilométrer	..........T
7	klaxonner	.... I, T
7	koter belg.	I

L

7	labelliser	............T
7	labialiser	............T
7	se labialiser	........P
7	labourer	...........T
7	se labourer	.........P
7	lacaniser	.... I, T
8	lacer	..............T
8	se lacer	.............P
11	lacérer	.............T
7	lâcher	.... I, T

7	laïciser	T	7	légaliser	T
7	se laïciser	P	7	légender	T
7	lainer	T	11	légiférer	I
7	laisser	T	7	légitimer	T
7	se laisser	P	11	léguer	T
7	laitonner	T	11	se léguer	P
7	laïusser	I	7	lemmatiser	T
7	lambiner	I	16	lénifier	T
7	lambrisser	T	11	léser	T
7	lamenter	I, T	7	lésiner	I
7	se lamenter	P	7	lessiver	T
7	lamer	T	7	lester	T
7	laminer	T	7	se lester	P
7	lamper	T	7	leurrer	T
7	lancequiner	I	7	se leurrer	P
8	lancer	T	10	lever	I, T
8	se lancer	P	10	se lever	P
7	lanciner	I, T	7	léviger	T
9	langer	T	7	léviter	I
7	langueyer	T	7	levretter	I
20	languir	I	7	se lexicaliser	P
20	se languir	P	7	lézarder	I, T
7	lansquiner	I	7	se lézarder	P
7	lanterner	I, T	7	liaisonner	T
7	laper	I, T	7	liarder	I
7	lapider	T	7	se libaniser afr.	P
16	lapidifier	T	7	libeller	T
16	se lapidifier	P	7	libéraliser	T
7	lapiner	I	7	se libéraliser	P
7	laquer	T	11	libérer	T
7	larder	T	11	se libérer	P
7	lardonner	T	16	licencier	T
7	larguer	T	7	licher	I, T
18	larmoyer	I	7	lichetrogner	I, T
7	lasser	I, T	7	liciter	T
7	se lasser	P	15	liéger	T
7	latiniser	I, T	16	lier	T
7	latter	T	16	se lier	P
7	laver	T	7	lifter	T
7	se laver	P	7	ligaturer	T
17	layer	T	7	ligner	T
11	lécher	T	16	se lignifier	P
11	se lécher	P	7	ligoter	T

7	liguer	T
7	se liguer	P
7	limander	T
7	limer	I, T
7	se limer	P
7	limiter	T
7	se limiter	P
9	limoger	T
7	limoner	T
7	limousiner	T
9	linger	T
9	se linger	P
16	liquéfier	T
16	se liquéfier	P
7	liquider	T
83	lire	I, T
83	se lire	P
7	lisbroquer	I
10	liserer	T
10	se liserer	P
11	lisérer	T
7	lisser	T
7	lister	T
7	liter	T
16	lithographier	T
7	litroner	I
7	livrer	T
7	se livrer	P
7	lober	T
7	lobotomiser	T
7	localiser	T
7	se localiser	P
7	locher	I, T
7	lock(-)outer	T
7	lofer	I
9	loger	I, T
9	se loger	P
7	loguer afr.	I
9	longer	T
7	looser	I
7	loquer	T
7	se loquer	P
7	lorgner	T

7	lotionner ....T	7	mâchurer ....T	16	manier ....T
20	lotir ....T	7	macler ....I, T	16	se manier ....P
9	louanger ....T	7	maçonner ....T	11	maniérer ....T
7	loucher I	7	macquer ....T	11	se maniérer ....T
20	louchir I	7	maculer ....T	7	manifester ....I, T
7	louer ....T	16	madéfier ....T	7	se manifester ....P
7	se louer ....P	7	madériser ....T	8	manigancer ....T
7	loufer I	7	se madériser ......P	8	se manigancer ......P
7	louper ....I, T	7	madrigaliser I	7	manipuler ....T
7	se louper ....P	7	maganer québ. ......T	7	mannequiner ....T
7	louquer ....T	7	se maganer québ. ....P	7	manœuvrer .....I, T
7	lourder ....T	7	magasiner québ. ...I, T	7	manoquer ....T
7	lourer ....T	7	se magner ....P	7	manquer ....I, T, Ti
7	louver ....T	7	magnétiser ....T	7	se manquer ....P
12	louveter I	7	magnétoscoper .....T	7	mansarder ....T
18	louvoyer I	16	magnifier ....T	7	manucurer ....T
7	lover ....T	7	magoter afr. ....T	7	manufacturer ......T
7	se lover ....P	7	magouiller ....I, T	7	manutentionner ....T
16	lubrifier ....T	20	maigrir ..I, T, être ou avoir	7	mapper ....T
9	luger I	7	mailler ....I, T	7	maquer ....T
88	luire I	61	mainmettre ....T	7	se maquer ....P
7	luncher I	24	maintenir ....T	7	maquetter ....T
7	lustrer ....T	24	se maintenir ....P	7	maquignonner ....T
7	luter ....T	7	maîtriser ....T	7	maquiller ....T
7	lutiner ....T	7	se maîtriser ....P	7	se maquiller ....P
7	lutter I	7	majorer ....T	7	marabouter afr. .....T
7	luxer ....T	7	malaxer ....T	7	maratoner afr. I
7	se luxer ....P		malfaire ....I, D,	7	marauder ....I, T
7	lyncher ....T		seulement à l'infinitif	7	maraver ....I, T
7	lyophiliser ....T	7	malléabiliser ....T	7	marbrer ....T
7	lyrer québ. I	7	mallouser ....T	7	marchander ......I, T
7	lyser ....T	10	malmener ....T	7	marcher I
		7	malter ....T	7	marcotter ....T
	M	7	maltraiter ....T	7	margauder I
		7	mamelonner ....T	9	marger ....I, T
7	macadamiser ....T	9	manager ....T	7	marginaliser ....T
7	se macchaber ......P	7	manchonner ....T	7	se marginaliser .....P
11	macérer ....I, T	7	mandater ....T	7	marginer ....T
7	mâcher ....T	7	mander ....T	7	margot(t)er I
7	machicoter I	15	manéger ....T	16	marier ....T
7	machiner ....T	7	mangeotter ....T	16	se marier ....P
7	mâchonner ....T	9	manger ....T	7	mariner ....I, T
7	mâchouiller ....T	9	se manger ....P	7	marivauder I

T : transitif direct   Ti : transitif indirect   I : intransitif   P : construction pronominale   imp. : impersonnel
D : défectif   être : se conjugue avec l'auxiliaire être   être ou avoir : se conjugue avec les deux auxiliaires

7	marmiter ....T	7	matraquer ....T	10	mener .... I, T
7	marmonner ....T	8	matricer ....T	7	menotter ....T
7	marmoriser ....T	7	matriculer ....T	7	mensualiser ....T
7	marmotter .... I, T	7	maturer ....T	7	mensurer ....T
7	marner .... I, T	20	maudire..T, p. p. maudit, e	7	mentionner ....T
7	maronner I	14	maugréer .... I, T	26	mentir ....I, Ti
7	maroquiner ....T	7	maximaliser ....T	26	se mentir ....P
7	maroufler ....T	7	maximiser ....T	7	menuiser ....T
7	marquer .... I, T	7	mazouter .... I, T	59	se méprendre ....P
7	se marquer ....P	7	mécaniser ....T	7	mépriser ....T
12	marqueter ....T	11	mécher ....T	7	se mépriser ....P
7	se marrer ....P	7	se mécompter ......P	7	mercantiliser ....T
7	marronner I	88	se méconduire belg. ..P	7	merceriser ....T
7	marsouiner I	69	méconnaître ....T	7	merder I
13	marteler ....T	7	mécontenter ....T	18	merdoyer I
7	martyriser ....T	74	mécroire ....T	7	meringuer ....T
7	marxiser ....T	7	médailler ....T	7	mériter ....T, Ti
7	masculiniser ....T	7	médiatiser ....T	16	se mésallier ....P
7	masquer .... I, T	7	médicaliser ....T	7	mésestimer ....T
7	se masquer ....P	7	médicamenter .....T	53	messeoir .... I, D
7	massacrer ....T	84	médire .... Ti		seulement au présent, à l'impft.
7	se massacrer ......P		2e pers. du pluriel à l'ind présent		et au futur simple de l'ind., au
7	masser ....T		et à l'impératif présent :		subj. présent, au cond. présent
7	se masser ....P		vous médisez		et au part. présent
7	massicoter ....T	7	médiser I	7	mesurer .... I, T
16	massifier ....T	7	méditer .... I, T	7	se mesurer ....P
11	mastéguer .... I, T	7	méduser ....T	7	mésuser .... Ti
7	mastiquer .... I, T	67	méfaire .... I, D	7	métaboliser ....T
7	masturber ....T		seulement à l'infinitif	7	métalliser ....T
7	se masturber ....P	5	se méfier ....P	7	métamorphiser .....T
7	matabicher afr. ....T	20	mégir ....T	7	métamorphoser ....T
7	matcher .... I, T	7	mégisser ....T	7	se métamorphoser ..P
7	matelasser ....T	7	mégoter .... I, T	7	métaphoriser ......T
7	mater .... I, T	9	méjuger ....T, Ti	7	météoriser ....T
7	mâter ....T	9	se méjuger ....P	7	métisser ....T
7	matérialiser ....T	9	mélanger ....T	11	métrer ....T
7	se matérialiser ......P	9	se mélanger ....P	61	mettre ....T
7	materner ....T	7	mêler ....T	61	se mettre ....P
7	materniser ....T	7	se mêler ....P	7	meubler ....T
7	mathématiser ......T	7	mémoriser .... I, T	7	se meubler ....P
7	mâtiner ....T	8	menacer .... I, T	7	meugler I
20	matir ....T	9	ménager ....T	7	meuler ....T
7	matouser .... I, T	9	se ménager ....P	20	meurtrir ....T
		16	mendier .... I, T	58	mévendre ....T
		7	mendigoter ...... I, T	7	miauler I

7	michetonner I	7	modéliser ....T	7	morfaler I
7	microfilmer ....T	11	modérer ....T	7	morfiler ....T
7	microniser ....T	11	se modérer ....P	7	morfler ....T
7	mignarder ....T	7	moderniser ....T	58	se morfondre ....P
7	mignoter ....T	7	se moderniser ......P	11	morigéner ....T
7	se mignoter ....P	16	modifier ....T	7	mornifler ....T
7	migrer I	16	se modifier ....P	7	mortaiser ....T
7	mijoler belg. I	7	moduler .... I, T	16	mortifier ....T
7	mijoter .... I, T	7	mofler belg. ....T	16	se mortifier ....P
7	se mijoter ....P	7	moirer ....T	7	motamoter afr. I
7	militariser ....T	7	moiser ....T	7	motionner I
7	militer I	20	moisir I	7	motiver ....T
7	millésimer ....T	7	moissonner ....T	7	motoriser ....T
7	mimer ....T	7	moiter I	7	se motter ....P
20	mincir I	20	moitir ....T	7	moucharder ...... I, T
7	miner ....T	7	molester ....T	7	moucher .... I, T
7	minéraliser ....T	12	moleter ....T	7	se moucher ....P
7	miniaturer ....T	7	mollarder .... I, T	7	moucheronner I
7	miniaturiser ....T	7	molletonner ....T	12	moucheter ....T
7	minimiser ....T	20	mollir .... I, T	80	moudre ....T
7	minorer ....T	16	momifier ....T	13	moueter ....T
7	minuter ....T	16	se momifier ....P	7	mouetter I
7	mirer ....T	7	monder ....T	12	moufeter .... I, D
7	se mirer ....P	7	mondialiser ....T		à l'inf. et aux temps composés
7	miroiter I	7	se mondialiser ......P	7	moufter .... I, D
7	miser .... I, T	7	monétiser ....T		à l'infinitif, à l'ind. imparfait et
11	misérer afr. I	17	monnayer ....T		aux temps composés
7	mitarder ....T	7	monologuer I	7	mouiller .... I, T
7	miter I	7	monopoliser ....T	7	se mouiller ....P
7	se miter ....P	7	monter.. I, T, être ou avoir	7	mouler .... I, T
7	mithridatiser ....T	7	se monter ....P	7	mouliner .... I, T
7	se mithridatiser .....P	7	montrer ....T	7	moulurer ....T
9	mitiger ....T	7	se montrer ....P	35	mourir..........I, être
7	mitonner .... I, T	7	moquer ....T	35	se mourir ....P, D
7	se mitonner ....P	7	se moquer ....P		seulement au présent et à
7	mitrailler .... I, T	7	moquetter ....T		l'imparfait de l'indicatif et
7	mixer ....T	7	moraliser .... I, T		au part. présent (se mourant)
7	mixtionner ....T	12	morceler ....T	7	mouronner I
7	mobiliser ....T	8	mordancer ....T	7	se mouronner ......P
7	se mobiliser ....P	7	mordiller .... I, T	7	mousser I
13	modeler ....T	7	mordorer ....T	7	moutonner I
13	se modeler ....P	58	mordre .... I, T, Ti	7	mouvementer ......T
		58	se mordre ....P	7	mouver I
				7	se mouver ....P
				46	mouvoir ....T

T : transitif direct   Ti : transitif indirect   I : intransitif   P : construction pronominale   imp. : impersonnel
D : défectif   être : se conjugue avec l'auxiliaire être   être ou avoir : se conjugue avec les deux auxiliaires

46 se mouvoir ....P	7 nanifier ....T	7 nipper ....T, P
7 moyenner ....I, T	20 nantir ....I,T	7 se nipper ....P
7 mucher ....T	20 se nantir ....P	7 nitrater ....T
7 muer ....I, T	7 napper ....T	7 nitrer ....T
7 se muer ....P	7 narguer ....T	16 nitrifier ....T
20 mugir I	7 narrer ....T	16 se nitrifier ....P
12 mugueter ....T	7 nasaliser ....T	7 nitrurer ....T
7 muloter I	7 se nasaliser ....P	7 nivaquiner afr. I
7 multiplexer ....T	7 nasiller ....I, T	12 niveler ....T
16 multiplier ....I, T	7 natchaver I	7 nobscuriter afr. I
16 se multiplier ....P	7 nationaliser ....T	8 nocer I
7 municipaliser ......T	7 natter ....T	20 noircir ....I, T
20 munir ....T	7 naturaliser ....T	20 se noircir ....P
20 se munir ....P	9 naufrager I	7 noliser ....T
7 munitionner ....T	7 se navaler ....P	7 nomadiser I
7 murailler............T	7 naviguer I	7 nombrer ....T
7 murer ....T	7 navrer ....T	7 nominaliser ....T
7 se murer ....P	7 néantiser ....T	7 nommer ....T
20 mûrir ....I, T	7 se néantiser ....P	7 se nommer ....P
7 murmurer ....I, T	7 nécessiter ....T	8 noncer afr. I
7 musarder I	7 nécroser ....T	7 noper ....T
7 muscler ....T	7 se nécroser ....P	20 nordir I
12 museler ....T	9 négliger ....T	7 normaliser ....T
7 muser I	9 se négliger ....P	7 se normaliser ....P
7 se muser ....P	16 négocier ....I, T	7 noter ....T
7 musiquer ....I, T	16 se négocier ....P	16 notifier ....T
7 musquer ....T	7 négrifier afr. ....T	7 nouer ....I, T
7 musser ....T	7 neigeoter imp.: il neigeotte	7 se nouer ....P
7 se musser ....P	9 neiger..... imp.: il neige	20 nourrir ....I, T
7 muter ....I, T	7 nervurer ....T	20 se nourrir ....P
7 mutiler ....T	18 nettoyer ....T	7 nover ....I, T
7 se mutiler ....P	7 neutraliser ....T	7 noyauter ....T
7 se mutiner ....P	7 se neutraliser ....P	18 noyer ....T
7 mutualiser ....T	7 niaiser I	18 se noyer ....P
16 mystifier ....T	7 nicher ....I, T	8 nuancer ....T
16 mythifier ....I, T	7 se nicher ....P	7 nucléariser ....T
	12 nickeler ....T	14 nucléer ....T
	7 nicotiniser ....T	7 nuer ....T
	16 nidifier I	88 nuire ....Ti
	7 nieller ....T	88 se nuire.. P, p. p. invariable
	16 nier ....I, T	7 numériser ....T
7 nacrer ....T	7 nigérianiser afr. .....T	7 numéroter ....T
7 se nacrer ....P	7 nimber ....T	7 se numéroter ....P
9 nager ....I, T	7 se nimber ....P	
70 naître ....I, être		

N

O

20 obéir . . . . Ti
accepte la voix passive
11 obérer . . . . .T
11 s'obérer . . . . .P
7 objecter . . . . .T
7 objectiver . . . . .T
7 s'objectiver . . . . .P
7 objurguer I
9 obliger . . . . .T
9 s'obliger . . . . .P
7 obliquer I
11 oblitérer . . . . .T
7 obnubiler . . . . .T
7 obombrer . . . . .T
20 obscurcir . . . . .T
20 s'obscurcir . . . . .P
11 obséder . . . . .T
7 observer . . . . .T
7 s'observer . . . . .P
7 s'obstiner . . . . .P
7 obstruer . . . . .T
7 s'obstruer . . . . .P
11 obtempérer . . . . . . I, Ti
24 obtenir . . . . .T
24 s'obtenir . . . . .P
7 obturer . . . . .T
24 obvenir . . . . I, être
16 obvier . . . . Ti
7 occasionner . . . . .T
7 occidentaliser . . . . . .T
7 s'occidentaliser . . . . .P
occire . . . . D
seulement à l'inf., aux temps
composés et au part. passé :
occis, e
77 occlure . . . . .T
7 occulter . . . . .T
7 occuper . . . . .T
7 s'occuper . . . . .P
7 ocrer . . . . .T
16 octavier . . . . I, T
18 octroyer . . . . .T

18 s'octroyer . . . . .P
7 octupler . . . . .T
7 œilletonner . . . . .T
7 œuvrer I
7 offenser . . . . .T
7 s'offenser . . . . .P
7 officialiser . . . . .T
16 officier I
28 offrir . . . . .T
28 s'offrir . . . . .P
7 offusquer . . . . .T
7 s'offusquer . . . . .P
63 oindre . . . . .T, D
surtout à l'infinitif et au part.
passé (oint, e, s, es) mais aussi
à l'imparfait (ils oignaient)
63 s'oindre . . . . .P
12 oiseler . . . . I, T
9 ombrager . . . . .T
7 ombrer . . . . .T
61 omettre . . . . .T
18 ondoyer . . . . I, T
7 onduler . . . . I, T
16 opacifier . . . . .P
16 s'opacifier . . . . .T
7 opaliser . . . . .T
11 opérer . . . . I, T
11 s'opérer . . . . .P
8 opiacer . . . . .T
7 opiner I
7 s'opiniâtrer . . . . .P
7 opposer . . . . .T
7 s'opposer . . . . .P
7 oppresser . . . . .T
7 opprimer . . . . .T
7 opter I
7 optimaliser . . . . .T
7 optimiser . . . . .T
7 oraliser . . . . .T
9 oranger . . . . .T
7 orbiter I
7 orchestrer . . . . .T
8 ordonnancer . . . . . . .T
7 ordonner . . . . I, T

7 s'ordonner . . . . .P
7 organiser . . . . .T
7 s'organiser . . . . .P
7 organsiner . . . . .T
7 orienter . . . . .T
7 s'orienter . . . . .P
7 oringuer . . . . .T
7 ornementer . . . . .T
7 orner . . . . .T
7 s'orner . . . . .P
16 orthographier . . . . I, T
16 s'orthographier . . . . .P
7 osciller I
7 oser . . . . .T
16 ossifier . . . . .T
16 s'ossifier . . . . .P
7 ostraciser . . . . .T
7 ôter . . . . .T
7 s'ôter . . . . .P
7 ouater . . . . .T
7 ouatiner . . . . .T
16 oublier . . . . I, T
16 s'oublier . . . . .P
7 ouiller . . . . I, T
38 ouïr . . . . .T, D
surtout au part. passé
et aux temps composés
7 s'ourder . . . . .P
20 ourdir . . . . .T
20 s'ourdir . . . . .P
7 ourler . . . . .T
7 outiller . . . . .T
7 s'outiller . . . . .P
9 outrager . . . . .T
7 outrepasser . . . . .T
7 outrer . . . . .T
9 ouvrager . . . . .T
7 ouvrer . . . . I, T
28 ouvrir . . . . I, T
28 s'ouvrir . . . . .P
7 ovaliser . . . . .T
7 ovationner . . . . .T
7 ovuler I
7 oxyder . . . . .T

7	s'oxyder ....P	7	palper ....T	7	se parer ....P
11	oxygéner ....T	7	palpiter I	7	paresser I
11	s'oxygéner ....P	7	se pâmer ....P	67	parfaire ....T, D
7	ozoniser ....T	7	panacher ....I, T		surtout employé à l'infinitif, au part. passé et aux temps composés
		7	se panacher ....P		

P

		7	paner ....T	7	parfiler ....T
		16	panifier ....T	58	parfondre ....T
9	pacager .... I, T	7	paniquer ....I, T	7	parfumer ....T
16	pacifier ....T	7	se paniquer ....P	7	se parfumer ....P
7	pacquer ....T	7	panneauter ......I, T	16	parier ....I, T
7	pactiser I	7	panner ....T	7	se parjurer ....P
7	se paddocker ....P	7	panoramiquer I	7	parkériser ....T
7	paganiser ....I, T	12	panteler I	7	parlementer I
17	pagayer I	7	pantoufler I	7	parler .... I, T, Ti
9	pager I	7	papillonner I	7	se parler ....P
9	se pager ....P	7	papilloter ....I, T		p. p. invariable
7	se pageoter ....P	7	papoter I	7	parloter I
7	paginer ....T	7	papouiller ....T	16	parodier ....T
7	se pagnoter ....P	10	parachever ....T	7	parquer ....I, T
7	paillarder I	7	parachuter ....T	12	parqueter ....T
7	se paillarder ....P	7	parader I	7	parrainer ....T
7	paillassonner ....T	7	parafer ....T	10	parsemer ....T
7	pailler ....T	7	paraffiner ....T	9	partager ....T
12	pailleter ....T	7	paraisonner ....T	9	se partager ....P
7	paillonner ....T	69	paraître . . .I, être ou avoir	7	participer .... Ti
12	paisseler ....T	7	paralléliser ....T	7	particulariser ....T
71	paître .... I, T, D	7	paralyser ....T	7	se particulariser ....P
7	se pajoter ....P	7	paramétrer ....T	26	partir ....I, être
7	palabrer I	7	parangonner ....T	26	partir ....T, D
7	palancrer ....T	7	parapher ....T		seulement à l'infinitif dans l'expression avoir maille à partir
7	palangrer I	7	paraphraser ....T	7	partouzer I
7	palanguer ....I, T	7	parasiter ....T	24	parvenir ......I, Ti, être
7	palanquer ....I, T	7	parcellariser ....T	7	passementer ....T
7	palataliser ....T	7	parceller ....T	7	passepoiler ....T
7	paleter ....T	7	parcelliser ....T	7	passer .. I, T, être ou avoir
7	palettiser ....T	7	se parcelliser ....P	7	se passer ....P
20	pâlir ....I, T	7	parcheminer ....T	7	passionner ....T
7	palissader ....T	7	se parcheminer .....P	7	se passionner ......P
7	palisser ....T	34	parcourir ....T	7	pasteller ....I, T
7	palissonner ....T	7	pardonner ....I, T	7	pasteuriser ....T
16	pallier ....T	7	se pardonner ....P	7	pasticher ....T
7	palmer ....T	7	paremelter ....T	7	pastiller ....T
7	paloter ....T	7	parer ....T, Ti	7	pastiquer I

7	patafioler	T	7	peller	T	61	se permettre	P
9	patauger	I	12	pelleter	T	7	permuter	I, T
7	pateliner	I, T	7	peloter	I, T	7	se permuter	P
7	patenter	T	7	pelotonner	T	7	pérorer	I
7	pâter	I	7	se pelotonner	P	7	peroxyder	T
7	patienter	I	7	pelucher	I	11	perpétrer	T
7	se patienter afr.	P	7	pembeniser afr.	T	11	se perpétrer	P
7	patiner	I, T	7	pénaliser	T	7	perpétuer	T
7	se patiner	P	7	pencher	I, T	7	se perpétuer	P
20	pâtir	I	7	se pencher	P	7	perquisitionner	I
7	pâtisser	I	7	pendiller	I	7	persécuter	T
7	patoiser	I	7	pendouiller	I	11	persévérer	I
7	patouiller	I, T	58	pendre	I, T	7	persi(f)fler	T
7	patronner	T	58	se pendre	P	7	persiller	T
7	patrouiller	I	7	penduler	I	7	persister	I
7	patter	T	11	pénétrer	I, T	7	personnaliser	T
7	pâturer	I, T	11	se pénétrer	P	16	personnifier	T
7	paumer	T	7	penser	I, T, Ti	7	persuader	T
7	se paumer	P	16	pépier	I	7	se persuader	P
18	paumoyer	T	8	percer	I, T	7	perturber	T
7	paupériser	T	40	percevoir	T	20	pervertir	T
7	pauser	I	7	percher	I, T	20	se pervertir	P
7	se pavaner	P	7	se percher	P	7	pervibrer	T
7	paver	T	7	percuter	I, T	10	peser	I, T
7	pavoiser	I, T	58	perdre	I, T	10	se peser	P
17	payer	I, T	58	se perdre	P	7	pessigner	T
17	se payer	P	7	perdurer	I	7	pesteller belg.	I
7	peaufiner	T	7	pérégriner	I	7	pester	I
7	peausser	I	7	pérenniser	T	11	pestiférer	T
11	pécher	I	7	péréquater belg.	T	7	pétarader	I
7	pêcher	I, T	7	perfectionner	T	7	pétarder	I, T
7	se pêcher	P	7	se perfectionner	P	11	péter	I, T
7	pecquer afr.	I	7	perforer	T	11	se péter	P
7	pédaler	I	7	perfuser	T	7	pétiller	I
7	peigner	T	7	péricliter	I	7	petit-déjeuner	I
7	se peigner	P	7	se périmer	P	7	pétitionner	I
62	peindre	I, T	7	périphraser	I	7	pétocher	I
62	se peindre	P	20	périr	I	7	pétrarquiser	I
7	peiner	I, T	7	perler	I, T	16	pétrifier	T
7	peinturer	T	7	permanenter	T	16	se pétrifier	P
7	peinturlurer	T	7	perméabiliser	T	20	pétrir	T
13	peler	I, T	61	permettre	T	7	pétuner	I
13	se peler	P				7	peupler	T

T : transitif direct   Ti : transitif indirect   I : intransitif   P : construction pronominale   imp. : impersonnel
D : défectif   *être* : se conjugue avec l'auxiliaire *être*   *être* ou *avoir* : se conjugue avec les deux auxiliaires

7	se peupler	P	7	pingler	T	
7	phagocyter	T	7	pinter	I	
7	phantasmer	I, T	7	se pinter	P	
7	phaser afr.	I	7	piocher	I, T	
7	philosopher	I	9	pioger	I	
7	phosphater	T	8	pioncer	I	
7	phosphorer	I	7	pionner	I	
16	photocopier	T	7	piper	I, T	
16	photographier	T	7	pique-niquer	I	
7	phraser	I, T	7	piquer	I, T	
7	phrasicoter	I	7	se piquer	P	
7	piaffer	I	12	piqueter	T	
7	piailler	I	7	piquouser	T	
7	pianoter	I, T	7	pirater	I, T	
7	piauler	I	7	pirouetter	I	
7	picoler	I, T	7	pisser	I, T	
7	picorer	I, T	7	pissoter	I	
7	picoter	T	7	se pistacher	P	
7	picter	I, T	7	pister	T	
15	piéger	T	7	pistonner	T	
7	pierrer	T	7	pitancher	T	
11	piéter	I	7	piter belg.	I	
11	se piéter	P	7	pitonner	I	
7	piétiner	I, T	7	pivoter	I	
7	se pieuter	P	7	placarder	T	
7	pif(f)er	T	8	placer	T	
7	pigeonner	T	8	se placer	P	
9	piger	I, T	7	placoter québ.	I	
7	pigmenter	T	7	plafonner	I, T	
7	pignocher	I, T	16	plagier	I, T	
7	piler	I, T	7	plaider	I, T	
7	pîler belg.	I	64	plaindre	T	
7	piller	T	64	se plaindre	P	
7	pilonner	T	7	plainer	T	
7	piloter	T	68	plaire	I, Ti	
7	piluler afr.	I	68	se plaire P, p. p. invariable		
7	pimenter	T	7	plaisanter	I, T	
7	pimer afr.	T	16	planchéier	T	
7	pinailler	I	7	plancher	I	
8	pincer	I, T	7	planer	I, T	
8	se pincer	P	16	planifier	T	
7	pindariser	I	7	planquer	I, T	
7	pindouler afr.	I	7	se planquer	P	

7	planter	T
7	se planter	P
7	plaquer	T
7	se plaquer	P
16	plasmifier	T
16	plastifier	T
7	plastiquer	T
7	plastronner	I, T
7	platiner	T
7	platiniser	T
7	plâtrer	T
7	plébisciter	T
7	plecquer belg.	I
7	pleurer	I, T
7	pleurnicher	I
7	pleuvasser imp. : il pleuvasse	
7	pleuviner imp. : il pleuvine	
7	pleuvioter imp. : il pleuviote	
47	pleuvoir	I, T imp. : il pleut
7	pleuvoter imp. : il pleuvote	
16	plier	I, T
16	se plier	P
7	plisser	I, T
7	se plisser	P
7	plomber	T
7	se plomber	P
9	plonger	I, T
9	se plonger	P
7	ploquer	T
7	se ploquer	P
18	ployer	I, T
7	plucher	I
7	plumer	I, T
7	se plumer	P
7	pluviner	I, imp. : il pluvine
7	se pocharder	P
7	pocher	I, T
7	podzoliser	T
7	poêler	T

7	poétiser .... T	16	pontifier I	81	se poursuivre .... P
7	pogner .... T	7	pontiller .... T	42	pourvoir .... T, Ti
7	poignarder .... T	7	populariser .... T	42	se pourvoir .... P
7	se poiler .... P	7	se populariser ...... P	7	pousser .... I, T
7	poinçonner .... T	7	poquer I	7	se pousser .... P
63	poindre .... I, T, D	7	porphyriser .... T	7	poutser .... T
	seulement à l'infinitif, aux 3es pers. de l'ind. présent, impft. et futur, et au part. présent	7	porter .... I, T, Ti	45	pouvoir .... I, T
		7	se porter .... P	45	se pouvoir P, imp. : il se peut
7	pointer .... I, T	7	portraiturer .... T	7	praliner .... T
7	se pointer .... P	7	poser .... I, T	7	pratiquer .... I, T
7	pointiller .... I, T	7	se poser .... P	7	se pratiquer .... P
7	poireauter I	7	positionner .... T	13	préacheter .... T
7	poiroter I	7	se positionner ...... P	7	préaviser .... T
7	poisser .... I, T	7	positiver .... I, T	7	précariser.......... T
7	poivrer .... T	11	posséder .... T	7	se précariser .... P
7	se poivrer .... P	11	se posséder .... P	7	précautionner ...... T
7	se poivroter .... P	7	postdater .... T	7	se précautionner .... P
7	polariser .... T	7	poster .... T	11	précéder .... I, T
7	se polariser .... P	7	se poster .... P	7	préchauffer .... T
7	polémiquer I	7	posticher I	7	prêcher .... I, T
8	policer .... T	7	postillonner I	7	précipiter .... T
20	polir .... T	7	postposer .... T	7	se précipiter .... P
20	se polir .... P	7	postsynchroniser ...T	7	préciser .... I, T
7	polissonner I	7	postuler .... I, T	7	se préciser .... P
7	politiquer I	7	potasser .... I, T	7	précompter .... T
7	politiser .... T	7	potentialiser .... T	7	préconiser .... T
7	se politiser .... P	7	poter belg. I	7	prédestiner .... T
7	polluer .... I, T	7	potiner I	7	prédéterminer ..... T
16	polycopier .... T	7	poudrer .... T	7	prédiquer .... T
7	polymériser .... T	7	se poudrer .... P	84	prédire .... T
7	pommader .... T	18	poudroyer 1	7	prédisposer ...... I, T
7	se pommader ...... P	7	pouffer I	7	prédominer I
12	se pommeler ...... P	7	pouliner I	7	préempter .... T
7	pommer I	7	pouponner I	20	préétablir .... T
7	pomper .... I, T	7	pourchasser .... T	7	préexister I
7	pomponner .... T	7	se pourchasser ..... P	8	préfacer .... T
7	se pomponner .....P	58	pourfendre .... T	11	préférer .... I, T
8	poncer .... T	11	pourlécher .... T	11	se préférer .... P
7	ponctionner .... T	11	se pourlécher ...... P	7	préfigurer .... T
7	ponctuer .... T	7	se pourprer .... P	7	préfixer .... T
11	pondérer .... T	20	pourrir .. I, T, être ou avoir	7	préformer .... T
58	pondre .... I, T	20	se pourrir .... P	16	préjudicier I
7	ponter .... I, T	81	poursuivre .... T	9	préjuger ....T, Ti

T : transitif direct   Ti : transitif indirect   I : intransitif   P : construction pronominale   imp. : impersonnel
D : défectif   être : se conjugue avec l'auxiliaire être   être ou avoir : se conjugue avec les deux auxiliaires

16	psalmodier	I, T
7	psychanalyser	T
7	psychiatriser	T
16	publier	I, T
7	puddler	T
7	puer	I, T
7	puiser	I, T
7	pulluler	I
7	pulser	T
7	pulvériser	T
7	punaiser	T
20	punir	T
9	purger	T
9	se purger	P
16	purifier	T
16	se purifier	P
16	putréfier	T
16	se putréfier	P
7	pyramider	I
7	pyrograver	T

QR

7	quadriller	T
7	quadrupler	I, T
16	qualifier	T
16	se qualifier	P
16	quantifier	T
7	quarderonner	T
7	quarrer	T
9	quartager	T
7	quarter	T
7	quémander	I, T
7	quereller	T
7	se quereller	P
	quérir	T, D
	seulement à l'infinitif	
7	questionner	T
7	se questionner	P
7	quêter	I, T
7	queuter	I
7	quiller afr.	T
7	quimper	I

16	quintessencier	T
7	quintupler	I, T
8	quittancer	T
7	quitter	I, T
7	se quitter	P
7	quotter	I
7	rabâcher	I, T
7	rabaisser	T
7	se rabaisser	P
7	rabanter	T
60	rabattre	I, T
60	se rabattre	P
7	rabibocher	T
7	se rabibocher	P
7	rabioter	I, T
7	rabistoquer belg.	T
7	râbler	T
20	rabonnir	I, T
7	raboter	T
20	rabougrir	I, T
20	se rabougrir	P
7	rabouter	T
7	rabrouer	T
32	racabouillir belg.	I
7	raccommoder	T
7	se raccommoder	P
7	raccompagner	T
7	raccorder	T
7	se raccorder	P
20	raccourcir	I, T
20	se raccourcir	P
7	raccoutrer	T
7	raccoutumer	T
7	se raccoutumer	P
7	raccrocher	I, T
7	se raccrocher	P
7	raccuser belg.	I
7	raccuspoter belg.	I
13	racheter	T
13	se racheter	P
7	raciner	T
7	racketter	T
7	racler	T

7	se racler	P
7	racoler	T
7	raconter	T
7	se raconter	P
20	racornir	T
20	se racornir	P
7	se racrapoter belg.	P
7	rader	T
7	radicaliser	T
7	se radicaliser	P
16	radier	T
7	radiner	I
7	se radiner	P
7	radiobaliser	T
7	radiodiffuser	T
16	radiographier	T
7	radioguider	T
7	radioscoper	T
16	radiotélégraphier	T
7	radoter	I
7	radouber	T
20	radoucir	I, T
20	se radoucir	P
20	rafantir belg.	I
20	raffermir	T
20	se raffermir	P
7	raffiner	I, T
7	raffoler	Ti
7	raffûter	T
7	rafistoler	T
7	rafler	T
20	rafraîchir	I, T
20	se rafraîchir	P
20	ragaillardir	T
9	rager	I
7	ragoter	I
7	ragoûter	T
7	ragrafer	T
14	ragréer	T
7	raguer	I
20	raidir	T
20	se raidir	P
7	railler	I, T

7	se railler ....P	20	se ramollir ....P
7	rainer ....T	7	ramoner ....I, T
12	raineter ....T	7	ramper I
7	rainurer ....T	7	rancarder ....T
66	raire .... I, D	7	se rancarder ....P
	pas de passé simple ni de subj. impft. et ne s'emploie qu'aux 3es pers.	20	rancir I
		20	se rancir ....P
7	raisonner ...... I, T, Ti	7	rançonner ....T
7	se raisonner ....P	7	randonner I
20	rajeunir . I, T, *être* ou *avoir*	9	ranger ....T
20	se rajeunir ....P	9	se ranger ....P
7	rajouter ....T	7	ranimer ....T
7	rajuster ....T	7	se ranimer ....P
7	se rajuster ....P	7	raouster ....T
20	ralentir ....I, T	7	rapapilloter ....T
20	se ralentir ....P	16	rapatrier ....T
7	râler I	16	se rapatrier ....P
7	ralinguer .... I, T	7	râper ....T
9	ralléger I	7	rapetasser ....T
16	rallier .... I, T	7	rapetisser .... I, T
16	se rallier ....P	7	se rapetisser ....P
9	rallonger .... I, T	8	rapiécer ....T
9	se rallonger ....P	13	rapiéceter ....T
7	rallumer .... I, T	7	rapiner I
7	se rallumer ....P	7	rapipoter belg. I
9	ramager .... I, T	20	raplatir ....T
7	ramailler ....T	20	rap(p)ointir ....P
7	ramander .... I, T	7	rappareiller ....T
7	ramarrer ....T	16	rapparier ....T
7	ramasser ....T	12	rappeler .... I, T
7	se ramasser ....P	12	se rappeler ....P
7	ramastiquer ....T	7	rapper I
7	rambiner I	7	rappliquer I
7	ramender ....T	20	rappointir ....T
10	ramener ....T	7	rapporter .... I, T
10	se ramener ....P	7	se rapporter ....P
7	ramer .... I, T	59	rapprendre ....T
12	rameter belg. I	7	rapprocher .... I, T
7	rameuter ....T	7	se rapprocher ....P
7	se rameuter ....P	7	rapproprier ....T
16	ramifier ....T	7	rapprovisionner ....T
16	se ramifier ....P	7	se rapprovisionner ..P
20	ramollir ....T	7	raquer .... I, T

16	raréfier ....T
16	se raréfier ....P
11	raser ....T
11	se raser ....P
16	rassasier ....T
16	se rassasier ....P
7	rassembler ....T
7	se rassembler ....P
51	rasseoir .... I, T
	part. passé *rassis, ise, ises*
51	se rasseoir ....P
11	rasséréner ....T
11	se rasséréner ....P
	rassir .... I, D
	rare, et surtout à l'infinitif et au part. passé *(rassi, e, is, ies)*
	se rassir ....P
20	rassortir ....T
7	rassurer ....T
7	se rassurer ....P
7	ratatiner ....T
7	se ratatiner ....P
7	ratatouiller I
12	râteler ....T
7	rater .... I, T
7	se rater ....P
7	ratiboiser ....T
16	ratifier ....T
7	ratiner ....T
7	ratiociner I
7	rationaliser ....T
7	rationner ....T
7	se rationner ....P
7	ratisser ....T
7	rattacher ....T
7	se rattacher ....P
7	rattraper ....T
7	se rattraper ....P
7	raturer ....T
7	raugmenter ...... I, T
7	rauquer I
9	ravager ....T
7	ravaler ....T
7	se ravaler ....P

7 ravauder .... I, T	7 réarmer .... I, T	7 recauser I
7 ravigoter .... T	7 se réarmer .... P	11 recéder .... T
20 ravilir .... T	9 réarranger .... T	13 receler .... I, T
7 raviner .... T	7 réassigner .... T	11 recéler .... I, T
20 ravir .... T	20 réassortir .... T	7 recenser .... T
7 se raviser .... P	20 se réassortir .... P	7 recentrer .... T
7 ravitailler .... T	7 réassurer .... T	11 recéper .... T
7 se ravitailler ...... P	7 se réassurer .... P	7 réceptionner ...... T
7 raviver .... T	7 rebaisser I	7 recercler .... T
7 se raviver .... P	7 rebander .... T	40 recevoir .... I, T
ravoir .... T, D	7 rebaptiser .... T	40 se recevoir .... P
seulement à l'infinitif	20 rebâtir .... T	20 rechampir .... T
17 rayer .... T	60 rebattre .... T	20 réchampir .... T
17 se rayer .... P	7 rebecter .... T	9 rechanger .... T
7 rayonner .... I, T	7 se rebeller .... P	9 se rechanger .... P
16 razzier .... T	7 se rebiffer .... P	7 rechanter .... T
7 réabonner .... T	7 rebiquer I	7 rechaper .... T
7 se réabonner ...... P	20 reblanchir .... T	7 réchapper I, être ou avoir
7 réabsorber .... T	7 reboiser .... T	9 recharger .... T
7 réaccoutumer ...... T	20 rebondir I	7 rechasser .... I, T
7 se réaccoutumer ....P	12 rebonneter .... T	7 réchauffer .... T
7 réactiver .... T	7 reborder .... T	7 se réchauffer ...... P
7 réactualiser .... T	7 reboucher .... T	7 rechausser .... T
7 réadapter .... T	7 se reboucher ...... P	7 se rechausser ...... P
7 se réadapter .... P	7 rebouiser .... T	7 rechercher .... T
61 réadmettre .... T	7 rebouter .... T	7 rechigner .... I, Ti
7 réaffirmer .... T	7 reboutonner .... T	7 rechristianiser ..... T
7 réaffûter .... T	7 se reboutonner .....P	7 rechuter I
20 réagir .... I, Ti	7 rebraguetter .... T	7 récidiver . . I, être ou avoir
7 réajuster .... T	7 se rebraguetter .....P	7 réciproquer belg. . . I, T
7 se réajuster .... P	7 rebroder .... T	7 réciter .... T
11 réaléser .... T	7 rebrousser .... I, T	7 réclamer .... I, T
7 réaliser .... T	7 se rebrousser ...... P	7 se réclamer .... P
7 se réaliser .... P	7 rebuter .... I, T	7 reclaper belg. ...... T
7 réaménager .... T	7 se rebuter .... P	7 reclasser .... T
8 réamorcer .... T	12 recacheter .... T	7 récliner I
7 réanimer .... T	16 recalcifier .... T	7 reclouer .... T
69 réapparaître I	7 recaler .... T	reclure .... D
être ou avoir	7 récapituler .... T	seulement à l'infinitif
59 réapprendre .... T	7 recarder .... T	et au p. p. (reclus, e, es)
7 réapprovisionner ...T	12 recarreler .... T	7 recoiffer .... T
7 se réapprovisionner .P	7 recaser .... T	7 se recoiffer .... P
7 réargenter .... T	7 se recaser .... P	7 récoler .... T
7 se réargenter ...... P		7 recoller .... T, Ti

67	refaire	.............T
67	se refaire	..........P
58	refendre	..........T
8	référencer	........T
11	référer	............Ti
11	se référer	..........P
7	refermer	...........T
7	se refermer	........P
7	refiler	.............T
20	réfléchir	.......I, T, Ti
20	se réfléchir	.........P
11	refléter	............T
11	se refléter	..........P
20	refleurir	.........I, T
7	refluer	I
58	refondre	.........I, T
9	reforger	............T
7	reformer	...........T
7	se reformer	........P
7	réformer	...........T
7	se réformer	........P
7	reformuler	.........T
7	refouiller	...........T
7	refouler	..........I, T
7	refourguer	..........T
7	refourrer	...........T
58	refoutre	...........T
7	réfracter	...........T
11	refréner	............T
11	réfréner	............T
11	se réfréner	.........P
11	réfrigérer	...........T
20	refroidir	.........I, T
20	se refroidir	.........P
16	se réfugier	.........P
7	refuser	...........I, T
7	se refuser	..........P
7	réfuter	.............T
7	regagner	...........T
7	régaler	.............T
7	se régaler	..........P
7	regarder	.......I, T, Ti
7	se regarder	..........P

20	regarnir	............T
7	régater	I
7	regazonner	.........T
13	regeler	.............I, T
11	régénérer	...........T
11	se régénérer	........P
7	régenter	.........I, T
7	regimber	I
7	se regimber	........P
7	régionaliser	........T
20	régir	...............T
7	réglementer	.........T
11	régler	..............T
11	se régler	...........P
11	régner	I
7	regonfler	.........I, T
9	regorger	I
7	regratter	.........I, T
14	regréer	.............T
7	regreffer	...........T
7	régresser	I
7	regretter	...........T
7	regrimper	........I, T
20	regrossir	I
7	regrouper	..........T
7	se regrouper	........P
7	régulariser	...........T
7	réguler	............T
7	se réguler	..........P
7	régurgiter	...........T
7	réhabiliter	..........T
7	se réhabiliter	.......P
7	réhabituer	...........T
7	se réhabituer	.......P
7	rehausser	..........T
7	se rehausser	........P
7	rehydrater	...........T
16	réifier	.............T
7	réimperméabiliser	..T
7	réimplanter	........T
7	réimporter	...........T
7	réimposer	.........T
7	réimprimer	........T

11	réincarcérer	........T
7	se réincarner	......P
7	réincorporer	.......T
7	réinfecter	..........T
7	se réinfecter	........P
7	réinjecter	..........T
86	réinscrire	..........T
86	se réinscrire	........P
11	réinsérer	...........T
11	se réinsérer	.......P
7	réinstaller	...........T
7	se réinstaller	......P
11	réintégrer	...........T
11	réinterpréter	.......T
88	réintroduire	........T
7	réinventer	..........T
20	réinvestir	...........T
7	réinviter	...........T
11	réitérer	..........I, T
20	rejaillir	I
12	rejeter	.............T
12	se rejeter	..........P
63	rejoindre	..........T
63	se rejoindre	........P
18	rejointoyer	.........T
7	rejouer	...........I, T
20	réjouir	.............T
20	se réjouir	..........P
7	relâcher	.........I, T
7	se relâcher	..........P
7	se relaisser	........P
8	relancer	.........I, T
20	rélargir	.............T
7	relater	.............T
7	relativiser	...........T
7	relaver	............I, T
7	relaxer	............T
7	se relaxer	..........P
17	relayer	...........I, T
17	se relayer	..........P
11	reléguer	...........T
10	relever	.........I, T, Ti
10	se relever	..........P

T : transitif direct   Ti : transitif indirect   I : intransitif   P : construction pronominale   imp. : impersonnel
D : défectif   *être* : se conjugue avec l'auxiliaire *être*   *être* ou *avoir* : se conjugue avec les deux auxiliaires

16	relier . . . . .T	7	se remémorer . . . . . .P	7	remuer . . . . I, T
83	relire . . . . .T	16	remercier . . . . .T	7	se remuer . . . . .P
83	se relire . . . . .P	61	remettre . . . . .T	11	rémunérer . . . . .T
9	reloger . . . . .T	61	se remettre . . . . .P	7	renâcler I
9	se reloger . . . . .P	7	remeubler . . . . .T	70	renaître . . . . . . I, Ti, être
7	relooker . . . . .T	7	remilitariser . . . . .T		rare au part. passé
7	relouer . . . . .T	7	se remilitariser . . . . .P		et aux formes composées
88	reluire I	7	remiser . . . . .T	7	renarder I
7	reluquer . . . . .T	7	se remiser . . . . .P	7	renauder I
7	remâcher . . . . .T	7	remmailler . . . . .T	7	rencaisser . . . . .T
7	remailler . . . . .T	7	remmailloter . . . . . . .T	7	rencarder . . . . .T
9	remanger . . . . .T	7	remmancher . . . . . . .T	7	renchaîner . . . . .T
16	remanier . . . . .T	10	remmener . . . . .T	20	renchérir . . . . I, T
7	remaquiller . . . . .T	13	remodeler . . . . .T	7	rencogner . . . . .T
7	se remaquiller . . . . . .P	7	remonter I, T, être ou avoir	7	se rencogner . . . . . . .P
7	remarcher I	7	se remonter . . . . .P	7	rencontrer . . . . .T
16	remarier . . . . .T	7	remontrer . . . . . I, T, Ti	7	se rencontrer . . . . . . .P
16	se remarier . . . . .P	7	se remontrer . . . . . . .P	33	rendormir . . . . .T
7	remarquer . . . . .T	58	remordre . . . . .T	33	se rendormir . . . . . . .P
7	se remarquer . . . . . . .P	7	remorquer . . . . .T	7	rendosser . . . . .T
7	remastiquer . . . . .T	7	remoucher . . . . .T	58	rendre . . . . I, T
7	remballer . . . . .T	7	se remoucher . . . . . . .P	58	se rendre . . . . .P
7	rembarquer . . . . . . I, T	80	remoudre . . . . .T	9	reneiger I
7	se rembarquer . . . . . .P	7	remouiller . . . . I, T		imp. : il reneige
7	rembarrer . . . . .T	7	rempailler . . . . .T	7	renfaîter . . . . .T
7	rembaucher . . . . .T	12	rempaqueter . . . . . . .T	7	renfermer . . . . .T
7	rembiner I	7	remparder . . . . .T	7	se renfermer . . . . . . .P
7	se rembiner . . . . .P	7	remparer . . . . .T	7	renfiler . . . . .T
7	remblaver . . . . .T	11	rempiéter . . . . .T	7	renflammer . . . . .T
17	remblayer . . . . .T	7	rempiler . . . . I, T	7	renfler . . . . I, T
7	rembobiner . . . . .T	8	remplacer . . . . .T	7	se renfler . . . . .P
7	remboîter . . . . .T	8	se remplacer . . . . . . .P	7	renflouer . . . . .T
9	rembouger . . . . .T	16	remplier . . . . .T	8	renfoncer . . . . .T
7	rembourrer . . . . .T	20	remplir . . . . .T	8	renforcer . . . . .T
7	rembourser . . . . .T	20	se remplir . . . . .P	8	se renforcer . . . . . . .P
7	rembroquer . . . . .T	18	remployer . . . . .T	20	renformir . . . . .T
20	rembrunir . . . . .T	7	remplumer . . . . .T	7	se renfrogner . . . . . .P
20	se rembrunir . . . . . . .P	7	se remplumer . . . . . .P	9	rengager . . . . I, T
7	rembucher . . . . . . I, T	7	rempocher . . . . .T	9	se rengager . . . . .P
7	se rembucher . . . . . . .P	7	rempoissonner . . . . .T	7	rengainer . . . . .T
16	remédier . . . . Ti	7	remporter . . . . .T	9	se rengorger . . . . . . .P
7	remembrer . . . . .T	7	rempoter . . . . .T	16	rengracier I
7	remémorer . . . . .T	7	remprunter . . . . .T	10	rengrener . . . . .T
				11	rengréner . . . . .T

16	renier ....T	58	se répandre ....P	16	se replier ....P
16	se renier ....P	69	reparaître I, *être ou avoir*	7	répliquer .... I, T
7	renifler .... I, T	7	réparer ....T	7	se répliquer ....P
7	renommer ....T	7	reparler I	7	replisser ....T
8	renoncer ....T, Ti	7	se reparler ....P	9	replonger .... I, T
7	renouer ....T	9	repartager ....T	9	se replonger ....P
7	se renouer ....P	26	repartir *(partir à nouveau)* I *être*	18	reployer ....T
12	renouveler .... I, T	26	repartir *(répondre)* .....T	20	repolir ....T
12	se renouveler ....P	20	répartir ....T	58	répondre ...... I, T, Ti
7	rénover ....T	20	se répartir ....P	58	se répondre ....P
7	renquiller ....T	7	repasser I, T, *être ou avoir*	7	reporter ....T
7	renseigner ....T	7	se repasser ....P	7	se reporter ....P
7	se renseigner ....P	7	repatiner ....T	7	reposer .... I, T
7	rentabiliser ....T	7	repaver ....T	7	se reposer ....P
7	rentamer ....T	17	repayer ....T	7	repositionner ......T
7	renter ....T	7	repêcher ....T	7	se repositionner ....P
7	rentoiler ....T	7	repeigner ....T	7	repousser .... I, T
66	rentraire ....T	7	se repeigner ....P	7	se repousser ....P
17	rentrayer ....T	62	repeindre ....T	59	reprendre .... I, T
7	rentrer .. I, T, *être ou avoir*	58	rependre ....T	59	se reprendre ....P
28	rentrouvrir ....T	7	repenser .... I, T	7	représenter ...... I, T
7	renvelopper ....T	26	se repentir ....P	7	se représenter ......P
7	renvenimer ....T	8	repercer ....T	7	réprimander ....T
9	renverger ....T	7	répercuter ....T	7	réprimer ....T
7	renverser ....T	7	se répercuter ....P	7	repriser ....T
7	se renverser ....P	58	reperdre ....T	7	reprocher ....T
7	renvider ....T	11	repérer ....T	7	se reprocher ....P
16	renvier .... I, T	11	se repérer ....P	88	reproduire ....T
19	renvoyer ....T	16	répertorier ....T	88	se reproduire ....P
19	se renvoyer ....P	11	répéter .... I, T	7	reprogrammer ......T
7	réoccuper ....T	11	se répéter ....P	16	reprographier ......T
11	réopérer ....T	7	repeupler ....T	7	reprouver ....T
7	réorchestrer ....T	7	se repeupler ....P	7	réprouver ....T
8	réordonnancer .....T	8	repincer ....T	7	républicaniser ......T
7	réordonner ....T	7	repiquer .... I, T	16	répudier ....T
7	réorganiser ....T	8	replacer ....T	7	répugner ....T, Ti
7	se réorganiser ......P	8	se replacer ....P	7	réputer ....T
7	réorienter ....T	7	replanter .... I, T	16	requalifier ....T
7	se réorienter ....P	7	se replanter ....P	16	se requalifier ....P
7	repairer I	7	replâtrer ....T	25	requérir ....T
72	repaître ....T	47	repleuvoir imp. : *il repleut*	7	requinquer ....T
72	se repaître ....P	16	replier ....T	7	se requinquer ......P
58	répandre ....T			7	réquisitionner ......T

T : transitif direct   Ti : transitif indirect   I : intransitif   P : construction pronominale   imp. : impersonnel
D : défectif   *être* : se conjugue avec l'auxiliaire *être*   *être ou avoir* : se conjugue avec les deux auxiliaires

7	se retrousser	P
7	retrouver	T
7	se retrouver	P
7	retuber	T
16	réunifier	T
20	réunir	T
20	se réunir	P
20	réussir	I, T, Ti
7	réutiliser	T
7	revacciner	T
49	revaloir	T, D
	seulement à l'infinitif, au futur	
	simple et au cond. présent	
7	revaloriser	T
7	se revancher	P
7	rêvasser	I
7	réveiller	T
7	se réveiller	P
7	réveillonner	I
11	révéler	T
11	se révéler	P
7	revendiquer	I, T
7	se revendiquer	P
58	revendre	T
58	se revendre	P
24	revenir	I, être
24	s'en revenir	P
7	rêver	I, T, Ti
11	réverbérer	T
11	se réverbérer	P
20	reverdir	I, T
11	révérer	T
20	revernir	T
7	reverser	T
27	revêtir	T
27	se revêtir	P
7	revigorer	T
7	revirer	I
7	réviser	I, T
7	revisiter	T
7	revisser	T
7	revitaliser	T
16	revivifier	T
82	revivre	I, T

41	revoir	T
41	se revoir	P
7	revoler	I, T
7	révolter	T
7	se révolter	P
7	révolutionner	T
7	révolvériser	T
7	révoquer	T
7	revoter	I, T
50	revouloir	T
7	révulser	T
7	se révulser	P
7	rewriter	T
7	rhabiller	T
7	se rhabiller	P
7	rhumer	T
7	ribler	T
7	ribouler	I
7	ricaner	I
7	ricocher	I
7	rider	T
7	se rider	P
7	ridiculiser	T
7	se ridiculiser	P
7	riffauder	I, T
7	rifler	T
16	rigidifier	T
7	rigoler	I
7	rimailler	I
7	rimer	I, T
8	rincer	T
8	se rincer	P
7	ringarder	T
7	ripailler	I
7	ripatonner	I
7	riper	I, T
7	ripoliner	T
7	riposter	I, T
85	rire	I
85	se rire	P, p. p. invariable
7	risquer	T
7	se risquer	P
7	rissoler	I, T

7	ristourner	T
7	ritualiser	T
7	rivaliser	I
7	river	T
12	riveter	T
7	rober	T
7	robotiser	T
7	rocher	I
7	rocquer	I
7	rôdailler	I
7	roder	T
7	rôder	I
7	rogner	I, T
7	rognonner	I
20	roidir	T
20	se roidir	P
8	romancer	T
7	romaniser	I, T
7	se romaniser	P
58	rompre	I, T
58	se rompre	P
7	ronchonner	I
7	ronéoter	T
7	ronéotyper	T
20	rondir	T
7	ronflaguer	I
7	ronfler	I
9	ronger	T
9	se ronger	P
7	ronronner	I
7	ronsardiser	I
7	roquer	I
7	roser	T
20	rosir	I, T
7	rosser	T
7	roter	I
20	rôtir	I, T
20	se rôtir	P
7	roucouler	I, T
7	rouer	T
7	roufler belg.	I, T
18	rougeoyer	I
20	rougir	I, T

T : transitif direct   Ti : transitif indirect   I : intransitif   P : construction pronominale   imp. : impersonnel
D : défectif   être : se conjugue avec l'auxiliaire être   être ou avoir : se conjugue avec les deux auxiliaires

7	rougnotter	I	7	sabouler	T	7	sangloter	I

7 rougnotter I
7 rouiller . . . . I, T
7 se rouiller . . . . P
20 rouir . . . . I, T
7 rouler . . . . I, T
7 se rouler . . . . P
7 roulotter . . . . T
7 roupiller I
7 rouscailler I
11 rouspéter I
20 roussir . . . . I, T
20 roustir . . . . T
7 router . . . . T
28 rouvrir . . . . I, T
28 se rouvrir . . . . P
7 rubaner . . . . T
16 rubéfier . . . . T
7 rucher . . . . T
7 rudenter . . . . T
18 rudoyer . . . . T
7 ruer I
7 se ruer . . . . P
20 rugir . . . . I, T
7 ruiler . . . . T
7 ruiner . . . . T
7 se ruiner . . . . P
12 ruisseler I
7 ruminer . . . . I, T
7 rupiner I
7 ruser I
16 russifier . . . . T
7 rustiquer . . . . T
7 rûter belg. I
7 rutiler I
7 rythmer . . . . T

S

7 sabler . . . . I, T
7 sablonner . . . . T
7 saborder . . . . T
7 se saborder . . . . P
7 saboter . . . . I, T

7 sabouler . . . . T
7 se sabouler . . . . P
7 sabrer . . . . I, T
7 sacagner . . . . T
7 saccader . . . . T
9 saccager . . . . T
16 saccharifier . . . . T
7 sacquer . . . . T
7 sacraliser . . . . T
7 sacrer . . . . I, T
16 sacrifier . . . . T
16 se sacrifier . . . . P
7 safraner . . . . T
7 saietter . . . . T
7 saigner . . . . I, T
7 se saigner . . . . P
30 saillir *(sortir, s'élancer)* I, D
sur le modèle du verbe *assaillir*
mais seulement l'infinitif
et aux 3es pers.
20 saillir *(s'accoupler)* . . . T, D
sur le modèle du verbe *finir* mais
seulement à l'inf., aux 3es pers.
et au part. présent *(saillissant)*
20 saisir . . . . T
20 se saisir . . . . P
7 saisonner I
7 salarier . . . . T
7 saler . . . . T
7 salifier . . . . T
7 saligoter . . . . T
20 salir . . . . T
20 se salir . . . . P
7 saliver I
7 salonguer afr. I
7 saloper . . . . T
7 salpêtrer . . . . T
7 saluer . . . . T
7 se saluer . . . . P
16 sanctifier . . . . T
7 sanctionner . . . . T
7 sanctuariser . . . . T
7 sandwicher . . . . T
7 sangler . . . . T
7 se sangler . . . . P

7 sangloter I
7 santer afr. I
7 santonner . . . . T
7 saouler . . . . T
7 se saouler . . . . P
7 saper . . . . T
7 se saper . . . . P
16 saponifier . . . . T
7 saquer . . . . T
7 sarcler . . . . T
7 sarter . . . . T
7 sasser . . . . T
7 sataner . . . . T
7 sataniser . . . . T
7 satelliser . . . . T
7 se satelliser . . . . P
7 satiner . . . . T
7 satiriser . . . . T
67 satisfaire . . . . T, Ti
67 se satisfaire . . . . P
7 satonner . . . . T
7 saturer . . . . I, T
8 saucer . . . . T
7 saucissonner . . . . . I, T
7 saumurer . . . . T
7 sauner I
7 saupoudrer . . . . T
7 saurer . . . . T
20 saurir . . . . T
7 sauter . . . . I, T
7 sautiller I
7 sauvegarder . . . . T
7 sauver . . . . I, T
7 se sauver . . . . P
7 savater . . . . T
43 savoir . . . . I, T
43 se savoir . . . . P
7 savonner . . . . T
7 se savonner . . . . P
7 savourer . . . . T
7 scalper . . . . T
7 scandaliser . . . . I, T
7 se scandaliser . . . . . . P

7	scander	...T	7	sédimenter	...T	7	sexualiser	...T
7	scanner	...T	88	séduire	I, T	7	shampooiner	...T
7	scannériser	...T	7	segmenter	...T	7	shampouiner	...T
16	scarifier	...T	7	se segmenter	...P	7	shooter	I, T
7	sceller	...T	11	ségréguer	...T	7	shunter	...T
7	scénariser	...T	7	séjourner	...I	11	sidérer	...T
7	schématiser	I, T	7	se séjourner afr.	...P	15	siéger	...I
7	schlinguer	...I	7	sélecter	...T	7	siester afr.	...I
7	schlitter	...T	7	sélectionner	...T	7	siffler	I, T
7	schmecter	...I	7	seller	...T	7	siffloter	I, T
7	schnouper	...T	7	sembler	...I	7	sigler	...T
7	schpiler	...I	10	semer	I, T	7	signaler	...T
16	scier	I, T	8	semoncer	...T	7	se signaler	...P
7	scinder	...T	7	sénégaliser afr.	...T	7	signaliser	...T
7	se scinder	...P	7	sensibiliser	...T	7	signer	I, T
7	scintiller	...I	7	se sensibiliser	...P	7	se signer	...P
7	sciotter	...T	26	sentir	I, T	16	signifier	...T
7	scissionner	...I	26	se sentir	...P	7	silhouetter	...T
7	scléroser	...T	52	seoir	I, D	7	se silhouetter	...P
7	se scléroser	...P		seulement aux 3es pers. du		7	se silicatiser	...P
7	scolariser	...T		présent du cond. et du subj.,		7	siliconer	...T
16	scorifier	...T		et au part. présent		7	sillonner	...T
7	scotcher	...T	7	séparer	...T	7	similiser	...T
7	scrafer	...T	7	se séparer	...P	16	simplifier	I, T
7	scratcher	I, T	7	septupler	I, T	16	se simplifier	...P
7	scribouiller	...T	8	séquencer	...T	7	simuler	...T
7	scruter	...T	7	séquestrer	...T	9	singer	...T
7	sculpter	I, T	8	sérancer	...T	7	singulariser	...T
11	sécher	I, T	20	serfouir	...T	7	se singulariser	...P
11	se sécher	...P	7	sérialiser	...T	7	siniser	...T
7	seconder	...T	16	sérier	...T	7	se siniser	...P
7	secouer	...T	7	seriner	...T	7	siphonner	...T
7	se secouer	...P	7	seringuer	...T	7	siroter	...T
34	secourir	...T	7	sermonner	...T	7	situer	...T
11	secréter	...T	7	serpenter	...I	7	se situer	...P
11	sécréter	...T	7	serrer	I, T	16	skier	...I
7	sectionner	...T	7	se serrer	...P	7	slalomer	...I
7	se sectionner	...P	20	sertir	...T	7	slaviser	...T
7	sectoriser	...T	7	serviotter	...T	7	slicer	...T
7	séculariser	...T	36	servir	I, T, Ti	7	smasher	...I
7	sécuriser	...T	36	se servir	...P	7	smurfer	...I
7	sédentariser	...T	20	sévir	...I	7	smiller	...T
7	se sédentariser	...P	7	sevrer	...T	7	snif(f)er	...T
			7	sextupler	I, T			

T : transitif direct   Ti : transitif indirect   I : intransitif   P : construction pronominale   imp. : impersonnel
D : défectif   être : se conjugue avec l'auxiliaire *être*   *être* ou *avoir* : se conjugue avec les deux auxiliaires

7 stariser ....T	7 se subordonner .....P	7 superviser ....T
7 stater belg. ....T	7 suborner ....T	7 supplanter ....T
7 stationner I, être ou avoir	9 subroger ....T	7 se supplanter ......P
7 statuer ....T, Ti	16 subsidier belg. ....T	14 suppléer ....T, Ti
16 statufier ....T	7 subsister I	7 supplémenter ......T
16 sténographier ......T	7 substantiver ....T	16 supplicier ....T
7 sténotyper ....T	7 substituer ....T	16 supplier ....T
7 stéréotyper ....T	7 se substituer ....P	7 supporter ....T
11 stérer ....T	7 subsumer ....T	7 se supporter ....P
7 stériliser ....T	7 subtiliser ....I, T	7 supposer ....T
7 stigmatiser ....T	7 se subtiliser ....P	7 supprimer ....T
7 stimuler.............T	24 subvenir .... Ti	7 se supprimer ......P
7 se stimuler..........P	7 subventionner ......T	7 suppurer I
16 stipendier ....T	20 subvertir ....T	7 supputer ....T
7 stipuler ....T	11 succéder .... Ti	7 surabonder I
7 stocker ....T	11 se succéder ....P	7 surajouter ....T
7 stopper .... I, T	p. p. invariable	7 se surajouter ......P
7 stranguler ....T	7 succomber ....I, Ti	7 suralimenter ....T
16 stratifier ....T	8 sucer ....I, T	7 se suralimenter .....P
7 stresser ....I, T	8 se sucer ....P	7 suraller I
7 se stresser ....P	7 suçoter ....T	7 surarmer ....T
7 striduler ....I, T	7 sucrer ....I, T	7 surbaisser ....T
16 strier ....T	7 se sucrer ....P	7 surboucher ....T
7 stripper ....T	7 suer ....I, T	7 surbroder ....T
7 striquer ....T	87 suffire ....I, Ti	9 surcharger ....T
7 structurer ....T	87 se suffire ....P	7 surchauffer ....T
7 se structurer ....P	p. p. invariable	7 surclasser ....T
stupéfaire ....T, D	7 suffixer ....T	7 surcoller belg. I
seulement 3ᵉ pers. du sing. de l'ind. présent et des temps composés, part. passé : stupéfait, e	7 suffoquer ....I, T	7 surcomprimer ......T
	11 suggérer ....I, T	7 surcontrer ....T
	7 suggestionner ......T	7 surcoter ....T
16 stupéfier ....T	7 se suicider ....P	7 surcouper I
7 stuquer ....T	7 suif(f)er ....T	7 surcreuser ....T
7 styler ....T	7 suinter ....I, T	7 surdorer ....T
7 styliser ....T	81 suivre ....I, T	16 surédifier ....T
11 subdéléguer ....T	81 se suivre ....P	10 surélever ....T
7 subdiviser ....T	13 sukkeler belg. I	20 surenchérir I
7 se subdiviser ......P	7 sulfater ....T	7 surentraîner ....T
20 subir ....I, T	7 sulfiter ....T	7 suréquiper ....T
7 subjuguer ....T	7 sulfoner ....T	7 surestimer ....T
7 sublimer ....I, T	7 sulfurer ....T	7 se surestimer ......P
9 submerger ....T	20 superfinir ....T	7 surévaluer ....T
7 subodorer ....T	7 superposer ....T	7 surévaluer ....T
7 subordonner ....T	7 se superposer ......P	7 surexciter ....T

T : transitif direct   Ti : transitif indirect   I : intransitif   P : construction pronominale   imp. : impersonnel
D : défectif   être : se conjugue avec l'auxiliaire être   être ou avoir : se conjugue avec les deux auxiliaires

7	taquiner ....T
7	se taquiner ....P
7	tarabiscoter ....T
7	tarabuster ....T
7	tarauder ....T
7	tarder ....I, Ti
7	tarer ....T
7	se targuer ....P
7	tarifer ....T
20	tarir ....I, T
20	se tarir ....P
7	tarter ....T,
7	tartiner ....I, T
20	tartir I
7	tasser ....I, T
7	se tasser ....P
7	tâter ....T, Ti
7	se tâter ....P
7	tatillonner I
7	tâtonner I
7	tatouer ....T
7	tauper ....T
12	taveler ....T
12	se taveler ....P
7	taveller ....T
7	taxer ....T
7	tayloriser ....T
7	tchadiser afr. ....T
7	tchatcher I
7	techniciser ....T
7	techniser ....T
7	technocratiser ......T
7	se technocratiser ....P
7	tecker afr. I
7	teiller ....T
62	teindre ....T
62	se teindre ....P
7	teinter ....T
7	se teinter ....P
7	télécommander .....T
16	télécopier ....T
7	télédiffuser ....T
16	télégraphier ......I, T

7	téléguider ....T
11	télémétrer ....I, T
7	téléphoner .....I, T, Ti
7	se téléphoner ......P
7	télescoper ....T
7	se téléscoper ......P
7	téléviser ....T
7	télexer.............T
7	témoigner ....T, Ti
11	tempérer ....T
11	se tempérer ....P
7	tempêter I
7	temporiser ....I, T
7	tenailler ....T
58	tendre ....T, Ti
58	se tendre ....P
24	tenir ....I, T, Ti
24	se tenir ....P
7	tenonner ....T
7	ténoriser I
7	tenter ....I, T
8	tercer ....T
7	tergiverser I
7	terminer ....T
7	se terminer ....P
20	ternir ....I, T
20	se ternir ....P
7	terrasser ....I, T
7	terreauter ....T
7	terrer ....I, T
7	se terrer ....P
16	terrifier ....T
20	terrir I
7	terroriser ....T
7	terser ....T
12	teseter afr. ....T
7	tester ....I, T
7	tétaniser ....T
7	se tétaniser ....P
11	téter ....I, T
7	têter afr. ....T
7	textualiser ....T
7	texturer ....T

7	texturiser ....T
7	théâtraliser ......I, T
7	thématiser ....T
7	théoriser ....I, T
7	thésauriser ....I, T
7	tictaquer I
20	tiédir ....I, T
8	tiercer ....I, T
7	tigrer ....T
7	tiller ....T
7	timbrer ....T
7	tinter ....I, T, Ti
7	tintinnabuler I
7	tiquer I
7	tirailler ....I, T
7	tire(-)bouchonner I, T
7	se tire(-)bouchonner .P
7	tirer ....I, T, Ti
7	se tirer ....P
7	tisaner ....T
7	tiser ....T
7	tisonner ....I, T
7	tisser ....T
	ti(s)tre ....T, D
	p. p. tissu, e, et temps composés
7	titiller ....I, T
7	titrer ....T
7	tituber I
7	titulariser ....T
7	toaster ....I, T
7	togoliser afr. ....T
7	toiler ....T
7	toiletter ....T
7	se toiletter afr. ....P
7	toiser ....T
7	se toiser ....P
11	tolérer ....T
11	se tolérer ....P
7	tomber.. I, T, être ou avoir
7	tomer ....T
58	tondre ....T
16	tonifier ....T
7	tonitruer I

T : transitif direct   **Ti** : transitif indirect   **I** : intransitif   **P** : construction pronominale   **imp.** : impersonnel
D : défectif   **être** : se conjugue avec l'auxiliaire être   **être ou avoir** : se conjugue avec les deux auxiliaires

7	tonner I	7	tourniller I	7	se transformer . . . . . .P
7	tonsurer . . . . .T	7	tourniquer I	7	transfuser . . . . .T
7	tontiner . . . . .T	18	tournoyer I	7	transgresser . . . . .T
7	toper I	7	toussailler I	7	transhumer . . . . . . I, T
7	topicaliser . . . . .T	7	tousser I	9	transiger I
7	toquer I	7	toussoter I	20	transir . . . . I, T
7	se toquer . . . . .P	7	touter afr. I	7	transistoriser . . . . . . .T
7	torcher . . . . .T	7	trabouler I	7	transiter . . . . I, T
7	se torcher . . . . .P	7	tracaner . . . . I, T	7	translater . . . . .T
7	torchonner . . . . .T	7	tracasser . . . . .T	11	translittérer . . . . .T
58	tordre . . . . .T	7	se tracasser . . . . .P	61	transmettre . . . . .T
58	se tordre . . . . .P	8	tracer . . . . I, T	61	se transmettre . . . . . .P
14	toréer I	7	tracter . . . . .T	7	transmigrer I
7	toronner . . . . .T	88	traduire . . . . .T	7	transmu(t)er . . . . . . .T
7	torpiller . . . . .T	88	se traduire . . . . .P	7	se transmu(t)er . . . . .P
16	torréfier . . . . .T	7	traficoter I	69	transparaître I
7	torsader . . . . .T	7	trafiquer . . . . .T, Ti	8	transpercer . . . . .T
7	tortiller . . . . I, T	20	trahir . . . . .T	7	transpirer . . . . I, T
7	se tortiller . . . . .P	20	se trahir . . . . .P	7	transplanter . . . . .T
7	tortorer . . . . .T	7	traînailler I	7	se transplanter . . . . . .P
7	torturer . . . . .T	7	traînasser . . . . I, T	7	transporter . . . . .T
7	se torturer . . . . .P	7	traîner . . . . I, T	7	se transporter . . . . . .P
7	tosser I	7	se traîner . . . . .P	7	transposer . . . . .T
7	totaliser . . . . .T	66	traire . . . . T, D	16	transsubstantier. . . . .T
7	toubabiser afr. . . . . . .T		pas de passé simple ni de subj. imparfait	7	transsuder . . . . I, T
7	toucher . . . . .T, Ti			7	transvaser . . . . .T
7	se toucher . . . . .P	7	traiter . . . . .T, Ti	7	transvider . . . . .T
7	touer . . . . .T	7	se traiter . . . . .P	7	traquer . . . . .T
7	se touer . . . . .P	7	tramer . . . . .T	7	traumatiser . . . . .T
7	touiller . . . . .T	7	se tramer . . . . .P	7	travailler . . . . I, T, Ti
7	toupiller . . . . I, T	7	tranchefiler . . . . .T	7	se travailler . . . . .P
7	toupiner I	7	trancher . . . . I, T	7	travailloter I
7	tourber I	7	tranquilliser . . . . .T	7	traverser . . . . .T
7	tourbillonner I	7	se tranquilliser . . . . . .P	20	travestir . . . . .T
7	tourillonner I	7	transbahuter . . . . . . .T	20	se travestir . . . . .P
7	tourmenter . . . . .T	7	transborder . . . . .T	7	trébucher . . . . I, T
7	se tourmenter . . . . . .P	7	transcender . . . . .T		être ou avoir
7	tournailler I	7	se transcender . . . . . .P	7	tréfiler . . . . .T
7	tournasser . . . . .T	7	transcoder . . . . .T	58	tréfondre I
7	tournebouler . . . . . . .T	86	transcrire. . . . . .T	9	treillager . . . . .T
7	tourner. . I, T, être ou avoir	11	transférer . . . . .T	7	treillisser . . . . .T
7	se tourner . . . . .P	7	transfigurer . . . . .T	7	trémater . . . . .T
7	tournicoter I	7	transfiler . . . . .T	7	trembler I
		7	transformer . . . . .T		

7	trembloter I	7	tronquer ....T	7	twister I
7	se trémousser ......P	7	tropicaliser ....T	7	tympaniser ....T
7	tremper .... I, T	7	troquer ....T	7	typer ....T
7	se tremper ....P	7	trotter I	7	typiser ....T
7	trémuler .... I, T	7	se trotter ....P	16	typographier ....T
7	trépaner ....T	7	trottiner I	7	tyranniser ....T
7	trépasser .. I, être ou avoir	7	troubler ....T		
7	trépider I	7	se troubler ....P		**U**
7	trépigner .... I, T	7	trouer ....T		
30	tressaillir I	7	se trouer ....P	11	ulcérer ....T
7	tressauter I	7	trouilloter I	11	s'ulcérer ....P
7	tresser ....T	7	troussequiner ......T	7	(h)ululer I
7	treuiller ....T	7	trousser ....T	16	unifier ....T
7	trévirer ....T	7	se trousser ....P	16	s'unifier ....P
7	trianguler ....T	7	trouver ....T	7	uniformiser ....T
7	triballer ....T	7	se trouver ....P	20	unir ....T
7	tricher I	7	truander .... I, T	20	s'unir ....P
7	tricocher I	7	trucider ....T	7	universaliser ......T
7	tricoter .... I, T	7	truffer ....T	7	s'universaliser .....P
16	trier ....T	7	truquer .... I, T	7	urbaniser ....T
7	trifouiller .... I, T	7	trusquiner ....T	7	s'urbaniser ....P
7	triller .... I, T	7	truster ....T	9	urger .... I, D
7	trimarder .... I, T	7	tuber ....T		seulement à la 3e personne
7	trimbal(l)er ....T	7	tuberculiner ....T	7	uriner .... I, T
7	se trimbal(l)er .....P	7	tuberculiniser ......T	7	user ....T, Ti
7	trimer I	7	tuberculiser ....T	7	s'user ....P
7	tringler ....T	7	tuder ....T	7	usiner ....T
7	trinquer I	7	tuer .... I, T	7	usurper .... I, T
7	triompher .... I, Ti	7	se tuer ....P	7	utiliser ....T
7	tripatouiller ....T	7	tuiler ....T		
7	tripler .... I, T	16	tuméfier ....T		**V**
7	tripoter .... I, T	16	se tuméfier ....P		
7	triquer ....T	7	turbiner .... I, T	7	vacciner ....T
11	triséquer ....T	7	turlupiner ....T	7	vaciller I
7	trisser .... I, T	7	turluter québ. ..... I, T	7	vacuoliser ....T
7	se trisser ....P	12	tûteler belg. ....T	7	vadrouiller I
7	triturer ....T	7	tûter belg. .... I, T	7	vagabonder I
7	troler afr. ....T	7	tuteurer ....T	20	vagir I
7	tromper ....T	7	tutorer ....T	7	vaguer .... I, T
7	se tromper ....P	18	tutoyer ....T	65	vaincre .... I, T
12	trompeter .... I, T	18	se tutoyer ....P	65	se vaincre ....P
7	tronçonner ....T	7	tututer I	7	vaironner I
7	trôner I	7	tuyauter .... I, T		

T : transitif direct   Ti : transitif indirect   I : intransitif   P : construction pronominale   imp. : impersonnel
D : défectif   être : se conjugue avec l'auxiliaire être   être ou avoir : se conjugue avec les deux auxiliaires

7 valdinguer I	24 venir .... I, être	20 se vieillir .... P
12 valeter I	24 s'en venir .... P	7 vieller I
7 valider .... T	7 venter ..... imp.: il vente	7 vigiler afr. .... T
7 valiser .... I, T	7 ventiler .... T	7 vilipender .... T
7 se vallonner .... P	7 ventouser .... T	7 villégiaturer I
49 valoir .... I, T	7 verbaliser .... I, T	7 vinaigrer .... T
49 se valoir .... P	9 verbiager I	7 viner .... T
7 valoriser .... T	20 verdir .... I, T	16 vinifier .... T
7 se valoriser .... P	18 verdoyer I	8 violacer .... T
7 valouser .... T	7 verduniser .... T	8 se violacer .... P
7 valser .... I, T	7 verger belg. I	7 violenter .... T
7 vamper .... T	8 verglacer imp.: il verglace	7 violer .... T
7 vampiriser .... T	16 vérifier .... T	7 violoner .... I, T
7 vandaliser .... T	16 se vérifier .... P	20 vioquir I
7 vanner .... T	7 verjuter .... T	7 virer .... I, T, Ti
7 vanter .... T	7 vermiculer I	7 virevolter I
7 se vanter .... P	7 vermiller I	7 virguler .... T
7 vaporiser .... T	7 vermillonner ..... I, T	7 viriliser .... T
7 vaquer .... I, Ti	7 se vermouler .... P	7 viroler .... T
7 varapper I	20 vernir .... T	7 viser .... I, T, Ti
16 varier .... I, T	7 vernisser .... T	7 visionner .... T
7 varloper .... T	7 verrouiller .... T	7 visiter .... T
7 vaseliner .... T	7 se verrouiller .... P	7 visser .... T
7 vaser ...... imp.: il vase	7 verser .... I, T	7 se visser .... P
7 vasouiller I	7 se verser .... P	7 visualiser .... T
7 vassaliser .... T	16 versifier .... I, T	7 vitrer .... T
7 vaticiner I	7 vesser I	16 vitrifier .... T
7 se vautrer .... P	7 vétiller I	7 vitrioler .... T
11 végéter I	27 vêtir .... T	11 vitupérer .... I, T
7 véhiculer .... T	27 se vêtir .... P	16 vivifier .... T
7 se véhiculer .... P	7 vexer .... T	7 vivoter I
7 veiller .... I, T, Ti	7 se vexer .... P	82 vivre .... I, T
7 veiner .... T	7 viabiliser .... T	7 vocaliser .... I, T
7 vélariser .... T	7 viander I	11 vociférer .... I, T
7 vêler I	7 se viander .... P	7 voguer I
7 velouter .... T	7 vibrer .... I, T	7 voiler .... I, T
7 se velouter .... P	7 vibrionner I	7 se voiler .... P
9 vendanger .... I, T	16 vicier .... I, T	41 voir .... I, T, Ti
58 vendre .... I, T	9 vidanger .... T	41 se voir .... P
58 se vendre .... P	7 vider .... T	7 voisiner I
11 vénérer .... T	7 se vider .... P	7 voiturer .... T
9 venger .... T	7 vidimer .... T	7 volatiliser .... T
9 se venger .... P	20 vieillir .. I, T, être ou avoir	7 se volatiliser .... P

7	volcaniser	.T	18	se vouvoyer	.P	7	zerver	.T
7	voler	I, T	9	voyager	I	7	zester	.T
7	se voler	.P	7	vriller	I, T	17	zézayer	I
12	voleter	I	20	vrombir	I	7	ziber	.T
9	voliger	.T	7	vulcaniser	.T	7	zieuter	.T
17	volleyer	I	7	vulganiser afr.	.T	7	zigouiller	.T
7	volter	I	7	vulgariser	.T	7	ziguer	.T
9	voltiger	I				7	zigzaguer	I
20	vomir	I, T				7	zinguer	.T

WXYZ

7	voter	I, T	7	zinzinuler	I
7	vouer	.T	7	zipper	.T
7	se vouer	.P	7	warranter	.T	7	zoner	I, T
50	vouloir	I, T, Ti	7	week-ender afr.	I	7	se zoner	.P
50	se vouloir	.P	7	wolophiser afr.	.T	7	zonzonner	I
50	s'en vouloir	.P	7	yailler afr.	.T	7	zoomer	T, Ti
	p. p. invariable		7	yodiser	.T	7	zouaver afr.	.T
18	vous(s)oyer	.T	7	yoper afr.	.T	7	zouker	I
18	se vous(s)oyer	.P	7	yoyoter	I	7	zozoter	I
7	voûter	.T	7	zaïrianiser afr.	.T	7	zûner belg.	I
7	se voûter	.P	7	zapper	I, T	7	zwanzer belg.	I
18	vouvoyer	.T	11	zébrer	.T	7	zyeuter	.T

BIBLIOGRAPHIE

Pour l'inventaire des verbes, ont été utilisés les dictionnaires suivants (outre le *Trésor de la langue française*, le *Littré*, le *Dictionnaire général de la langue française*, le *Grand Larousse*, le *Grand Robert*) :

– *Belgicismes. Inventaire des particularités lexicales du français en Belgique*,
  Éd. Duculot, 1994
– *Dictionnaire de l'argot*, Éd. Larousse, 1995
– *Dictionnaire du français non conventionnel*, Jacques Cellard et Alain Rey,
  Éd. Hachette, 1991
– *Inventaire des particularités lexicales du français en Afrique noire*, Édicef-Aupelf, 1988

Suivi éditorial : Évelyne Brossier

Relecture : Yves Tissier

Conception graphique :
– intérieur : Marie-Astrid Bailly-Maître
– couverture : Laurent Batard

Mise en page : Marie-Astrid Bailly-Maître

Typographie :
Cet ouvrage est composé principalement en *Cicero* et en *Présence*.
Ces deux caractères ont été créés par Thierry Puyfoulhoux.

Achevé d'imprimer en France par Maury Imprimeur à Malesherbes
Dépôt légal : 92262-6/06 - Novembre 2010